ADAC

Island

von Bernd Bierbaum

 ADAC Top Tipps

Das müssen Sie gesehen haben! Die zehn Top Tipps bringen Sie zu den absoluten Highlights.

 ADAC Empfehlungen

Unterwegs gut beraten: Diese 25 ausgesuchten Empfehlungen machen Ihren Urlaub perfekt.

Preise für ein DZ mit Frühstück:
€ | bis 9520 ISK (70 €)
€€ | bis 17 680 ISK (140 €)
€€€ | ab 17 680 ISK (140 €)

Preise für ein Hauptgericht:
€ | bis 1500 ISK (11 €)
€€ | bis 2500 ISK (18 €)
€€€ | ab 2500 ISK (18 €)

1 Andere Perspektive

Eine besondere und sehr individuelle Art, die Fjorde, Gletscherlagunen oder Küstenstreifen Islands zwar wassernah, aber doch ganz gemächlich kennenzulernen und zu erkunden, ist eine Tour mit dem Kanu oder Kajak. Für alle, die das Wasser lieben und denen Rafting-Trips zu wild sind, ist das die ruhigere Variante. Die Veranstalter bieten Touren verschiedener Längen und Schwierigkeitsgrade an.

■ www.capetours.is und adventures.is/de/island/tagestouren/kajak-touren/

3-mal draußen

2 Rauf auf die Eisriesen

Die meisten Gletscher können mit der richtigen Ausrüstung zu Fuß erkundet werden, doch einige Eiskappen lassen sich auch per Snowmobil entdecken. Die geführten Touren dauern zumeist eine gute Stunde, die besten Möglichkeiten bieten Langjökull und Mýrdalsjökull. Die Anbieter arbeiten CO_2-neutral; sie haben eigens dafür Teams zusammengestellt, die entsprechende Programme entwickeln. Köllunarklettsvegur 2, 104 Reykjavík, Tel. 580 99 00 und Klettagarðar 12, 104 Reykjavík, Tel. 587 99 99.
■ www.mountaineers.is und www.mountainguides.is

3 Mitten im Grünen

Für die Tunnelbauer im Norden Islands war es eine Katastrophe, dass beim Bau des mautpflichtigen Vaðlaheiðargöng heißes Wasser in die fertigzustellende 7,5 km lange Straßenröhre drang. Für die Bewohner der nahen Stadt Akureyri aber erwies sich das heraustretende heiße Wasser als Glücksfall, floss es doch in den Fjord – ideal um dort ein Bad zu nehmen. Seit 2022 wird das Wasser in die 1300 qm große Forest Lagoon geleitet. Sie ist am Ende des Eyrarfjörður in einem kleinen Wald gelegen. Forest Lagoon, Vaðlaskógur bei Akureyri, Tel. 585 00 90, tgl. 10–23.30 Uhr.
■ www.forestlagoon.is

INHALT

Seite 30

■ Intro

3-mal draußen 2
Impressionen 8
Wildnis aus Gletschern, Flüssen und Lavawüsten
Auf einen Blick 11

■ Magazin

Panorama 12
Das sieht nach Urlaub aus!

Beste Reisezeit 18
Frühling, Sommer 18
Herbst, Winter 20

Großwetterlage 22
Schuld ist das Islandtief!

So schmeckt's auf Island 24
In aller Munde 26

Einkaufsbummel 28
Das perfekte Souvenir 29

Mit der Familie unterwegs 30
Urlaubskasse 30

Übernachten mit Kindern 31
Kleine und große Abenteuer 31
Natur und Kultur für Kids 32
Verrückte Geschichten 33
Schwimmbäder 33
Leuchtende Augen 33

Kunstgenuss 34
Ragnar Kjartansson – ein Porträt 36

So feiert Island 38
Hier feiert man die Feste, wie sie fallen

Seite 42

INHALT

Seite 38

Seite 21

Filme 40
*Achtung, Kamera läuft:
Hier entsteht großes Kino*

**Island –
gestern und heute** 44
Am Puls der Zeit 46

**Orte, die Geschichte
schrieben** 48
*Höfði – das Haus, in dem der Kalte
Krieg endete*

Das bewegt Island 50
Auf dem Rücken der Pferde

ADAC Traumstraße 52
Einmal rund um die Insel
Von Reykjavík zum
Seljalandsfoss 52
Vom Seljalandsfoss über Vík bis
Skaftafell 53
Vom Skaftafell-Nationalpark bis
Djúpivogur 54
Von Djúpivogur bis Reykjalid 55
Von Reykjalid über Akureyri bis
Blönduós 56
Von Blönduós bis Reykjavík 57

Blickpunktthemen

Polarlichter auf Island 82
Die Kontinentaldrift 90
Ein bewegtes Leben 104
Germanische Götterwelt 118
Elfen – das versteckte Volk 126
Konfliktstoff Waljagd 133
Erdwärme 136
Die Isländer werden sehr
alt – noch 143
Literatur in Island 152
Die Entdeckung Amerikas 156
Geschichtliche Konsequenzen
von Klima und Wetter 168

Seite 20

INHALT

■ Unterwegs

ADAC Quickfinder
Das will ich erleben 60

**Reykjavík und Umgebung –
Trendy und naturnah** 64
1. Das Zentrum Reykjavíks 66
2. Im Umkreis der Innenstadt 79
3. Reykjanes 84
4. Thingvellir 87

Übernachten 92

Der Süden – Ein Highlight nach dem anderen 94
5. Geysir und Gullfoss 96
6. Von Hveragerði bis Hvolsvöllur 99
7. Die Westmännerinseln 102
8. Skógar 106
9. Vík í Mýrdal 107
10. Eldhraun 109
11. Der Skaftafell-Nationalpark 110

Übernachten 113

Der Osten – Kleine Dörfer und gewaltige Natur 114
12. Jökulsárlón 116
13. Höfn 117
14. Djúpivogur 119
15. Südliche Ostfjorde 121
16. Egilsstaðir 122
17. Seyðisfjörður 125
18. Borgarfjörður Eystri 126
19. Möðrudalur 127

Übernachten 128

Seite 134

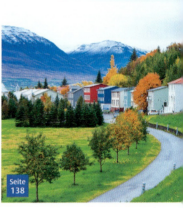
Seite 138

Der Norden – Viel Geschichte und wilde Natur 130
20. Jökulsárgljúfur-Nationalpark 132
21. Húsavík 133
22. Mývatn 134
23. Goðafoss 137
24. Akureyri 138
25. Siglufjörður 143
26. Skagafjörður 144
27. Hvammstangi 145

Übernachten 147

INHALT

Der Westen – Kaum erschlossene Wildnis 148
- 28 Borgarnes 150
- 29 Reykholt 151
- 30 Snæfellsjökull 152
- 31 Breidafjörður 155
- 32 Látraberg 158
- 33 Isafjörður 159
- 34 Hornstrandir 160
- Übernachten 161

Das Hochland – Jenseits der Zivilisation 162
- 35 Kaldidalur 164
- 36 Kjalvegur (Route F35) 164
- 37 Sprengisandur (Route F26) 166
- 38 Thorsmörk 167
- 39 Landmannalaugar 169
- 40 Eldgjá und Lakagígar 169
- 41 Ódáðahraun 170
- Übernachten 172

■ Service

Island von A–Z 174

Alle wichtigen reisepraktischen Informationen – von der Anreise über Notrufnummern bis hin zu den Zollbestimmungen.

- Festivals und Events 178
- Chronik 184
- Mini-Sprachführer 185
- Register 186
- Bildnachweis 189
- Impressum 190
- Mobil vor Ort 192

Zu diesen Orten und Sehenswürdigkeiten finden Sie Detailkarten im Innenteil des Reiseführers.

Umschlag:

 ADAC Top Tipps: Vordere Umschlagklappe, innen ❶

 ADAC Empfehlungen: Hintere Umschlagklappe, innen ❷

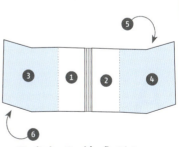

Übersichtskarte Island West: Vordere Umschlagklappe, innen ❸
Übersichtskarte Island Ost: Hintere Umschlagklappe, innen ❹

Stadtplan Reykjavík: Hintere Umschlagklappe, außen ❺
Ein Tag in Reykjavík: Vordere Umschlagklappe, außen ❻

Wildnis aus Gletschern, Flüssen und Lavawüsten

Eindrucksvolle Erlebnisse in den unterschiedlichen Landschaften der größten Vulkaninsel der Welt

Blick auf das Vestrahorn, das zum Bergmassiv des Klifatindur in Südisland gehört

Als vor wenigen Jahren die Mannschaft des isländischen Fußballverbands Knattspyrnusamband Íslands England und Argentinien bei großen Turnieren das Fürchten lehrte und dafür von den Fans mit eindrucksvollen Húhs gefeiert wurde, staunte die Welt über das Völkchen im hohen Norden. Dabei sind die Menschen am Polarkreis schon lange für Überraschungen gut.

Laut Statistik zählen sie zu den glücklichsten Menschen der Welt. Wer sind die Isländer? Wie finden sie sich in einer Gesellschaft zurecht, in der sich viele mit »Du« anreden, den gleichen Vor- und Nachnamen tragen und miteinander verwandt sind? Wie entsteht der Gegensatz zwischen einfallslosem Fast Food und einer traditionellen Küche, die visuell, haptisch, und olfaktorisch in der weltweiten Kulinarik ihres-

Impressionen aus Island

gleichen sucht? Wie passen Superjeep und lebendiger Volksglaube zusammen? Warum ist Island so teuer? Warum ziehen sich die Menschen so schick an, wenn sie abends beim »runtur« im Auto um den immer gleichen Häuserblock fahren und dabei Softeis mit Marshmallows essen? Wie kommt es, dass die Frauen absolut gleichberechtigt sind? Woher stammt die Faszination für die Moderne, die sich in wenig dekorierten urbanen Lebensräumen ausdrückt, die Kontinuität einer tausendjährigen Sprache aber fördert? Isländer können alles, würden manche Isländer behaupten, ohne mit der Wimper zu zucken. Schließlich übernehmen sie schon seit Jahrhunderten Verantwortung, sie wissen sich ständig neu zu erfinden und sie können alles alleine reparieren. Nicht nur Fischhaken und Weidezäune, sondern auch Satzstellungen. Die Isländer sind zweifellos die Weltmeister im »Island-Sein«.

Die Beschränkung aufs Wesentliche

Die Geräusche, die der Wind hinterlässt, oder wiehernde Pferde, krachende Wasserfälle, quasselnde Schlammtöpfe, fiepende Vögel, fauchende Solfataren, der glucksende Schaum der Gischt, das tuschelnde Wollgras, die Musik von Björk oder Gus Gus, die alten Zwiegesänge »tvísöngvar« oder die Stimme eines Hörbuchsprechers islän-

Islandpferd mit warmem Fell gegen die Kälte (unten) – Wir halten uns an die gestrickten Pullover (ganz unten)

Wildnis aus Gletschern, Flüssen und Lavawüsten

discher Sagas und Krimis: Was immer man bei einer Reise über die Insel hört, verändert die Sinne. Das Land sieht anders aus, es fühlt sich anders an.

Der Zauber eines solchen Erlebnisses hat seinen Ursprung in der allgemeinen visuellen Vereinfachung. Zum Beispiel das Sehen: Islands Farbpalette ist vorwiegend moosgrün, flechtengrau, torfbraun, neuerdings auch Alaska-Lupinen-violettblau, lavaschwarz, vielleicht auch eisblau, schneeweiß und hellrosablau (wie die Haut der Isländer im Winter im öffentlichen Schwimmbad). Diese Farben, die sich wie ganz natürlich im Dekor des Islandpullis niedergeschlagen haben, bestimmen die Szenerie jeder Reise. Wer sich ihnen über einen Zeitraum aussetzt, der im Sommer nicht in Nächten und im Winter nicht durch Tage zu messen ist, wird spüren, wie Nuancen und Details an Plastizität gewinnen.

Unterstützung findet der wundersame Prozess durch das einzigartige Licht des Landes, vor allem aber durch die Stille. Einmal leer geworden, füllt sich der Platz mit Aufmerksamkeit. Wer sieht da keine Trolle, Gespenster oder Elfen?

Feuer, Wasser, Eis und Leben

Vulkanausbrüche finden oft unter dem Eis der Gletscher statt, die Folgen aber werden am Geysir sichtbar, wo kochend heiße Wasserfontänen in die Luft geschleudert werden; und an Solfataren, Schlammtöpfen und Fumarolen. Am angenehmsten lässt sich die Aktivität des Erdinneren beim Bad in einer der vielen warmen Quellen spüren.

Viele vulkanische Phänomene entstehen da, wo die Kontinentalplatten Nordamerikas und Eurasiens auseinanderreißen. Auf der Welt sind Plattengrenzen selten so gut sichtbar wie

Islands Unterwasserwelt bietet hervorragende Tauchreviere

Auf einen Blick

in Island: unter anderem am Mývatn, in Thingvellir, für Taucher in der Slifra-Spalte und auf der Halbinsel Reykjanes nahe dem internationalen Flughafen Keflavík.

Von den ersten Entdeckern vor mehr als 1100 Jahren zu Recht als »Eisland« bezeichnet, liegen heute 11 % der Landesoberfläche unter Eis. Der größte Gletscher Islands allein ist 20-mal so groß wie der Bodensee. Eiszeit herrscht vor allem im Süden des Landes, besonders eindrucksvoll erlebbar an der Gletscherlagune Jökulsárlón. Im Sommerhalbjahr verwandelt sich das Schmelzwasser am Gullfoss, Goðafoss, Skógafoss und anderen Wasserfällen in tosende Fluten, im Winter frieren die Wasserfälle im Hinterland oftmals ein. Außer diesen Naturerlebnissen buhlen auf Island mehr als 1000 Moos- und Flechtenarten um die Aufmerksamkeit des Betrachters. Wie weit hinauf in die Berge doch die Schafe mit ihren Lämmern im Sommer ziehen, wie standhaft schlafende Pferde im Schneesturm wirken! Abseits von Vogelbrutplätzen ist es schwer, größere Wildtiere wie Rentiere, Gerfalken oder Polarfüchse zu entdecken, die Fantasie bevölkern sie umso mehr.

Overtourism

Jährlich mehr als 2 Millionen Gäste im Land – das führt zwangsläufig dazu, dass man an belebten Sehenswürdigkeiten und auf einigen Straßen nicht allein ist. Die besten Strategien dagegen beruhen auf dem Abenteuergeist, Neuland entdecken zu wollen, und in antizyklischer Planung: Wer zu Tages- und Jahreszeiten unterwegs ist, die andere meiden, wird Island ganz entspannt als Spiegelbild eigener großer Träume erleben.

Hauptstadt Reykjavík

Sprachen Isländisch, Englisch

Währung Isländische Krone. 140 ISK = 1 Euro

Staatsform Parlamentarische Republik

Fläche 103 000 km² (etwa so groß wie die fünf neuen deutschen Bundesländer zusammen)

Einwohner 360 000

Tourismus 2 Millionen Besucher pro Jahr, besonders aus den USA, Großbritannien und Deutschland

Religion 70 % evangelisch-lutherische Staatskirche, 4 % Katholiken, 1,3 % altnordische Religion Ásatru

Zeitzone Westeuropäische Zeit (WEZ)

Wichtigste Vokabel Já (Ja, ausgesprochen Jau)

Darauf sind die Isländer besonders stolz Im Isländischen geht es kreativ zu: ljósmoður (Hebamme: »Licht-Mutter«), skriðdreki (Militär-Panzer: »Krabbel-Drache«) oder grænmetisæta (Vegetarier: »Gemüse-Esser«). Der bildhafte Erfindungsreichtum ist das rúsínan í pylsuendanum (Sahnehäubchen: die »Rosine am Ende der Wurst«) der isländischen Sprache.

Magazin

Ein sagenhaft schöner Spazierweg, bei dem man ganz unmittelbar die Kraft der Natur spürt, führt unter dem Seljalandsfoss im Süden der Insel durch. Geneigte Wanderer werden sich hier recht klein und unbedeutend vorkommen, denn das Wasser fällt laut plätschernd in Kaskaden 60 Meter hinab.

Dieser Anblick hat so was typisch Isländisches: die adrett herausgeputzte Holzkirche Péturskirkjan des im Norden gelegenen Städtchens Akureyri, im Hintergrund türkisfarbenes Meer, hügelige Landschaft und einige wenige Leute.

Die Fassade der Konzerthalle Harpa in der isländischen Hauptstadt, gestaltet von Ólafur Elíasson, sorgt mit ihrem originellen und offenen Design für eine besondere Atmosphäre während musikalischer Darbietungen, wie hier bei der Kulturnacht Reykjavík.

Beste Reisezeit Island

> **FRÜHLING**

Das Frühjahr kommt spät. Es ist die Zeit der Schneeschmelze, der letzten Polarlichter und der ersten Wale.

März	April	Mai
-2° / 3°	0° / 3°	4° / 10°
2	2	4
9	10	10

Das Winterende wird im alten nordischen Kalender auf Ende Januar oder Anfang Februar gelegt, der erste Sommertag dagegen im April gefeiert. Dazwischen liegt ein Frühjahr, das im Ballungsraum Reykjavík zwischen kurzen Kaltlufteinbrüchen eher an einen verregneten norddeutschen Winter mit Graupelschauern erinnert. Außerhalb der Großstadt dagegen, oft nur wenige Hundert Meter von der Meeresküste entfernt, bleibt es lange winterlich und frostig.

Deshalb das Frühjahr zu meiden wäre übertrieben. Nicht umsonst haben die Isländer viele erfolgreiche Strategien entwickelt, um sich der Dunkelheit zur Wehr zu setzen. Zu keiner Zeit sind Reykjavíks und Akureyris Cafés und Galerien gemütlicher. In den Buchhandlungen (S. 141) finden viele Lesungen statt, in den Konzertsälen wird musiziert, anderswo Theater gespielt oder getanzt. Wer Glück hat, macht bei diesen Veranstaltungen vielleicht eine Bekanntschaft und wird zum traditionellen Árshátíð oder Thorra-blót eingeladen. Die beste Zeit für Gletscherwanderungen ist übrigens der April, weil dann das Eis noch fest ist. Im Mai kommen die ersten Wale. Vielen Isländern gilt dieser Monat als Geheimtipp.

Die Bedeutung der Symbole
(Angaben sind Mittelwerte)

- Temperatur min./max.
- Sonnenstunden/Tag
- Regentage/Monat

Vatnajökull-Eishöhle: überall Wasser, in gefrorenem Zustand

BESTE REISEZEIT

An dem saftig grünen Gras fressen sich die Schafe gern satt

SOMMER

Die Nächte sind so hell, dass man meinen könnte, es gäbe sie gar nicht mehr. Island blüht auf.

Im Sommer sind Cafés, Restaurants und Einkaufsmöglichkeiten bis spät in den Abend hinein geöffnet. Auch Museen, kulturelle Einrichtungen und Schwimmbäder haben besonders lange Öffnungszeiten. Die Naturwunder sind in der Regel ohnehin immer zugänglich. Deshalb lohnt es sich, Besichtigungen so zu planen, dass sie außerhalb der täglichen Kernzeit liegen, also nicht dann, wenn alle anderen Besucher unterwegs sind. Schließlich gibt die Tier- und Pflanzenwelt diesen Rhythmus ja vor: Manche Pflanzen nutzen das helle Licht der langen Abende, um noch schneller zu wachsen, Pferde und Schafe scheinen 24 Stunden mit Fressen beschäftigt zu sein und in vielen Vogelkolonien ist tatsächlich in den hellen Nachtstunden mehr los als tagsüber (Papageientaucherkolonien sind am besten spätabends im Juli und August zu beobachten, z.B. auf Ingólfshöfði, S. 112). Auch die Einheimischen nutzen das kostbare Licht, so gut es geht. Sie arbeiten oft in zwei oder drei Jobs parallel und finden danach trotzdem Zeit, sich zu amüsieren. Sie sagen: »Wir holen den Schlaf im Winter nach«. Besucher könnten sich daran ein Beispiel nehmen und so abends nach dem Essen oder ganz früh morgens der Natur besonders nahe sein.

In vielen abgelegenen Orten werden Musik- und Kunstfestivals abgehalten und die Pisten im Hochland sind für den Verkehr freigegeben. Regnen und schneien kann es zwar auch im Hochsommer, am stabilsten aber ist das Wetter zwischen Anfang Juli und Mitte August.

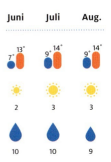

BESTE REISEZEIT

HERBST

Die meisten Besucher sind fort. Im kurzen goldenen Herbst bereisen viele Isländer ihr eigenes Land.

Auch ohne große Wälder gibt es auf Island den bunt gefärbten Altweibersommer. Er beginnt oft im August und findet visuell eher im Makrobereich statt. Wer in Richtung seiner eigenen Fußspitze blickt, findet in der Miniaturwelt der Krautzone den Indian Summer, auf Isländisch »haustbliða«. Dieses schöne Wort bedeutet so viel wie Herbstleuchten. Einige Pflanzen bereichern diese besondere Jahreszeit noch mit schmackhaften Beeren, deren Genuss den Aufenthalt umso sinnlicher werden lässt. Auch wenn es an einigen Tagen unter stahlblauem Himmel so scheint, als wenn der Spätsommer nie enden wolle, sind die Schatten schon kalt, nachts fällt der Schnee auf den umliegenden Bergen, die letzten Zugvögel verlassen das Land und in den Fjordtälern ziehen die Morgennebel schon längst nicht mehr aufs Meer hinaus, sondern verharren tagelang. Gesellschaftlicher Höhepunkt ist der Schafabtrieb, bei dem die Tiere zwischen den Farmern aufgeteilt werden. Das ist oft Anlass für spontane Musik, Tanz und manch feuchtfröhliche Feier.

Im Herbst findet Island wieder zu sich selbst. Jetzt wird in Familien gefeiert und Isländer nutzen die Zeit, um ihr Land neu zu entdecken. Unter Kennern gelten September und Oktober als die beste Reisezeit. Noch ist es hell, noch sind die meisten Straßen befahrbar, noch ist es verhältnismäßig warm, doch der Winter kommt schnell und unvermittelt.

Die Blaubeeren frisch vom Strauch gepflückt schmecken noch einmal so gut

Der Berg Kirkjufell (463 Meter) liegt im Norden der Halbinsel Snæfellsnes

WINTER

Befremdlicher ist Island nie. Kein Wunder, dass manche Besucher den Winter besonders schätzen.

Gefrorene Wasserfälle, langmähnige Pferde, die stoisch den Winterstürmen trotzen, Polarlichter bei eisiger Kälte und eine Sonne, die nur ein oder zwei Stunden lang über den Horizont lugt – außerhalb der Hauptstadt ist Island ein Reiseziel für Besucher, die das Besondere erleben wollen, aber auch bereit sind, logistische Unannehmlichkeiten in Kauf zu nehmen: Die meisten Hotels auf dem Land sind geschlossen, was spontanes Reisen schwierig gestaltet. Die Möglichkeit zur Nahrungsaufnahme beschränkt sich oft auf Fast Food an Tankstellen. Dort trifft man auf kopfschüttelnde Einheimische, weil Touristen im gemieteten Kleinwagen wieder einmal aus einem Straßengraben gefischt werden mussten. Denn wer nicht weiß, wie Schneeketten angebracht werden, oder wem es Unbehagen bereitet, sich bei Schneesturm oder Nebel von einem Sichtmarker (Steinhaufen neben der Straße) zum anderen vorwärtszuhangeln, sollte in Reykjavík bleiben (auch dort lauern Gefahren, weil nur wenige Gehwege mit einer Fußbodenheizung erwärmt oder mit Salz bestreut werden).

Wer es einfacher haben möchte, bucht Ausflüge oder kauft Linienbus-Fahrscheine. Die meisten Busunternehmen fahren das ganze Jahr über in die Umgebung der Hauptstadt, zum Gullfoss-Wasserfall, dem Geysir, der bei kalten Temperaturen ohnehin viel eindrucksvoller dampft, die Strecke in den Süden bis Vík oder noch weiter zum Mývatn-See..

Ein anderer Vorteil der Winterreise sind die Festlichkeiten. Zu keiner Zeit kann man die Bräuche der Isländer besser kennenlernen als im Dezember.

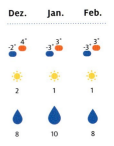

	Dez.	Jan.	Feb.
	-2° 4°	-3° 3°	-3° 3°
☀	2	1	1
💧	8	10	8

Die Wolken hängen oft tief auf der Insel im hohen Norden

Schuld ist das Islandtief!

Island hat meteorologisch gesehen keinen guten Ruf. Wann immer es in Mitteleuropa Schmuddelwetter gibt, scheint die kleine Insel oben links auf der Wetterkarte in der Verantwortung zu stehen. Wenn das Islandtief schon in Europa für Turbulenzen sorgt, wie sieht es dann erst in Island selbst aus?

Wechselhaft und hohe Regenwahrscheinlichkeit – das passt meistens. Klimawissenschaftler haben es nicht leicht, wenn sie das Wetter auf der Insel vorhersagen sollen. Kein Wunder – ist der Nordatlantik doch die ultimative Wetterküche, in der eine Vielzahl von Ingredienzien zusammengerührt wird und am Ende dennoch kaum jemand weiß, was genau dabei herauskommt. Eine gewichtige Zutat ist das berühmt-berüchtigte Islandtief. Man kennt das ja: Auf der Wetterkarte ziehen sich geschwungene Linien mit Haken bedrohlich nach Mitteleuropa, um ihre ganze Feuchtigkeit zu entladen, doch der Eindruck täuscht, denn auch im Wetter gehören meist zwei dazu: Das notwendige Gegenstück zum Tief ist das Hoch, und das liegt meist westlich der Azoren. Vom Azorenhoch also fließt die Luft aufgrund der Corioliskraft (man erinnere sich an den Physik-Unterricht) in einer großen langen Kurve im entgegengesetzten Uhrzeigersinn zu den Feuchtgebieten Europas: Zunächst in den Nordwesten Spaniens, wo es fast viermal so viel regnet wie im deutschen Durchschnitt. Weiter dann nach England und Mitteleuropa, nun folgt Südwestnorwegen und schließlich ganz weit im Norden Island.

GROSSWETTERLAGE

Wo die Luftmassen die Insel im Süden erreichen, regnet es im Jahr bis zu 3000 Millimeter. Auf Island nennt man solch ein Wetter das »gluggaveður« oder Fenstergucker-Wetter.

DAS PHÄNOMEN JETSTREAM

Das Islandtief also ist die erste Zutat der Wetterküche. Als Nächstes füge man den Jetstream hinzu. Dort, wo die Transatlantikjets unterwegs sind, fließt Luft sehr schnell von West nach Ost – der Grund, warum der Flug von Europa in die USA viel länger dauert als umgekehrt. Der Jetstream funktioniert wie eine große Luftwalze, die sich um ihre Achse dreht und dabei Luft ansaugt. Die steigt von unten auf und verliert unter dem Jetstream ihre Feuchtigkeit. Und das meist über Island ...

KARIBIKSTRÖMUNGEN UND VIEL WIND

Drittens: Meeresströmungen. Sie sind für das Wetter Europas im Allgemeinen und Islands im Speziellen ausschlaggebend. Der milde Golfstrom nämlich fördert gewaltige Mengen an warmem Wasser aus der Karibik in Richtung Nordeuropa. In Bezug auf Island muss auch die Topografie der Insel erwähnt werden. Die räumliche Nähe großer Gletscher und hoher Berge bildet ein formidables Bollwerk, wenn der Wind über die Insel bläst. Um diese Barrieren zu überwinden, weicht die Luft in die Höhe aus und regnet an den Flanken der Berge und Gletscher als Steigungsregen ab. Unmittelbar nördlich oder zwischen den drei großen Gletschern ist die Luft trocken – das erklärt das Phänomen einer Insel mit feuchten Küsten und Hochlandwüsten in ihrem Inneren.

So nah am Polarkreis machen sich selbst kleine Veränderungen bei Temperaturen oder Niederschlägen unmittelbar in den Lebensbedingungen von Menschen, Tieren und Pflanzen bemerkbar. Die jüngste Klimaerwärmung etwa lässt Makrelenschwärme, die früher viel weiter südlich lebten, zunehmend nordwärts wandern. Im Wettbewerb um die gemeinsame Nahrung (Sandaale) drängen sie die Papageientaucher immer weiter auf die Nordseite der Insel.

Oder das Abschmelzen der Gletscher. Der Okjökull-Gletscher ist vor wenigen Jahren verschwunden. Ein anderer am Vatnajökull zog sich im gleichen Zeitraum so stark zurück, dass ein neuer Wasserfall entstand, der heute der höchste Islands ist.

DIE ABWECHSLUNG MACHT'S!

Für Besucher ist das wechselhafte Wetter ein fester Bestandteil des Reiseerlebnisses. Am besten, man reagiert mit häufigen Kleidungswechseln und nimmt es sportlich. Wenn dann die Regenbogen am Horizont kaum mehr verschwinden wollen, im Hochsommer morgens nach dem Aufwachen die umliegenden Berge mit Neuschnee gezuckert sind oder im Winter die Polarlichter flackern, wird deutlich, dass die Wechselhaftigkeit des isländischen Klimas das Salz in der Suppe jeder Reise ist.

Traditionelle isländische Küche: erst eine Suppe aus Meeresfrüchten, dann Fisch vom Grill mit Gemüse

Kulinarische Reise durch Island

Vorneweg gleich eine Entwarnung: Wer keine Lust auf Experimente hat, kann in Island »ganz normal« essen und trinken gehen. Es gibt Hamburger, Steak, Pommes frites, Salat, Asiatisches, Nudeln, Suppe und Cola.

Doch es geht auch anders. Ganz anders: Am besten noch vor dem Frühstückskaffee einen Schluck Lebertran (lysi), dann Trottellummen-Spiegelei, etwas gegrillte Papageientaucher-Brust, fermentierten Grönlandhai, der streng nach Ammoniak riecht, Wal, Delfin, Rentier und Pferd, Innereien und viel Blut, Moossuppe, in Molke eingelegte Robbenflosse, gequetschte Schafshoden (hrútspungar) und -köpfe, die am besten mit beiden Händen umfasst werden, um sie besser auszulutschen. Die beste Zeit, um dieses Panoptikum an Gerichten auszuprobieren (oder sich davor zu bewahren), ist das überlieferte Thorra-blót. Dem Gott Thor gewidmet, folgt das Mittwinterfest keinem festen Datum, wird aber zwischen dem 18. Januar und dem 16. Februar abgehalten. An diesem Gedenktag wird landauf, landab

SO SCHMECKT'S AUF ISLAND

gesotten und gebraten, was das Zeug hält, und das eine oder andere Restaurant in der Hauptstadt ändert die Speisekarte, um dem neugierigen Gast Einblicke in die Vielfalt isländischer Gaumenfreuden zu ermöglichen.
Unter süffisant-kritischen französischen Autoren klingt das Urteil über die traditionelle isländische Küche etwa so: »Trotz einer unbestreitbar engen Konkurrenz erringt Island die Siegespalme der schlechtesten skandinavischen Küche. Die Armut, ja der Geiz der Böden, ein angeborener Instinkt für gewöhnungsbedürftige Geschmackkombinationen, Gemüse, so lange gekocht, wie ein Fischzug oder ein Polarwinter dauert, die lutherische Verdammung jeden Versuchs von Vergnügen, vor allem oraler Art: All das trägt dazu bei, aus einer isländischen Mahlzeit einen tragischen, glücklicherweise kurzen Moment zu machen, der den Menschen an der Existenz Gottes zweifeln lassen kann. In diesem Land wird nur gegessen, um nicht zu verhungern« (François Garde: »Das Lachen der Wale«). Milder äußert sich Raymond Dumay in seiner Abhandlung über die Frühzeit der Kulinarik. Für ihn setzt die isländische Küche der Prähistorie ein einzigartiges Denkmal, denn sie lebe von dem, was in freier Natur gesammelt oder gejagt werden kann.

Brotlaibe in einer Bäckerei in Reykjavík

Zum Glück, so darf man wohl sagen, ist das in seiner ganzen Ausführlichkeit kein Dauerzustand. Den Rest des Jahres kann man zwar hier und da eine der erwähnten Spezialitäten ausprobieren, teilweise schon beim Frühstücksbuffet und in vielen Restaurants (in Reykjavík hat sich das Kaffi Loki, benannt nach dem unberechenbaren Gott des alten Nordens, darauf spezialisiert, S. 75), aber die isländische Küche hat viel mehr als ihre eigene deftige Vergangenheit zu bieten.
Die besten Küchenchefs des Landes schaffen es längst, mit einheimischen Zutaten großartige und zu Recht gepriesene Gaumengenüsse entstehen zu lassen. Der heute berühmteste kulinarische isländische Export Skyr (siehe Kasten) lässt sich in vierlerlei Art zu Torten und Desserts veredeln. Die potente Engelswurz Angelica archangelica wird gern als Pesto verarbeitet und dem Rentierbraten beigefügt. Kvöldsól ist ein in Húsavík hergestellter Wein auf der Grundlage von Krähenbeeren, Rhabarber und Blaubeeren, und duftet Brot, gebacken über Nacht in heißer Lava, nicht wie Mutter Erde höchstpersönlich?

In aller Munde

Skyr

Seit einigen Jahren findet man das Molkereiprodukt Skyr auch fern der Insel in Supermärkten Mitteleuropas, Nordamerikas und selbst im Iran (als Kalleh – »isländischer Joghurt«). Während es ursprünglich im Norden Europas weit verbreitet war, wurde Skyr bald nur noch auf der Insel hergestellt. Dort wurde er nicht nur als Nahrungsmittel genutzt, sondern auch als Wurfgeschoss: Als die Streithähne Grettir und Auðunn in der Grettir-Saga aufeinander losgehen, wirft Auðunn einen Sack Skyr nach dem Helden, der daraufhin ärgerlich verkündet: »Das war eine viel größere Schande, als von einem Kämpfer eine böse Wunde erhalten zu haben.« Auch die moderne Kriminalgeschichte erwähnt Skyr. 1914 wurde auf Island das letzte Mal eine Todesstrafe ausgesprochen, weil eine Frau ihren Bruder mit vergiftetem Skyr ins Jenseits befördert hatte.

Das Rezept für Skyr ist eigentlich sehr einfach, die Temperatur dafür umso entscheidender: Zunächst wird entrahmte Kuhmilch fast zum Kochen gebracht, dann auf 37 Grad abgekühlt, mit etwas altem Skyr gemischt, um die guten Bakterienkulturen auf den neuen Skyr zu übertragen, fünf Stunden lang vergoren und dann weiter auf 18 Grad abgekühlt. Nach der Pasteurisierung wird Skyr von der flüssigen Hefe getrennt. Das Produkt hat 13 Prozent Protein, viel mehr als Joghurt, doch nur 0,2 Prozent Fett, viel weniger als Quark.

Die deutsche Journalistin Anita Joachim genießt eine Schale Skyr (1934)

Traditionell wird Skyr auf Island mit einem Schuss warmer Kuhmilch und etwas Zucker serviert, gerne auch mit frischen Früchten oder Haferschleim. »Mysa«, die Hefe, die im Herstellungsprozess vom Skyr getrennt worden war, kann als Getränk genossen werden. Außerdem macht man aus Skyr Käsekuchen (skyrkökur), Milkshakes und Smoothies.

Der Kabeljau wird in Eyrarbakki hängend getrocknet

Da das Meer in Island nie weit entfernt ist, wird viel Fisch gegessen, allen voran Hering und Kabeljau. Letzterer taucht in Speisekarten oft als Gratin oder panierte Bällchen auf, früher wurde er vor allem gesalzen gegessen (saltfiskur) oder noch immer windgetrocknet als »hardfiskur«; der Eintopf »plokkfiskur« dagegen ist Familienrezept. Auch auf Island wird Lachs in Aquakultur gezüchtet, schmeckt dennoch in den meisten Restaurants vorzüglich.

Süß dagegen sind die »Liebeskugeln« mit Rosinen, oder ein kleiner Kuchen, der den Namen »hjónabandsæla« trägt, zu Deutsch: Glückliche-Hochzeit-Kuchen.

Wem all das zu exotisch klingt, findet Fast Food an jeder Tanke und »sjoppa« (Miniladen mit Imbiss). Doch Vorsicht, auch da gibt's Raum für Überraschungen, wenn die Einheimischen ein paar Gummibärchen aufs Vanille-Softeis streuen oder auf Pizza schwören, die mit Banane, Peperoni und Schinken belegt wird. Vielleicht ist es das ultimative Kennzeichen der isländischen Küche, dass »alles« geht (mit Ausnahme vielfältiger vegetarischer oder gar veganer Kost, besonders außerhalb der Städte)?

Zu guter Letzt noch ein paar Vokabeln, die dem unkritischen Umgang mit Flüssigkeiten vorbeugen sollen: »Lava« ist nicht nur Geologie, sondern auch der Name eines cremigen Biers, das entfernt nach Milchkaffee schmeckt, »landi« ein selbst gebrautes Gesöff, das es unter allen Umständen zu meiden gilt, und »brennivin« ein Anisschnaps, der mit Beinamen nicht umsonst als »Schwarzer Tod« bezeichnet wird. Trotzdem immer noch besser als Lakritzschnaps. Skál! Und bon appétit.

Hübsches für zu Hause kann man im Robbenmuseum in Hvammstangi erstehen

Ein bisschen Island für daheim

Ob kulinarische Spezialitäten, Gestricktes, Krimis, Naturkosmetik, Filme, Musik oder gar nie zuvor Gesehenes? Isländer kennen ihre Zielgruppe und verstehen es, ihr Land gut zu verkaufen.

Wer bei einem Aufenthalt fernab touristischer Hotspots nach Andenken sucht, wird das Warten lernen müssen, denn nur wenige Einheimische teilen dieses Verlangen. Vielleicht liegt die Zurückhaltung an dem Stolz einer eingeschworenen Gemeinschaft, die Entbehrungen vergangener Jahrhunderte in Selbstbeschränkung gemeistert hat? Jedenfalls machen Isländer im Hinterland ihre Einkäufe meist zweckorientiert in grell erleuchteten Supermärkten, an der Tanke oder sie fliegen, wenn es denn sein soll, zum Einkaufen nach Europa oder in die USA.

Mit anderen Worten: Beim Shoppen von »typischen« Mitbringseln, Modischem oder Opulentem ist der Besucher meist unter seinesgleichen. Das Angebot offenbart sich gebündelt im Duty-Free-Bereich im Flughafen, im Geysir-Center (S. 98) oder in den Geschäften an der Skólavörðustígur (S. 76) in der Hauptstadt – und was es da nicht alles gibt: Pfefferminzpastillen für 5 Euro das Päckchen mit dem Versprechen, durch den Genuss unvermittelt fehlerfrei Isländisch zu parlieren oder so schrill zu singen, wie nur Björk es kann, oder abgepackten Gammelhai, mit dessen Geruch man die Zuhausegebliebenen erschrecken kann. Außerdem Rhabarberlikör, Lavasalz und Hautcreme aus der Blauen Lagune, die um Jahre jünger machen soll. In Outlets gibt es die schicke wetterfeste Kleidung der heimischen Outdoormarke 66°. Kunstfotografien, Avantgarde-Silberschmuck oder die neueste Mode dagegen in Galerien und Boutiquen, in denen auch die urbanen Isländer kaufen. Im Reiseteil finden Sie weitere Anregungen.

Das perfekte Souvenir

Stylish, fair hergestellt und schön warm

Noch leben in Island mehr Schafe als Menschen: Auf 350 000 Zweibeiner kommen 450 000 nordische Kurzschwanzschafe. Wer im Land unterwegs ist, findet sie überall; mit hellem Fell oder als schwarzes Schaf, mal auf eingezäunten Feldern, mal widerwillig die Straße räumend oder fernab der Pisten in freier Natur. Das hat seinen Preis. Während es früher für alle ein großes Vergnügen war, die Schafe am Ende des Sommers aus den Bergen zurück zu den Bauernhöfen zu treiben, um dann ausgiebig zu feiern, wird das Unterfangen immer mühseliger, seitdem die Kinder auf den Höfen fehlen. Manche Bauern warten bis zum ersten Schnee, um per Schneemobil die letzten Schafe ins Tal zu bewegen, oder setzen Drohnen ein, um sie in Felsspalten zu finden und dann zu retten.

Die Erfahrung eines Sommers in Freiheit spiegelt sich nicht nur im zu Recht gerühmten zarten Fleisch des Islandlamms, sondern auch in der Wolle. Die oberen Schichten sind wasserabstoßend, die unteren sind so weich wie Samt. Sagt man. Tatsächlich kratzt die Wolle auf der Haut dann doch ein klein wenig. Aus ihr werden Handschuhe, Mützen, Decken und natürlich auch die Islandpullover hergestellt.

Möchte man sich vergewissern, dass Pullover mit überlieferten Motiven zu fairen Konditionen von Einheimischen gestrickt wurden, sollte man sich an den Verband der Strickervereinigung, Handprjónasambandid, wenden, der in Reykjavík ein eigenes Geschäft betreibt (www.handprjonasambandid.is, S. 77). Kidka ist die größte Strickerei Islands (S. 146). Inzwischen gibt es viele Designer, die von alten Mustern abweichen und Islandwolle fulminant in Szene setzen.

Die Pferde kommen gern nah ran und lassen sich streicheln

Kinderfreundliches Abenteuerland

Island ist ein kinderreiches Land, denn im Durchschnitt bringt jede Frau zwei Kinder zur Welt. Diese geballte Kinder-Power sorgt dafür, dass es nicht schwerfällt, Spielkameraden zu finden, mit denen man rutschen, reiten, schaukeln, Fußball spielen oder ein Softeis mit abenteuerlichen Toppings probieren kann.

Da die meisten Kinder von alleinerziehenden Müttern aufgezogen werden, investieren selbst kleinste Gemeinden in Spielplätze oder Schwimmbäder mit Wasserrutschen und familiengerechte Veranstaltungen und Sehenswürdigkeiten. Davon profitieren auch Kinder, die mit Erwachsenen Island bereisen.

URLAUBSKASSE

Der touristische Boom der letzten Jahre führt dazu, dass sich Einheimische und Besucher auf der Insel immer häufiger begegnen, obwohl Isländer die Ferienmonate mit Kindern traditionell oft bei Freunden oder in Großfamilie verbringen und die großen Sehenswürdigkeiten meiden. Da, wo es Berührungspunkte mit Einheimischen gibt, sind Hoteliers oft bereit, Kinderermäßigungen einzuräumen. Gespart werden kann bei Naturattraktionen und heißen Quellen, denn die sind meistens gratis. Fast alle Sehenswürdigkeiten, für die Eintritt gezahlt werden muss, bieten Kinderermäßigungen an. Das gilt auch für Kinderteller in Restaurants.

ÜBERNACHTEN MIT KINDERN

Anstatt in großen Hotels zu übernachten und viele Stunden im Fahrzeug zu verbringen, empfiehlt es sich für Familien oder Gruppen, eine Hütte oder ein kleines Haus zu mieten und als Basis für Ausflüge zu nutzen. Wer gern campt, findet überall im Land Gelegenheiten. Manchmal darf man an den wunderbarsten Stellen einfach so das Zelt aufschlagen. Vielleicht ist eine Berghütte oder ein Hostel, in dem in großen Schlafsälen übernachtet wird, zunächst gewöhnungsbedürftig, nichtsdestotrotz kann man so am nächsten Morgen aber eine Menge lustiger Geschichten über die Schlafgewohnheiten der anderen austauschen.

KLEINE UND GROSSE ABENTEUER

Wer im Sommer verreist, kann Rentiere an den Berghängen, wild flatternde Papageientaucher in der Luft oder putzige Robben am Strand zählen. Schwieriger ist die Sichtung von Elfen und Trollen, denn die kann nicht jeder sehen. Die Kontaktaufnahme mit den unsichtbaren Wesen wird durch Kurse in der Elfenschule (Álfaskólinn in Reykjavík) oder durch eine Elfenexpertin erleichtert (S.126). Im Botanischen Garten in Reykjavík gibt's

Belegen diese Elfenburgen die Existenz einer geheimen Welt?

nicht nur Pflanzen, sondern auch heimische Tiere zum Anfassen und neben den Tieren im Zoo den Fjölskyldu-Garðurinn einen riesigen Abenteuerspielplatz. Im Spätsommer lockt die Beerenjagd und bei schlechtem Wetter vielleicht das Kino? Auf Island laufen die allerneuesten Filme aus Hollywood in Originalfassung, doch Achtung: Mittendrin, gerade dann, wenn es am spannendsten ist, geht das Licht an und es ist Pause – bis jeder frisches Popcorn hat.

NATUR UND KULTUR FÜR KIDS

Oft passiert das Unerwartete: Auf einem Torfsodenhaus steht eine Ziege, auf einem Bauernhof lässt sich ein isländischer Hütehund kraulen. Andere Erlebnisse können gebucht werden, wie der Besuch einer Eishöhle im Langjökull-Gletscher. Viele Museen haben ihre Ausstellungen kindgerecht gestaltet. Im Museum Arbær (S. 83) bei Reykjavík laden Einheimische dazu ein, das Leben vergangener Jahrhunderte zu erleben, in kleinen Ortschaften finden im Sommer Workshops zum Malen, Bildhauen oder Theaterspielen statt, an denen sich auch Besucher beteiligen dürfen. Und nicht alles ist nur auf Kinder zugeschnitten: Wer sich für moderne Musik interessiert, kann dem Icelandic Museum of Rock'n' Roll (S. 85) in Keflavík einen Besuch abstatten. Dort findet man alles über die legendären Auftritte von Elvis Presley bis zu Björk (Hjallavegur 2, Tel. 420 10 30, www.rokksafn.is, tgl. 11–18 Uhr, unter 16 J. Eintritt frei).

Strandvergnügen – bei Reynisfjara mit schwarzem Sand

MIT DER FAMILIE UNTERWEGS

VERRÜCKTE GESCHICHTEN

Buchhandlungen oder auch das Internet halten fantastische isländische Geschichten bereit, die sich bei langen Fahrten oder regnerischen Tagen zum Vorlesen oder als Hörbuch eignen. Manche handeln von weisen Männern und Frauen, viele auch von Kindern. Die kommen in den alten Sagas genauso vor wie in den Nonni- und-Manni-Abenteuerbüchern oder in den Geschichten von den 13 Weihnachtsmännern. An vielen Orten auf Island ist von versteckten Schätzen und seltsamen Seeschlangen die Rede oder auch von Robben, die doch eigentlich verwandelte Menschen sind.

SCHWIMMBÄDER

Jeden Tag schwimmen? Auf Island geht das, denn die meisten Orte haben öffentliche Pools mit Schwimmbecken und Saunen, die zumeist bis spät in die Nacht geöffnet sind. Neuerdings entstehen im ganzen Land immer mehr Warmwasserbecken unter freiem Himmel (siehe 3-mal draußen, S.2–3). Die meisten von ihnen befinden sich in sehr reizvoller Umgebung. Besonders hübsch ist Selárdalur, ein kleiner Pool nördlich von Vopnafjörður, der abends mit Kerzen geschmückt wird.

Leuchtende Augen

»Hey Wickie Hey«

Jedes Kind weiß, dass Wikinger ziemlich wilde Gestalten waren. Sogar im Fernsehen wird dieses Bild transportiert, zum Beispiel durch den sommersprossigen Wikingerjungen Wickie, der im Umgang mit Rüpeln seinen Erfindungsreichtum abruft, indem er sich ausgiebig an der eigenen Nase reibt.

Da die meisten Isländer ja von den Wikingern abstammen, können sie uns umso mehr über sie erzählen, als wir vom Fernsehen her wissen. Auf Island schufen Wikinger immerhin Gesetze und Parlamente und manche fuhren sogar nach Amerika, und das schon 500 Jahre vor Kolumbus! Wer mehr erfahren möchte, sollte Viking World in der Nähe des Flughafens Keflavík besuchen. Dort gibt es nachgebaute Häuser und die Íslendigur, ein Schiff, das bis nach New York segelte. Wer auf ihr an Bord steht, kann sich fast wie ein Wikingerjunge oder -mädchen fühlen (Vikingabraut 1, Reykjanesbær, Tel 422 20 00, www.vikingworld.is, tgl. 11–18 Uhr im Sommer, 12–17 Uhr im Winter).

Bunter wird es jeden Juni in Hafnarfjörður, einem Vorort der Hauptstadt. Dort bevölkern verkleidete Wikingerkerle, -weiber und -kinder die Straßen beim jährlichen Wikingerfest (www.fjorukrain.is).

Guido van Helten fertigte diese Wandmalerei auf einer Hauswand in Reykjavík an

350 000 Menschen und so viel Kreativität!

Der aktuelle Shootingstar der isländischen Kunstszene, Ragnar Kjartansson (geboren 1976), bringt es auf den Punkt: »Die isländische Kunstgeschichte besteht nur aus Literatur. Außerdem hatten wir nie Kolonien, wir konnten also nichts von anderswoher zusammenraffen und bei uns ausstellen.«

Vielleicht findet deshalb auf Island Kunst weniger in Museen statt als in den Köpfen und mit den Händen der Menschen. Für viele Isländer ist es jedenfalls nichts Ungewöhnliches, dass Bauern malen, Busfahrerinnen Gedichte schreiben, Lehrerinnen bildhauen Fischer musizieren, Ärzte Filme machen und dafür auf globaler Bühne später groß gefeiert werden.

Joseph Beuys, der selbst durch Island reiste und besonders von den Walschlachthöfen im Hvalfjörður angetan war, hätte seine Freude an den Isländern gehabt, war er es doch, der erklärt hatte, dass jeder Mensch ein Künstler sei. Auf Island erweitert sich dieser Begriff noch, denn wie sonst konnte man früher auf dieser abgelegenen Insel am Polarkreis das Leben meistern, wenn nicht als Überlebenskünstler? Als solcher baute man aus Treibholz Boote, fertigte aus Vogelknochen Musikinstrumente und schrieb auf der Haut der Graugans Gesetzestexte für die Nachwelt auf: Kunst, geboren aus der Notwendigkeit, und dazu viel Raum, der geradezu danach schreit, gefüllt zu werden.

Wer nach Island fährt, wird viel Kunst erleben. Noch im abgelegensten Gasthof oder der entferntesten Cafeteria werden Fotos, Wandteppiche und Gemälde von überraschender Qualität ausgestellt. Fragt man nach dem Künstler, kann es wie selbstverständlich heißen: meine Ehefrau, mein Kind, mein Großvater, ein Nachbar.

Außerhalb dieser warmen und geschützten Zufluchtsorte findet der Besucher Kunst vor allem unter freiem Himmel, wo Skulpturen aus Basalt und Metall Wind und Wetter trotzen. Manche Künstler verweisen in ihren Werken auf die Naturkräfte, so wie Sigurður Guðmundsson, dem das mit Vogeleiern aus Granit, die am Hafen des ostisländischen Djúpivogur zu finden sind, auf konsequente Art gelang. Auf Grímsey, der nördlichsten Insel Islands, nähert sich, statt der Urkraft des Lebens, eine Künstlergruppe mit einem 8 t schweren Steinball (»Orbis et Globus«) dem Phänomen der Erdrotation. Dadurch, dass das Objekt genau an der Stelle positioniert wird, wo aktuell der Polarkreis die Insel schneidet, muss auch die Skulptur jedes Jahr um 15 m nordwärts verschoben werden. Ob sie dann 2050, wenn der Polarkreis die Insel nach Norden verlässt, wohl ins Meer plumpsen wird?

Ein Urlaubermagnet

Im Herbst 2017 wurde das Kunstwerk »Orbis et Globus« am Polarkreis auf Grímsey, einer weniger als 100 Einwohner zählenden Insel, eingeweiht. Ziel war es, mehr Touristen auf das kleine Eiland aufmerksam zu machen, was bisher sehr gut funktioniert hat. Die Steinkugel hat einen Durchmesser von 3 m und wird jedes Jahr zur Mittsommernacht analog zur Bewegung des Polarkreises um die Nordspitze der Insel bewegt. Die Rotation variiert. Deshalb wird die Kugel in manchen Jahren nur wenige Meter weit bewegt, in anderen aber um mehr als 130 m.

Ein anderer Fokus ist die Vergegenwärtigung der frühen Geschichte der Insel, deren Spuren durch Erosion und Elend immer mehr verwischen. Exemplarisch dafür stehen drei Künstler: Sigurjón Ólafsson (1908–1982) schuf zwei bronzene Hochsitzpfeiler für das Gelände am Höfði, nahe der Sæbraut. Um die Zauberkraft der Objekte zu stärken, waren die Hochsitzpfeiler ursprünglich aus Holz geschnitzt, mit dem Antlitz von Göttern versehen und mit magischen Eisennägeln durchdrungen worden. Im Museum des Künstlers an der Laugarnestangi 70 kann man weitere Arbeiten aus Metall, Treibholz und Basalt sehen. Ásmundur Sveinsson (1893–1982) ließ sich von den großen Dramen der

Sagazeit inspirieren. Sveinsson schuf ein Museum, das an ein modernes Iglu erinnert, und stellte im angrenzenden Skulpturengarten (S. 81) einige seiner berühmtesten Werke aus. Der dritte große Name des frühen 20. Jh. ist Einar Jonsson (1874–1954). Auch seine Arbeiten fanden Platz in einem Museum und Skulpturengarten (S. 73), gleich gegenüber der Hallgrímskirkja. Das vermutlich berühmteste Werk Jonssons ist »Der Missetäter«. Abgüsse in Bronze gibt es sowohl in Reykjavík als auch in Akureyri. Sie erzählen die Geschichte eines Mannes, der nach dem Mord an einer Frau, gebeugt von seinem schlechten Gewissen, wie ein Wolf durchs Hinterland streicht und nie zur Ruhe finden darf.

Ragnar Kjartansson – ein Porträt

Neun Monate nachdem seine Eltern für einen Film eine wilde Sexszene gedreht hatten, kam Ragnar Kjartansson zur Welt. Benannt nach seinem Großvater, einem berühmten Bildhauer des 19. Jh., wuchs Ragnar mehr im Theater auf als zu Hause, denn sein Vater war Drehbuchautor und Theaterdirektor, seine Mutter eine bekannte Schauspielerin. Später studierte Ragnar Kunst in Reykjavík, heute produziert er Videos, zeichnet, malt, musiziert und schreibt, spielt Theater und bearbeitet Skulpturen. Eine Besonderheit seiner Kunst ist, dass er Sequenzen gern in Endlosschleife dreht. »Death is Elsewhere« (2017–19) spielt im südisländischen Lavafeld Eldhraun, das in den Jahren nach 1783 entstand und inzwischen mit Moos bewachsen ist. »Diese Landschaft veränderte die Welt«, erklärt er mit Verweis auf die Aschewolken des Vulkanausbruchs, die zur Französischen Revolution beitrugen, »aber heute ist es hier ganz ruhig und schön. Das fasziniert mich.« Eine andere Besonderheit seiner Kunst ist, dass er autobiografisch arbeitet. In seinem Falle heißt das, dass er sich von seiner Mutter alle fünf Jahre anspucken lässt und das in einem Video festhält (»Me and My Mother«, 2000). In »Palace of the Summerland« (2014) geht es um »Heimsljós« (Weltlicht), ein Buch des Nobelpreisträgers Halldór Laxness. Für Kjartansson ist das tragische Streben des Protagonisten nach Schönheit und göttlicher Offenbarung die Matrix isländischer Kunst schlechthin. Warum er Kunst macht? »Nur in der Kunst sind Akteur und Betrachter gleichermaßen frei, den Inhalt einer Arbeit nicht verstehen zu müssen.«

Ragnar Kjartansson ist ein künstlerischer Tausendsassa: Musiker, Bildhauer, Maler, Performance-Künstler

KUNSTGENUSS

Wer Lust auf Skulpturen zeitgenössischer Bildhauer bekommen hat, dem seien die folgenden drei Hotspots empfohlen: Im und vor dem Flughafen Keflavík (wo inzwischen eine Kuratorin die Kunst betreut), in Akureyri (auf der Webseite des Touristenamtes kann das PDF »Art Trail« gratis heruntergeladen werden) und in der Hauptstadt selbst: Die bekanntesten sind am Tjörnin-See »Der Unbekannte Beamte« (1993) von Magnús Tómasson, der einen Steinklotz statt seines Kopfes trägt. Das soll an die Beamten erinnern, die sich fern unserer Beobachtung um das Funktionieren des Staates bemühen. Auf der Ostseite des Tjörnin gibt es den Perlufestin-Garten, wo seit 2014 Werke von isländischen Frauen ausgestellt werden. Nahe dem Konzertgebäude der Harpa – ihre Fassade selbst eine große Licht- und Glasarbeit des dänisch-isländischen Künstlers Ólafur Elíasson – steht die am häufigsten fotografierte Skulptur Islands: Jón Gunnar Árnasons »Schiff der Sonnenreisenden«. Von dort ist es nicht mehr weit bis zur kleinen Insel Viðey. Zwischen dem 9. Oktober und 8. Dezember jeden Jahres entsteht dort, inspiriert von John Lennons Lied, ein Lichtturm. »Imagine Peace« strahlt bei günstigen Witterungsverhältnissen bis zu 4000 m hoch in den Himmel.

»Sólfar«: Skulptur in Reykjavík von Jón Gunnar Árnason

Am 17. Juni wird in Island der Nationalfeiertag gefeiert (hier in Reykjavík)

Hier feiert man die Feste, wie sie fallen

Religion, Berufsgruppe, Familie und Nation bestimmten lange den Festkalender. Heute findet man immer einen Grund zu feiern, und sei es nur ein Tor gegen eine andere Nationalmannschaft.

Wer Island im Sommer bereist, könnte meinen, dass die Isländer doppelt nachholen, was sie im Winter verpasst haben. Während das aktive Leben im Winter aufgrund der Dunkelheit und der Schlechtwetterphasen gerade in abgelegenen Gebieten fast zum Stillstand kommen kann, muss in den kurzen hellen Monaten umso mehr gebaut, geackert, gepflanzt und gemäht werden. Auch die Städter scheinen in den hellen Monaten zwei oder drei Jobs gleichzeitig auszuüben.

Wann genau der Sommer beginnt, ist Ansichtssache. Mag sein, dass der erste Sommertag aufgrund des alten nordischen Kalenders bereits im April mit einem Straßenfest in der Hauptstadt gefeiert wird, doch die warme Jahreszeit, gewissermaßen das Dolce Vita des Polarkreises, beginnt so richtig erst am 17. Juni mit dem Tjóðhátíð ðagurinn.

In Reykjavík treffen sich an diesem Tag gewichtige Würdenträger am Austurvöllur, unweit von Parlament und

SO FEIERT ISLAND

Dom, am Denkmal des Gelehrten alter isländischer Sagas und emsigen Verfechters der Unabhängigkeit Jón Sigurðsson. Auf seinem Sockel erinnert das Reliefbild eines mittelalterlichen Goden, der alte Götterstelen in einen Wasserfall wirft, an die Einführung des Christentums auf Island. Darüber erhebt sich in Bronze der Nationalheld Jón, mit Frack, auf dessen Kopf meist eine neugierige Möwe thront. Sieht er nicht zufrieden herab auf sein buntes Völkchen, das an diesem Tag Fahnen in den Farben von Ozean (blau), Lava (rot) und Eis (weiß) schwenkt? Einige Frauen tragen die wollene Nationaltracht Peysuföt, manche Männer schwarze Hosen mit Weste und Krawatte und auch die Schulkinder sind fein herausgeputzt. Der Anlass der Zusammenkunft ist die Unabhängigkeit Islands – und der Geburtstag Jón Sigurðssons selbst. 1944, mehr als 60 Jahre nach seinem Tod, wurde an dieser Stelle, nach sieben Jahrhunderten Fremdherrschaft, an seinem Geburtstag die Unabhängigkeit Islands verkündet.

Der ergreifendste Augenblick der Feierlichkeiten ist der Auftritt der Fjallkona, zu Deutsch »Frau von den Bergen«. Prächtig gewandet, mit heller Haube, erscheint sie am Denkmal als leibhaftig gewordener, unbändiger Wille und Freiheitsgeist der Nation.

Fjallkona ist schon seit Jahrhunderten Teil der Sagen- und Märchenwelt des Landes. Im frühen 19. Jh. schrieb das Parlamentsmitglied Bjarni Thoraendsen in einem Anflug nationalen Eifers das Gedicht »Eldgamla Ísafold«, zu Deutsch »Uraltes Island«. Seitdem wird jedes Jahr am Unabhängigkeitstag eine Frau zur Fjallkona bestimmt, um das Gedicht, die inoffizielle Nationalhymne, stimmungsvoll vorzutragen: »Das Bild dieser Frau, die eine Eiskrone trägt, repräsentiert Island, wie es aus Feuerzungen hervorbricht. Auf ihrer Schulter trägt sie einen Raben, Islands Vogel, Odins alten Freund, Gefährte aller Dichter, und weiser Träger aller Neuigkeiten ...«

Der Text der inoffiziellen Nationalhymne ist Isländisch, die Melodie aber folgt »God Save the Queen«.

Nach diesem Auftakt beginnen Spielmannszüge und ein großes Straßenfest, bei dem Alt und Jung, Einheimische und Besucher feiern. An kaum einem anderen Tag des Sommers rückt die Nation näher zusammen.

Die Teilnahme am Unabhängigkeitsfest ist kostenlos und Besucher sind herzlich willkommen. Da überall im Land gefeiert wird, ist es nicht schwer, einen Ort zu finden, um an den Festlichkeiten teilzunehmen.

Der Svínafellsjökull war einer der Drehorte für »Batman Begins« und »Interstellar«

Achtung, Kamera läuft: Hier entsteht großes Kino

Die Crème de la Crème Hollywoods hat sich im arktischen Licht der Wildnis Islands eingefunden, um ihren Inspirationen den passenden Rahmen zu geben. In einer archaisch anmutenden, doch baumlosen und wenig zugebauten Landschaft können sich die Kreativen voll ausleben.

Island ist eine überaus begehrte Filmlocation, besonders für Fantasy- und Science-Fiction-Filme. Die Vorteile liegen auf der Hand: die relativ kurze Anreise für Filmcrews aus Europa oder Nordamerika, der hohe technische Standard, vor allem aber die unvergleichlich vielfältige Landschaft, gepaart mit klarer Luft und faszinierenden natürlichen Lichteffekten. Im entgegengesetzten Uhrzeigersinn der Ringstraße folgend sind dies die berühmtesten Drehorte inklusive der dort gedrehten Streifen:
Im Süden der Insel spielt »Rogue One« (2016) aus George Lucas' Krieg-der-Sterne-Reihe. Erst versteckt sich Galen Erso auf Lah'mu (bei Vík), bevor er auf dem Planeten Eadu (am Mýrdalssandur) gezwungen wird, die Arbeit am Todesstern zu vollenden. An den langen schwarzen Stränden bei Vík wurde außerdem das biblische Drama »Noah« (2014) mit Russell Crowe gedreht, ebenso »The First Avenger: Civil War« (2016).

FILME

Östlich befindet sich der Gletscher Svínafellsjökull am Nationalpark Skaftafell, Schauplatz des legendären Schwertkampfs mit Liam Neeson in »Batman Begins« (2005) und von Manns Eisplanet im Film »Interstellar« (2014).

TOPKULISSE FÜR ABENTEUER, SCIFI- UND FANTASY-FILME

Die Gletscherlagune von Jökulsárlón nimmt in einer dreiminütigen Sequenz im ersten Lara-Croft-Film »Tomb Raider« eine Hauptrolle ein, genauso wie in zwei James-Bond-Streifen. Pierce Brosnan rast in »Stirb an einem anderen Tag« (2002) bei einer wilden Verfolgungsjagd mit einem Auto über die Lagune, die für die Dreharbeiten zum Meer hin verschlossen wurde, um sie zufrieren zu lassen. So erfinderisch musste man bei einer Verfolgungsjagd 1985 »Im Angesicht des Todes« nicht sein, doch damals war Roger Moore auch statt mit einem schweren Aston Martin V12 Vanquish nur mit leichten Skiern unterwegs.

Sorgte für das richtige Ambiente in Szenen von Lara Croft und James Bond: der Jökulsárlón

Ein anderer beliebter Drehort ist der Dettifoss-Wasserfall, an dem die Eröffnungsszene von Ridley Scotts Science-Fiction-Film »Prometheus – Dunkle Zeichen« (2012) stattfindet. In der Nähe dieses Wasserfalls wurden Einstellungen von »Oblivion« (2013) mit Tom Cruise gefilmt und »Thor – The Dark Kingdom« (2013). Andere Schauplätze von »Thor« sind Landmannalaugar, die Fjaðrárgljúfur-Schlucht, der Skógafoss und Ásbyrgi im hohen Norden.

HOCH IM KURS: FANTASIEWELTEN UND VERFOLGUNGSJAGDEN

Etwas südlich davon am Krafla-Vulkan spielt ein weiterer Teil der Star-Wars-Saga, »Episode VII – Das Erwachen der Macht« (2015), während in »Fast & Furious 8« (2017) eine Verfolgungsjagd über den vereisten Mývatn-See beginnt, in deren Verlauf sogar ein russisches U-Boot in der Nähe von Skútustaðir durch das Eis an die Oberfläche bricht.

Überall bieten sich Regisseuren inspirierende Ansichten

Man fühlt sich mitten in die Szenerie von »Game of Thrones« hineinversetzt

Die Fantasy-Serie »Game of Thrones« (2011–2019) nutzte die isländische Landschaft ausgiebig als »Land nördlich der Mauer«. Besonders häufig tritt der bereits erwähnte Svínafellsjökull ins Bild, die heiße Quelle Grjótagjá am Mývatn, wo Jon Snow den Eid der Nachtwache mit Ygritte bricht, das nahe Dimmuborgir und die Schlucht von Thingvellir u. a. mit der Szene des Kampfes zwischen Brienne und The Hound in der vierten Staffel. In Vík spielt die Netflix-Serie »Katla« (2021).

BESONDERE ATMOSPHÄRE MIT STARKER AUSSAGEKRAFT

Die Band, die während Joffreys Hochzeit spielt, ist übrigens Sigur Rós, eine isländische Musikgruppe, mit deren Leadsänger früher auch die Popikone Björk auftrat. Viele Künstler drehten ihre Musikvideos in der unnachahmlichen Landschaft Islands, doch niemand löste mit seinen Videos einen solchen Hype aus wie Justin Bieber. Wo immer auch der Teenie-Schwarm sein Video »I'll show you« drehte, folgten ihm die Fans. Ein altes Flugzeugwrack auf der Sólheimasandur wurde so zur Attraktion und der Canyon Fjaðrárgljúfur, in dem Bieber im Video badet, musste gar schon gesperrt werden wegen zu großem Besucherandrang.

ISLAND – GESTERN UND HEUTE

Spielball der Weltpolitik

Wikinger und Kelten besiedelten Island im 10. Jh. Später trotzten ihre Nachkommen der Hanse, den Dänen, der »Kleinen Eiszeit« und verheerenden Vulkanausbrüchen. Offiziell gelang die politische Unabhängigkeit erst im 20. Jh., doch viele Menschen im Land kämpfen noch immer für ihre Rechte.

LANDNAHME UND GOLDENES ZEITALTER

Manchmal zählt auch, was man nicht gemacht hat: Auf Island, dem »ersten Amerika«, mussten sich die Siedler der »Landnahmezeit« nicht mit Ureinwohnern und wilden Tieren arrangieren oder sie ausrotten. Das Land wurde nicht von habgierigen Abenteurern und Machtstrategen als Sprungbrett benutzt, um von dort aus die Welt zu unterwerfen, wie auf manchen Atlantikinseln Portugals oder Spaniens. Stattdessen erreichten im 10. Jh. 30 000 Flüchtlinge die menschenleere Insel. Ihr Push-Faktor? Überbevölkerung aufgrund von Klimaveränderungen, religiöse Kriege (durch Ausdehnung des Christentums) und die Zerschlagung der traditionellen Bauerngesellschaft durch entstehende Feudalreiche. Der Pull-Faktor? Ein Land, wo man so leben kann, wie man will.

1246
Der schlimmste »Streit« der Geschichte (mit 100 Toten) fand bei Haugsnes im Skagafjörður-Gebiet statt: So wenig Blutvergießen verzeichnet kaum eine andere Nation

Die Männer stammten meist aus Skandinavien und Schottland, die Frauen von Britannien und Irland. Auseinandersetzungen wurden im Thing geregelt und im Streit manchmal auch mit Waffen, aber echte Kriege gab es in Island nie. Als Isländer im Jahr 1000 unter Androhung von Waffengewalt aufgefordert wurden, das Christentum einzuführen, diskutierte man das Thema auf dem Thing und entschied, dass keine Religion wichtig genug sei, um deswegen einen Krieg zu führen!

KLEINE EISZEIT UND VULKANAUSBRÜCHE

Das »Goldene Zeitalter« Islands endete spätestens, als die Pest 1402–1404 die Hälfte der Bevölkerung tötete. Dadurch verlor Island bis ins 20. Jh. hinein seine Selbstständigkeit.

Dass Island keine Macht mehr hatte und lange auch keine mehr bekam, lag an der politischen Großwetterlage. Die

ISLAND – GESTERN UND HEUTE

Hanse kämpfte erfolgreich um Fischereirechte und Dänemarks Handelsmonopol erleichterte den wirtschaftlichen Austausch für die Kolonialherren, verschlechterte aber drastisch die Lebensbedingungen der Isländer. Um 1400 wurde es dann merklich kühler. Die »Kleine Eiszeit« dauerte 400 Jahre und reduzierte das bisschen Wald, das nach den ersten Jahrhunderten der Besiedlung noch übrig war, auf einen kümmerlichen Bestand. Die Zeit der wenigen milden Sommerwochen verringerte sich so sehr, dass außer Gras fürs Vieh, Moos für die Suppe und Rhabarber kaum noch etwas auf der Insel wuchs. Erdbeben, Tsunamis und Vulkanausbrüche taten ihr Übriges. Nachdem die Bevölkerung der Insel, auch in Folge der verheerenden Ausbrüche der Laki-Spalte 1783–1786, geschrumpft war, hatte die dänische Kolonialmacht von den ständigen Tragödien in ihrer Kolonie genug und überlegte, alle Isländer nach Jütland in Dänemark umzusiedeln. In den USA schlugen Politiker gar vor, die Insel samt ihrer Bewohner zu kaufen.

Holzknappheit
Während der Kleinen Eiszeit gab es auf der Insel kaum noch Holz, um im Winter zu heizen. Wer Glück hatte, fand am Strand Treibholz aus den großen Flüssen Sibiriens.

UNABHÄNGIGKEIT!

Dass es zur Entvölkerung Islands dann doch nicht kam, lag an den Isländern, die in Kopenhagen lebten. Die kleine Elite verfolgte dort hautnah, wie sich die Welt

Ankunft der Wikinger auf der Insel

veränderte: Die Französische Revolution mit dem Appell für Gleichheit und Freiheit zündete auch in Skandinavien, wo viele Menschen als Leibeigene dienen mussten. Nach den Napoleonischen Kriegen war Dänemark nur mehr von regionaler Bedeutung und der aufkommende Nationalismus veränderte weltweit das allgemeine Geschichtsbewusstsein.

Die Intellektuellen stellten die Frage, warum Island eine eigenständige Nation bilden sollte. Die Antwort fanden

Am Puls der Zeit

Unabhängigkeit?

Wie klein der Spielraum Islands im Gefüge der großen Politik und Wirtschaft ist und dass sich bisweilen manche Isländer in kriminelle Machenschaften verstricken, zeigte sich bei den Finanzspekulationen isländischer Banken, die das Land 2008 fast in den Bankrott stürzten.

Das hatte auch Auswirkungen auf normale Isländer, die, vom »billigen Geld« angelockt, vor der Finanzkrise eine Wohnung gekauft hatten. Sie mussten zusehen, wie ihre Hypothek durch die hohe Inflationsrate plötzlich in die Höhe schoss. Noch heute stottern einige Isländer hohe Kreditforderungen aus dieser Zeit ab. Politisch waren die Jahre seit 2008 nicht minder turbulent. In verschiedenen Korruptionsfällen der jüngeren Zeit geriet das Establishment unter Druck. Obskure Transaktionen, aufgedeckt in den Panama-Papers, führten zur Abdankung eines Präsidenten. Der Unmut verursachte Proteste und das Experimentieren mit Alternativen. Jón Gnarr, Komödiant, schaffte es mithilfe von Social-Media-Appellen ins Amt des Oberbürgermeisters von Reykjavík. Seine sehr populäre Amtszeit fand Nachahmer. Die Politik Islands ist dadurch bunter, lebendiger und repräsentativer geworden.

Ob das ausreicht, um die Herausforderungen der Zukunft zu meistern? Seit der Lebensstandard gestiegen ist und die Bedürfnisse weiter wachsen, ist die Abhängigkeit vom Ausland größer denn je. Statt allein auf reiche Fischschwärme und milde Sommer für die Bauern zu hoffen, um das Überleben zu sichern, ist das Land heute abhängig vom Weltmarkt für Aluminium oder der Wirtschaftskraft der Länder, aus denen die inzwischen mehr als 1 Million Touristen pro Jahr kommt.

Kulturelles Vermächtnis
Im Kulturhaus in Reykjavík werden viele Schriften der isländischen Vergangenheit aufbewahrt

ISLAND – GESTERN UND HEUTE

Statue von Jón Sigurðsson auf dem Austurvöllur in Reykjavík

sie nicht so sehr in besonderen architektonischen Gebäuden (gab es nicht) als vielmehr in den Zeugnissen des Goldenen Zeitalters. Der größte Trumpf Islands war die Literatur der Sagas und Eddas. Die Tatsache, dass diese Werke am Polarkreis entstanden waren und behütet wurden, macht Islands Kultur und Sprache bis heute so einzigartig.

Jón Sigurðsson, ein Gelehrter alter Schriften, war der herausragende Verfechter der Unabhängigkeitsbewegung. Die Erfolge waren klein, aber stetig: die eigene Verfassung (1874), Autonomie (1918), Unabhängigkeit (1944), der Literaturnobelpreis für Halldór Laxness und der Sieg über Großbritannien in den sogenannten Kabeljaukriegen schufen eine politisch, kulturell und wirtschaftlich souveräne Nation. Die militärische Unabhängigkeit gelang erst 2006, als US-Amerikaner, die im Zweiten Weltkrieg das Land mit mehr als 40 000 Soldaten besetzt hatten, ihren Stützpunkt in Keflavík schlossen.

1909 von den Franzosen für deren damaligen Konsul Jean Paul Brillouin errichtet

Höfði – das Haus, in dem der Kalte Krieg endete

Ein Holzhaus in Island, ganz weit draußen, in dem Geschichte geschrieben und weltpolitische Entscheidungen auf den Weg gebracht wurden? Ja, so ist es. Eines der bedeutendsten Treffen zwischen Ost und West fand hier statt, heute fungiert es als Gästehaus der Hauptstadt Reykjavík.

Die exponierte Lage des Höfði-Geländes (S. 73) an der Faxaflói-Bucht schrieb schon Geschichte, als dort noch gar kein Haus stand. Am 26. Juni 1905 übertrug ein auf Schotter platzierter Marconi-Mast Radiosignale nach Südengland. Es war das erste Mal, dass Island mit der Außenwelt über moderne Kommunikationstechnologien verbunden werden konnte. Vier Jahre später entstand der in Norwegen vorgefertigte und in Island zusammengehämmerte Holzbau, um dem französischen Botschafter als Residenz zu dienen. 1921–32 wohnte Einar Benediktsson, ein einflussreicher Geschäftsmann und Zeitungsverleger, der Wasserkraftprojekte bauen wollte, in Höfði. Eine Skulptur zu seinen Ehren steht östlich des Anwesens. Danach zogen die Briten ins Höfði und bewirteten während des Krieges 1941 Winston Churchill und 1944 Marlene Dietrich.

Was dann passierte, ist unklar. Manche behaupteten, das Gespenst einer jungen Frau bringe die Bewohner um ihre Nachtruhe. Andere berichteten von Wikingern, die im Mittelalter an der Stelle des Höfði begraben worden waren. Sei es da verwunderlich, wenn der Weinkeller des Anwesens hin und wieder polternd geplündert werde? Aufgrund der Beschwerden

ORTE, DIE GESCHICHTE SCHRIEBEN

ließ das britische Außenministerium 1957 die Vorfälle untersuchen und kam zu dem Ergebnis, »dass man die Existenz eines Geistes weder bestätigen noch verneinen könne«, zögerte aber keinen weiteren Augenblick, das Anwesen an die Stadt Reykjavík zu verkaufen.

MITTEN IM GESCHÄFTSVIERTEL

Seitdem liegt Höfði nicht mehr am Rande der Stadt, sondern unweit von hohen Bürohäusern. Modern wurde es auf dem Rasen vor dem Haus, als 1971 das metallene »Öndvegissúlur« des Künstlers Sigurjón Ólafsson errichtet wurde. Es stellt zwei Hochsitzpfeiler dar, Orakelhölzer also, denn da, wo sie angeschwemmt wurden, durfte ein Wohnort entstehen. Die Gründung Reykjavíks selbst wird diesem Umstand im 9. Jh. zugeschrieben.

Ein Haus mit viel Geschichte also, doch der höchste Besuch stand erst noch bevor. Im Oktober 1986 trafen sich die beiden mächtigsten Männer der Welt im Höfði, der US-amerikanische Präsident Ronald Reagan und der Generalsekretär des Zentralkomitees der KPdSU Michail Gorbatschow. Ohne großes Zeremoniell an Fahnen, Nationalhymnen und rotem Teppich saßen sie sich im Höfði gegenüber und wurden plötzlich menschlich: Wie aus heiterem Himmel unterboten sie sich gegenseitig mit Vorschlägen zum Abbau der Nuklearwaffenarsenale. »Warum verschrotten wir nicht einfach die Hälfte der Waffen?«, fragte der eine. Die Antwort des anderen: »Warum eigentlich nicht alle?« Das wurde dann zwar doch nicht umgesetzt, aber das Treffen im Höfði gilt als Meilenstein der Annäherung zwischen Ost und West und bedeutsamer Wegbereiter der aktuellen politischen Weltordnung.

Michail Gorbatschow und seine Frau Raissa bei einem Treffen im Höfdi im Oktober 1986

Informationstafeln vor dem Haus erinnern an das Treffen von 1986. In der Umgebung steht ein Stück Berliner Mauer, das bunt mit einem Moai-Kopf der Osterinsel bemalt wurde. Die besonders Hochgewachsenen unter uns könnten auf der Meeresseite des Gebäudes einen Blick ins Innere des Höfði erhaschen, richtig hinein aber kommt man nur auf Einladung.

Hoch zu Ross durch die Lupinenblüte am Kirkjufell

Auf dem Rücken der Pferde

Island ist untrennbar mit seinen Pferden verbunden. Die 80 000 Vierbeiner, die im Winter mit langem, zottigem Winterkleid stoisch auf Schnee, im Sommer grasend auf grünen Bulten und Schlenken stehen, sind am Ende eines Ausflugstages ein dankbarer Anblick.

Den Isländern gelten sie als Zeichen geschichtlicher Kontinuität. In einem Land ohne architektonische Überbleibsel des Goldenen Zeitalters sind Pferde nebst Schafen, den nordischen Kühen und der überlieferten Sprache so etwas wie der Tempel der Ahnen. Die Vorväter und -mütter der Isländer hätten ohne die Hilfe dieser Tiere zu Transportzwecken oder durch den Verzehr ihres Fleisches kaum überleben können. Deshalb ist Pferdefleisch auch Bestandteil der isländischen Küche. Mitgebracht wurden sie vor mehr als 1000 Jahren. Mit ihnen ritt man zu Märkten und Festen und oft wochenlang zum Allthing quer über die Insel. Dort wurde bereits 982 beschlossen, keine Pferde mehr nach Island zu importieren; ein Verbot, das noch heute gilt.

DAS BEWEGT ISLAND

Wenn man im Vorderen Orient behauptet, der Esel sei der Toyota der Antike, dann wäre das Islandpferd der Superjeep alter Zeiten. Die Hydraulik, die bei diesen Fahrzeugen die Unebenheiten des Bodens auszugleichen versucht, übernimmt beim Pferd die schnelle Schrittfolge der Beine. Anders als beim Galopp oder Trab bewegen sich die Reiter im Tölt auf dem Rücken der Tiere kaum.

EINE BESONDERE FORTBEWEGUNGSTECHNIK

Die Gangarten des Tölt und des rasanten »skeið«, bei denen immer ein Bein auf jeder Seite den Boden berührt, ist keine Exklusivität des Islandpferdes, auch andere Pferderassen können das, aber dem Islandpferd ist es angezüchtet worden. Das ist nicht das einzige Rassemerkmal dieses Pferdes. Islandpferde, die in mehr als 400 Farben und Schattierungen auftreten, kratzen im Winter die verharschte Schneeschicht frei, um an kurzgewachsene Kräuter vorzudringen. Sie fressen getrockneten Fisch und sie schwimmen durch Eisbäche. Ihr Magen ist nicht an Zuckerl oder Apfelstückchen gewöhnt, allein schon, weil es lange weder Äpfel noch Zucker auf Island gab. Die robusten Eigenschaften brachten sie nicht mit, sie entwickelten sich erst auf Island.

Die Menschen der Insel sehen im Pferd gern ihre eigene Anpassungsfähigkeit und Ausdauer gespiegelt. Sie geben ihnen ausgesuchte Namen, die den Auflagen nach Authentizität und grammatischer Korrektheit des Ursprungszuchtbuches WordFengur entsprechen müssen, so wie Alfarleggur (Schwanenbein), Tildra (Mädchen, das sich gern hübsch anzieht), Vindsvöl (Eiswind), Völsavilla (Zaubernebel) oder Snigill (Schnecke).

Zwei Beine sind jeweils am Boden beim Tölt

Wer diese schönen Tiere, die bis zu 40 Jahre alt werden können, näher kennenlernen möchte, kann sich auf ihren Rücken schwingen und querfeldein durch die Hochwüste, auf Meeresklippen oder gemütlich am Ufer eines Sees reiten. Entweder nur für ein paar Stunden oder aber für mehrere Wochen. Im Unterwegs-Teil finden Interessierte viele Tipps.

ADAC TRAUMSTRASSE

Einmal rund um die Insel

Die Ringstraße N1 ist zu Recht ein Klassiker. Asphaltiert und auch als Schotterpiste ist sie in gutem Zustand und verbindet Reykjavík nicht allein mit der reizvollen Kleinstadt Akureyri, sondern auch mit Lavastränden, Gletschern, Vulkanen und Fjorden sowie mit den eindrucksvollsten Wasserfällen. Auf ihr kann man sogar in die Hochlandwüste vordringen. Nach heftigen Schneefällen sind einige Passagen im Winter manchmal für kurze Zeit gesperrt.

Die Tour auf einen Blick:

Start: Reykjavík **Ziel:** Reykjavík
Gesamtlänge: 1391 km ohne Abstecher
Reine Fahrzeit: 28 Std. (6 Tage)
Orte entlang der Route: Thingvellir – Geysir – Gullfoss – Seljaland – Vík – Skaftafell – Jökulsárlón – Höfn – Djúpivogur – Egilsstaðir – Mödrudalur – Mývatn – Akureyri – Blönduos

E1 VON REYKJAVÍK ZUM SELJALANDSFOSS
(247 km/5 Std.)

Vorbei an Thingvellir, dem Geysir und Gullfoss-Wasserfall durch das Land der Islandpferde

Übernachten
€€ | **Nicehostel** *Saubere Doppelzimmer und Schlafsäle nicht weit vom Seljalandsfoss. Entspannte Atmosphäre, gutes Frühstück. www.nice hostel-seljaland. booked.net*

Vom Turm der Hallgrímskirkja (S. 72) sieht man über die Stadtgrenzen Reykjavíks hinaus bis ins Hinterland. Um dorthin zu kommen, führt die Ringstraße zunächst als Stadtautobahn nach Norden. Nach etwa 7 km befindet sich rechts die Grjótals-Shell-Tankstelle mit der weltweit ersten öffentlichen Wasserstoff-Zapfsäule. Sie wurde 2003 eröffnet. In Reykjavík verkehren heute um die 20 wasserstoffbetriebene Fahrzeuge.
In Mosfellsbær geht es auf der 36 weiter in Richtung Thingvellir. In der Ferne dampft es aus dem Boden: Der Grund ist heißes Wasser, das zur Hauptstadt gepumpt wird. Am Thing-See hat man die beste Aussicht beim Parkplatz an der Kontinentalspalte. Nach der Besichtigung des UNESCO-Weltkulturerbes geht es über Schotter auf der 365 über Asphalt zum Laugarvatn-See und weiter auf der 37 und 35 in Richtung Geysir und Gullfoss. Wer an diesen Sehenswürdigkeiten je eine Stunde

ADAC TRAUMSTRASSE

ADAC Traumstraße: Etappen 1 bis 6 (Detailplan siehe Rückseite Faltkarte)

verbringt und eine weitere für das Mittagessen einplant, kann bei Sonnenschein am späten Nachmittag den Regenbogen über dem Wasserfall sehen. Vom Gullfoss entlang vieler Pferdekoppeln sind es zwei Stunden Fahrt bis zum ersten Etappenziel Seljalandsfoss (über die 35, 30 und die Ringstraße). Ein stimmungsvoller Abschluss des Tages ist der abendliche Besuch des Seljaland-Wasserfalls.

Appetit?
Der beste Imbiss auf dem Weg zum Gullfoss ist in der Cafeteria von Fontana am Laugarvatn (www.fontana.is).

E2 VOM SELJALANDSFOSS ÜBER VÍK BIS SKAFTAFELL

(225 km/5 Std.)

Die Ringstraße 1 verläuft im Süden parallel zu Gletschern, Wasserfällen und dem Meer

Der erste Stopp gebührt dem Skógar-Wasserfall (mit Cafeteria, WC). Nur wenige Kilometer entfernt lohnt sich ein Abstecher zum Sólheimajökull: Wer von der 1 auf die 221 abbiegt, kann einfach zur Gletscherzunge wandern. Auf der Ringstraße und über die 218 geht es weiter zum Leuchtturm am Torbogen von Dyrhólaey mit einem Traumblick über die Basaltstrände. Mit Glück sind im Gras Papageientaucher zu beobachten. Ihre Flugversuche lassen sich auch in Reynisfjara verfolgen (über die 215, WC und Café). Im nahen Vík gibt es eine Tankstelle mit Imbiss.

Danach sind das historische Lavafeld Eldhraun und weite Sander zu queren. Diese von Schmelzwasser durchzogenen Sandebenen stellten bis zur Fertigstellung der Ring-

Benzin?
Im kleinen Dorf Kirkjubæjarklaustur (S. 109) kann man tanken. Die Gelegenheiten dazu werden nach Osten hin immer seltener.

ADAC TRAUMSTRASSE

Flüsse unter dem Vatnajökull haben diese Eishöhle geschaffen

Übernachten
€€€ | **Hôtel Skaftafell** *Toller Blick auf die umliegenden Gletscher und den höchsten Berg Islands.*
www.hotelskaftafell.is

straße 1974 große Hindernisse für den Verkehr dar. Der nächste Höhepunkt kündigt sich bereits in der Ferne an: der gewaltige Vatnajökull-Gletscher. Im Skaftafell-Nationalpark (Cafeteria, Info) kann, wer mag, durch einen Birkenwald zu Aussichtspunkten und Wasserfällen wandern oder an einer organisierten Führung mit Ausrüstung aufs Eis teilnehmen (www.mountainguides.is). In der Umgebung befinden sich viele Übernachtungsmöglichkeiten.

E3 VOM SKAFTAFELL-NATIONALPARK BIS DJÚPIVOGUR
(202 km/4 Std.)

Gletscher und Eisberge in allen Formen und Farben, saftig grüne Wiesen und die Welt der dunklen Ostfjorde

Die Weiterfahrt erfolgt entlang blauweißer Gletscherzungen und schwarzer Sanderflächen unterhalb des höchsten isländischen Vulkans Öræfajökull. Nächstes Ziel sind die Gletscherseen Fjallsárlón und Jökulsárlón, auf denen Eisberge treiben.
Vom Fuße des 2110 m hohen Hvannadalshnúkur geht es zu zwei Gletscherlagunen: der seltener besuchte Fjallsárlón hat zwar die bessere Infrastruktur mit Cafeteria, WC und guten Zodiak-Schlauchboottouren (online vor-

bestellen: www.fjallsarlon.is), doch die Eisberge sind meist weit vom Ufer entfernt. An der berühmten Jökulsárlón (S. 116) dagegen driften die glitzernden Eisberge so nah, dass man fast draufspringen könnte. Besser aber, man unternimmt einen ausgedehnten Spaziergang entlang des Ufers und lässt die Farben des Eises und den Anblick von Seevögeln und Robben in Stille auf sich wirken. Dort, wo das Eiswasser der Jökulsárlón das Meer erreicht, kann man gestrandete, schmelzende Eisberge bestaunen.

Nach diesen lohnenswerten Eindrücken führt die Strecke an weiteren Gletscherzungen vorbei zur Kleinstadt Höfn und durch einen Tunnel in die Region der Ostfjorde. Im idyllisch gelegenen Djúpivogur lässt es sich gut übernachten.

Übernachten
€€€ | **Icelandair Hotel** *Gute Lage, schöner Blick über den See und schmackhafte Küche. www.icelandairhotels.com*

E4 VON DJÚPIVOGUR BIS REYKJALID
(257 km/5 Std.)

Vom Osten geht es in den Norden zu Wüsten, Wasserfällen und Seenlandschaften

Nach einem Spaziergang durch den Ort zu Kunstinstallationen am Hafen und Vogelschutzgebieten geht es zurück auf die Straße, die entlang der Fjorde verläuft. Von Fáskrúðsfjörður führt ein Tunnel nach Reyðarfjörður und später eine Bergstraße bis Egilsstaðir, ein Ort, an dem getankt und eingekauft werden kann. Wieder auf der Ringstraße rauscht nach einigen Kilometern donnernd der Rjúkandi-Wasserfall zu Tal. Später empfiehlt es sich, bei gutem, trockenem Wetter die Schotterpiste 901 der Ringstraße vorzuziehen. Dieser Abstecher ist von den Kilometern her kein Umweg, bietet zudem ein Hochland-Wüstenerlebnis und eine Rast am abgelegenen Bauernhof Möðrudalur. Dort wird selbst die Benzinzapfsäule mit Grasdach zum Fotomotiv.

Entspannen:
Im Mývatn-Naturbad kann man auch spätabends in heilsamer Lauge liegen und in der Cafeteria Kvika etwas essen.

Nach Möðrudalur vereint sich die Piste wieder mit der Ringstraße, gut asphaltiert geht es weiter. Nun lohnt sich ein Abstecher über die Straße 862 zur Westseite des Dettifoss, dem größten Wasserfall Europas (nur WC). Für den Aufenthalt sollten eineinhalb Stunden eingeplant werden, denn der Parkplatz liegt einen Spaziergang entfernt vom Wasserfall. Selbst bei strahlendem Sonnenschein ist aufgrund der Gischt Regenkleidung angebracht.

Übernachten
€€€ | **Hotel Reynihlið** *Gute Lage, schöner Blick über den See und schmackhafte Küche. www.myvatnhotel.is*

ADAC TRAUMSTRASSE

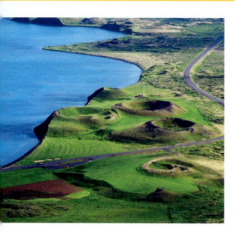

Pseudokrater am Mývatn, entstanden durch eine Dampfexplosion über einem Lavastrom

Zurück auf der Ringstraße tauchen in Námafjall an einem Berghang mit buntem Gestein blubbernde Schlammtöpfe auf. Kurz vor dem Mývatn erlaubt der Halt an einem großen Parkplatz einen fantastischen Blick auf den See und die umliegenden Vulkane. Nach dem Verlassen der Hochlandwüste beginnt die Erde in Námaskarð zu brodeln. In Richtung Mývatn quert man eine bunte Hügellandschaft, die von der Plattengrenze zwischen Eurasien und Amerika durchschnitten wird. Der Parkplatz, der bereits auf amerikanischer Seite liegt, verschafft einen ersten Blick auf das Gebiet des Mývatn, eine grüne Oase des Lebens. Wer mag, besucht das Mývatn Nature Bath Jardbodin linker Hand oder kehrt im nahen Reykjalid ein, dem wichtigsten Dorf am Mývatn.

E5 VON REYKJALID ÜBER AKUREYRI BIS BLÖNDUÓS
(217 km/4 Std.)

Ein beschaulicher Blick auf den Mývatn oder eine Wanderung? Mittags geht's nach Akureyri und weiter in den Nordwesten

Übernachten
€€€ | **Hestasport Cottages** *Geräumige, komfortable Hütten in schöner Landschaft. Ideal auch für Pferdeliebhaber. www.riding.is/ cottages*

Ausgangspunkt ist Reykjalid mit Tankstelle und Supermarkt. Von dort führt die Strecke an Dimmuborgir und Skútustadir vorbei zum Godafoss und weiter nach Akureyri. Morgens bieten sich Ausflüge zu Vulkanen an. Entweder geht es dafür auf der Ringstraße zurück nach Osten und auf der 863 zum Wandergebiet der Leirhnjúkur-Spalte oder zum Hverfjall-Ringkrater und den Pseudokratern von Skutustaðir auf der Südseite des Sees, oder entlang der stillen Nordseite des Mývatn, wo viele Vögel nisten. Nach Verlassen der Seenlandschaft ist der nächste Stopp am Goðafoss-Wasserfall (Cafeteria). 45 Minuten entfernt liegt die Hauptstadt des Nordens, Akureyri, an einem langen Fjord. Die Kirche, die kleine Altstadt und der Botanische Garten (gratis, mit Café und WC) vermitteln viel Charme (S. 138).

ADAC TRAUMSTRASSE

Über Bergpässe und tief eingeschnittene Täler führt die Route weiter in das Gebiet von Glaumbær und schließlich nach Blönduós.

E6 VON BLÖNDUÓS BIS REYKJAVÍK
(243 km/5 Std.)

Eine einfache Fahrtstrecke und die Möglichkeit, am Rande der Ringstraße viel Natur zu erleben

Die letzte Fahretappe ist leicht zu meistern: Die Strecke ist durchgehend asphaltiert. Anstatt in einem Stück bis Reykjavík durchzufahren, lohnen sich einige Abstecher. Der Ausflug über die 716 und 711 führt zur einsamen Vatnsnes-Halbinsel bis Hvammstangi. Nördlich von Borgarnes könnte man über die 50 bis Reykholt fahren, um in die Welt der altisländischen Sagas einzutauchen und Heißwasserquellen und schöne Wasserfälle zu bewundern (S. 151).
Bevor bei Akranes die Ringstraße als Tunnel unter dem Hvalfjörður hindurchführt, könnte im Ort selbst über die Straße 51 der schöne Sandstrand Langisandur angefahren werden.
Nach dem Tunnel taucht bei gutem Wetter weit im Westen der schneebedeckte Snæfellsjökull auf, einer der schönsten Berge der Insel, und bald darauf auch die Außenbezirke Reykjavíks.

Übernachten
€€ | **Loft Hostel**
Dachterrasse mit Aussicht auf die Fußgängerzone. Es gibt Schlafsäle, aber auch Doppelzimmer mit eigenem Bad. lofthostel.is

Roadtrip durch den Snæfellsjökull-Nationalpark

Unterwegs

Island ist wie geschaffen für faszinierende Naturerlebnisse, wie hier das Beispiel eines Nordlichts zeigt – der Zugang zu seinen großartigen Landschaften führt jedoch nicht allein über Straßen oder Pisten, sondern auch über die Köpfe und Herzen seiner Bewohner.

Das will ich erleben

Naturliebhaber finden in den rauen und oft noch unberührten Landschaften Islands bizarres Gletschereis, blubbernde heiße Quellen und Tausende von Wasserfällen, von denen einer schöner ist als der andere. Darüber hinaus gibt es hier Millionen von Seevögeln, stolze Pferde, putzig dreinschauende Schafe und die Fontänen der Wale. Die Einheimischen haben gelernt, sich mit dem extremen Lebensraum am Polarkreis zu arrangieren, und teilen ihre Erfahrungen gern. Geschichten, Essen, Musik, Filme und Kunst und der Klang der Sprache der Einheimischen öffnen Einblicke in ein Leben, das so ganz anders ist als das eigene.

Die spektakulärsten Wasserfälle

Manchmal ist das Wasser transparent, manchmal glasklar türkisfarben und azurblau oder milchig wie Sahne. Man sagt, jeder Wasserfall habe seinen eigenen Klang und einen eigenen, unverwechselbaren Geschmack. Kann ich ihn hören oder schmecken? Die kalte Gischt auf der Haut spüren?

5 **Gullfoss** 96
Hier und da schimmern Regenbögen
8 **Skógafoss** 106
Wer findet den Schatz, der an seinem Fuß liegt?
20 **Dettifoss** 132
Keine Frage: Das ist der gewaltigste von allen!

Traumhafte Naturstrände

Ob von Lava geschwärzt oder von Bimsstein gebleicht, sie sind alle schön und oft menschenleer. Den geneigten Meeresurlauber laden sie zu langen Strandspaziergängen ein mit bunten Muscheln, Treibholz, pinkfarbenem Seetang oder einer Robbe, die plötzlich neugierig aus dem Wasser schaut.

9 **Reynisfjara** 108
Verrückte Basaltsäulen und laute Wellen
27 **Vatnsnes-Halbinsel** 146
Bei Ebbe am besten barfuß
32 **Rauðasandur** 158
Endlose goldgelbe Sandstrände

ADAC Quickfinder

Faszinierendes Gletschereis

Wo, wenn nicht in Eisland? Es schimmert violett, glitzert transparent wie ein Bergkristall oder betört tiefblau. Mal ist es so hoch wie ein Wolkenkratzer, mal flach wie ein Pfannkuchen. Fast zum Reinbeißen.

- **12 Jökulsárlón** 116
  Eisberge, die knistern, kippen, schmelzen und driften
- **11 Skaftafell-Nationalpark** 110
  Blau leuchtet die Gletscherzunge
- **30 Snæfellsjökull** 152
  Man sieht ihn sogar von Reykjavík aus

Frischen Fisch essen

An alle, die im Urlaub so viel Fisch essen wollen wie möglich: Ja, das geht gut in Island, man sitzt ja quasi an der Quelle. Am besten da, wo das Restaurant nicht weit vom nächsten Hafen und außerdem MSC-zertifiziert ist (Kabeljau, Saibling, Schellfisch oder Seelachs sind momentan okay, weil nachhaltig gefischt).

- **33 Tjöruhúsið** 160
  Gutes Essen ganz weit in den Westfjorden
- **6 Fjöruborðið** 101
  Die Stunde Fahrt von Reykjavík lohnt sich
- **13 Pakkhús** 119
  Hier gibt's nicht nur Fisch, sondern auch Hummer

Vielfältiges Vogelleben

Wer das einmal erlebt hat, vergisst es nie wieder: Klippenlandschaften, so groß wie Wolkenkratzerstädte, mittendrin das wilde Geschrei von Millionen von Seevögeln. Anderswo hört man das unermüdliche Schnattern bunt gefiederter Enten oder das melodische Konzert der anmutigen Singschwäne.

- **32 Látraberg** 158
  Auf dem Bauch liegend die Vögel beobachten
- **22 Mývatn** 134
  Weit und breit die größte Vielfalt an Enten
- **14 Djúpivogur** 119
  Hier brüten Sterntaucher und Küstenseeschwalben

Das will ich erleben

Heiße Quellen

Wasser blubbert heiß aus der Erde oder schießt haushoch empor! Dort, wo die Quellen badewannenwarm geworden sind, kann man sich zwischen Lavaströme und Butterblumenwiesen legen, die Augen schließen und die Urkräfte der Natur am ganzen Körper spüren.

| 3 | **Blaue Lagune** .... 86 |

Am besten im Winter, bei Schnee, unter dem Polarlicht

| 5 | **Geysir** .... 96 |

Eine wahre Hexenküche, wo die Erde kocht

| 39 | **Landmannalaugar** .... 169 |

Umgeben von bunten Bergen und Lava

Das Erbe der Wikinger

Einer Sprache lauschen, die sich kaum verändert hat, sodass Isländer noch heute Texte von vor 1000 Jahren ohne große Schwierigkeiten lesen können. Einmal dort sein, wo das isländische Volk entstanden ist, wo das Land unter der Asche der Hekla begraben war oder wo der Skaldendichter Snorri sein bedeutendstes Werk schrieb.

| 4 | **Thingvellir** .... 87 |

Demokratie zwischen den Kontinentalplatten

| 37 | **Stöng** .... 166 |

Freigelegt als isländisches Pompeji

| 29 | **Reykholt** .... 151 |

Wo Snorri seine Edda verfasste

Ehrfurcht vor der großartigen Natur

Egal, was man alles vor Antritt der Reise über Island gehört und gelesen hat oder wie gut man auch für alle Eventualitäten gerüstet sein mag – man kann nicht anders: Die dichten Nebelwände, mächtigen Wasserfälle und endlos scheinenden Steinwüsten lassen einen einfach ehrfürchtig werden.

| 12 | **Vatnajökull** .... 116 |

Noch weiter weg von der Zivilisation geht kaum

| 37 | **Sprengisandur** .... 166 |

Durchfahren, aussteigen, loslaufen und staunen

| 40 | **Laki-Spalte** .... 170 |

Ein Niemandsland wie aus einem Fantasyfilm

ADAC Quickfinder

Kunst am Bau

Seit 100 Jahren bringt das Land viel interessante Architektur hervor. Früher gab's allenfalls Torfsodenhäuser, heute wächst dauerberieselt Quellmoos an Fassaden, an anderen flackern künstliche Polarlichter auf. Wieder andere imitieren den Geysir kurz vor dem Ausbruch.

- **1 Harpa** 67
  Wie eine Schatzkiste aus bunten Glasjuwelen
- **1 Hallgrímskirkja** 72
  Die größte Kirche im Land – mittags erklingt die Orgel
- **26 Glaumbær** 144
  So lebten die Isländer früher

Outdoorfun für die ganze Familie

Endlich mal genügend Auslauf, ohne gleich anzuecken. Keine giftigen Tiere, ja nicht mal Mücken. Dafür ganz viele Regenbögen, manchmal drei oder vier auf einmal, Vulkane und in jedem Ort heiße Hot Pots zum Chillen. Es gibt Wale, Pferde, die tölten können (spezielle Gangart, können nicht alle; die Islandpferde schon), und tolle Geschichten über Trolle und Elfen!

- **2 Nauthólsvík** 80
  Schwimmen im Meer? Das geht eigentlich nur hier
- **6 Herríðarhóll** 100
  Die Pferde lassen sich gern streicheln
- **21 Húsavík** 133
  Wo sind die Wale, diese sanften Riesen?

Entspannte Einkaufsatmosphäre

Das hier angebotene Design ist ein bisschen skandinavisch, mit klaren Linien also, und doch anders. Die Natur der Insel spiegelt sich besonders im Schmuck, in der Mode, aber auch in der Literatur und im Film. Reykjavík ist ein einziges großes Shoppingparadies – da kann man Tage verbringen.

- **1 Skolavörðustigur** 76
  Neben der Laugarvegur DIE Shoppingmeile in der City
- **1 Kolaportið** 76
  Der Flohmarkt am Alten Hafen in Reykjavík
- **1 Grandagarður** 77
  Das neue Designerviertel

Reykjavík und Umgebung – Trendy und naturnah

In der nördlichsten Hauptstadt der Welt leben zwei Drittel aller Isländer und viele Menschen von überall her

Zwei Drittel der Isländer leben im Ballungsraum von Reykjavík. Hier ist es teuer, zur Rush Hour sehr voll und bisweilen auch laut, etwa wenn es am Wochenende zum »Ibiza des Nordens« mutiert. Hier wurde große Geschichte geschrieben, als im Kalten Krieg 1972 bei einem Schachturnier der US-Großmeister Bobby Fischer auf seinen sowjetischen Gegner Boris Spasski traf und 1986 Reagan auf Gorbatschow. 2007 brach das isländische Bankensystem zusammen, was eine weltweite Wirtschaftskrise verschärfte.

Reykjavík wurde früh gegründet und doch erst spät zu einer echten Stadt. Die modernen Vororte haben breite Autobahnen und Shopping-Malls. Die Sehenswürdigkeiten dagegen befinden sich nahe dem alten Hafen, des Binnensees Tjörnin und der Hallgrímskirkja, Wenige historische Gebäude sind älter als 100 Jahre. Im Stadtzentrum kann man alles zu Fuß erreichen. Es gibt viele gemütliche Cafés, interessante Geschäfte, spannende Kunst und dazu eigenwillige moderne Architektur von Weltformat.

Die Natur ist in Reykjavík immer präsent. Moderne Gebäude und Skulpturen oder die bunt bemalten Dächer kontrastieren mit Mittsommernacht, Polarlicht, Wanderung der Lachse in einem Stadtbach oder dem Ruf eines nie gehörten Seevogels.

In diesem Kapitel:

1 **Das Zentrum Reykjavíks** 66
2 **Im Umkreis der Innenstadt** 79
3 **Reykjanes** 84
4 **Thingvellir** 87
Übernachten 92

ADAC Top Tipps:

1 **Hallgrímskirkja, Zentrum**
| Wahrzeichen |
Der futuristische Kirchturm überragt die bunten Dächer der Innenstadt, das Innere überzeugt mit nordischer Schlichtheit. 72

2 **Almannagjá, Thingvellir**
| Schlucht |
Hier rücken Amerika und Eurasien geologisch voneinander ab. 89

ADAC Empfehlungen:

 Laugavegur, Zentrum
| Flaniermeile |
Nirgendwo ist Reykjavík so lebendig und bunt wie auf dieser Gasse, wo sich Tag und Nacht viele Menschen aus nah und fern treiben lassen. Wer mag, geht weiter zu Hafen und Harpa, denn auch da ist oft viel los. 70

 Rádhús, Zentrum
| Bauwerk |
Direkt am Stadtsee Tjörnin steht das neue Rathaus. In seinem Erdgeschoss kann man sich beim Anblick eines 75 m² großen Reliefs in Islands Geografie vertiefen. 71

 Einar Jónsson Museum, Zentrum
| Skulpturengarten |
Nahe der Hallgrímskirkja stehen einige der berühmtesten Werke des Künstlers etwas versteckt im Garten seines ehemaligen Wohnhauses. Ob Elfen, Götter oder Trolle, die Motive sind isländisch inspiriert und werfen große Fragen über das Leben auf. 73

 Nauthólsvík, Umkreis
| Geothermalstrand |
Wer hier ins Meer springt ist, kommt nicht als Eiszapfen heraus, denn heiße Quellen des Erdinnern erwärmen das Wasser am goldgelben Strand. 80

 Seltjarnarnes, Umkreis
| Halbinsel |
In der Nähe des Leuchtturms Grótta brüten im Sommer viele Vögel. In der dunklen Jahreszeit ist dies der beste Ort, um in Reykjavík die Polarlichter tanzen zu sehen. 83

 Gljúfrasteinn, Thingvellir
| Kulturhaus |
So nah an der Hauptstadt und doch so weit. Hier lebte der Literaturnobelpreisträger Halldór Laxness. Das Museum dokumentiert seinen Werdegang. Jeden Sonntagabend im Sommer finden Konzerte statt, im Winter Lesungen. 91

1 Das Zentrum Reykjavíks
Hier ist Island am buntesten

Großzügig und futuristisch hat Architekt Henning Larsen die Harpa gestaltet

 Information

- Tourist-Information Reykjavík und ganz Island: Laugavegur 5, Tel. 55 13 6 00, whatson.is, tgl. 8.30–22 Uhr
- Die englischsprachige Zeitschrift Reykjavík Grapevine hat den besten Veranstaltungskalender. Sie liegt kostenlos in den meisten Cafés und Shops aus. www.grapevine.is
- Parken siehe S. 74

Was die Landschaft angeht: Meer, See und Hügel flankieren die Innenstadt. Zum Stadtbild: Auf wenigen Quadratkilometern erstrecken sich Kirchen, Museen, viele Restaurants, Geschäfte, Verwaltungen, Galerien und Bars. Das Leben pulsiert zu allen Jahreszeiten, egal ob früh am Morgen oder spät am Abend. Das macht den Reiz der Innenstadt aus.

Alte Bauwerke, aus der Zeit vor dem 19. Jh., finden sich kaum. Wohl aber eine Vielzahl an Denkmälern, Skulpturen und Hinweisen auf ein Leben, das damals so völlig anders war.

Unweit dieser historischen Fragmente erhebt sich die moderne Architektur. Schnell wird deutlich, dass Reykjavík den Spagat meistert, eine dynamische, weltoffene Stadt zu sein, die den Zugang zur eigenen Vergangenheit bewahrt.

Das Zentrum Reykjavíks

Plan S. 68/69

Sehenswert

1 Harpa

| Konzerthaus |

Spätestens seit der Fertigstellung der Oper von Sydney im Jahr 1973 ist es vielen Architekten zur Aufgabe geworden, Konzertsäle zum Wahrzeichen einer Stadt zu machen. Das gelang im Falle der Harpa nicht nur wegen der ungewöhnlichen kantigen Form, sondern auch aufgrund der Toplage. Am Alten Hafen, in einer Kurve der Sæbraut, gegenüber des Arnarhóll, wo vor fast 1200 Jahren der erste Bauernhof entstanden sein soll, erhebt sich ein asymmetrischer Glaswürfel von 43 m Höhe. Die Fassade ist das Werk des isländisch-dänischen Künstlers Olafur Elíasson, der es versteht, natürliches Licht und Spiegeleffekte so gelungen zu kombinieren wie kaum ein Zweiter. Bei der Harpa verwendete er gefärbte Glasscheiben, die von innen mit unterschiedlichen Farben beleuchtet werden. In dunklen Winternächten bilden sie die isländischen Nationalfarben oder die Bewegung des Polarlichts ab. So beginnt die Vorstellung der isländischen Symphoniker oder Theaterveranstaltungen, bevor man überhaupt das Gebäude betritt.

ADAC Spartipp

Kulturell interessierte Aktivurlauber erhalten mit der **Reykjavík-Card** freien Eintritt zu den meisten Museen und sieben Schwimmbädern. Obendrein können ohne zusätzlichen Fahrschein die Stadtbusse benutzt werden. Ausgestellt wird die Karte für 24, 48 oder 72 Stunden. Am besten vorher informieren, welche Museen und Bäder darin enthalten sind; ab zwei bis drei Museen/Schwimmbädern lohnt sie sich. Für Kinder gibt's eine eigene Karte. Wer nur herumgefahren werden möchte und dennoch Informationen mag und die Freiheit auszusteigen, wann es beliebt, nimmt am besten das 24-Stunden-Hop-on-Hop-off-Ticket der roten Doppeldeckerbusse.
www.getyourguide.de

1 Das Zentrum Reykjavíks

Das Zentrum Reykjavíks 1

1 Das Zentrum Reykjavíks

Plan S. 68/69

Ein ganz ursprünglicher Teil Reykjavíks ist der Alte Hafen

Im Foyer dominieren schwarze Fußböden, reflektierende silberne Paneele und eine gewaltige breite Freitreppe. Die Harpa (isländisch für Harfe und für den ersten Monat des Sommers im altisländischen Kalender) beherbergt Konferenzgebäude, die Verwaltung der isländischen Oper und ist Sitz der isländischen Symphonie. Es gibt vier Säle mit Platz für insgesamt 3195 Menschen. In die Säle kommt man bei einer Führung oder beim Besuch einer Aufführung; das Foyer aber steht allen offen.

■ Austurbakki 2, Tel. 528 50 50, www.harpa.is, tgl. 9–22 Uhr

2 Reykjavík Art Museum
| Kunstmuseum |

Die erste Adresse für zeitgenössische Kunst. Schon beim Betreten des Kunstmuseums leuchtet die Pop Art von Erró auf, einem isländischen Maler, der einen Großteil seiner Werke dem Kunstmuseum vermachte. Die anderen Namen mögen weniger geläufig sein, aber auch ihre Arbeiten öffnen den Blick auf das Innenleben des Landes und das Befinden einiger seiner Bewohner. Viele wechselnde Ausstellungen. Ungewöhnliche Souvenirs.

■ Tryggvagata 17, Tel. 411 64 00, www.artmuseum.is, Fr–Mi 10 –20, Do 10–22 Uhr, 14 €, erm. 8 €

3 Alter Hafen
| Flaniermeile |

Unweit der längst ausgedienten einzigen Eisenbahn Islands und den Walfangschiffen befinden sich die angesagten Restaurants, Food Courts, Bars und Designer-Shops.

4 Laugavegur
| Flaniermeile |

Entspanntes Dolce Vita auf Isländisch

Die alte Verbindung zwischen Zentrum und heißen Quellen des Laugen-Tals (Laugardalur) ist mitsamt ihren Seitenstraßen heute Reykjavíks Tummelplatz mit Galerien, ausgefallenen Shops, gemütlichen Cafés, angesagten Restaurants, Live-Musik und dazu am nahen Hafen mit tollen Ausblicken auf die Stadt und das Meer.

5 Austurvöllur
| Platz |

Nach den schrecklichen Vulkanausbrüchen im späten 18. Jh., als ein Viertel der Bevölkerung Islands gestorben war und das dänische Königshaus überlegte, die Insel ganz aufzugeben und alle Überlebenden nach Dänemark umzusiedeln, entstand an diesem Platz Island neu: Die Verwaltung des Landes wurde modernisiert und der Bischofssitz und das Parlament wurden nach Reykjavík verlagert. Der Grundstein dieser Neuausrichtung wurde 1796 mit der Errichtung des Doms gelegt. Er sollte aus Reykjavík die Hauptstadt der dänischen Kolonie machen. Später folgten das Parlamentsgebäude unmittelbar neben der Kirche und das Nationalmonument auf dem Austurvöllur-Platz davor.

Dieser Ort ist immer wieder Treffpunkt für Demonstranten. Sei es, weil sie gegen Korruption protestieren, die Machenschaften der Banken, die das Land in die Finanzkrise stürzten, oder weil sie für soziale Verbesserungen kämpfen. Am Platz befindet sich neben dem Denkmal des Verfechters der Unabhängigkeit Jón Sigurðsson ein Denkmal für die Frauenrechte und für das Demonstrationsgebot: Der große Stein in der südlichen Ecke des Platzes soll daran erinnern, dass die Demokratie ohne Protest auf Dauer keine Chance hat. Das alte Parlamentsgebäude zeigt fünf Symbole: Das Emblem C9 steht für den Dänenkönig Christian IX., die vier Reliefs über den Fenstern erinnern an die vier isländischen Schutzgeister Landvættir Drache, Adler, Riese und Stier.

Dómkirkjan
| Kirche |

Am Eingang und am Turm werden die Initialen C VIII des dänischen Königs Christian VIII. sichtbar. Ihm ist die Konstruktion des Doms zu verdanken. Doch eigentlich ist natürlich nicht er der Baumeister, sondern Gott. Dieses Motto wird durch den Königskabeljau versinnbildlicht, der nur durch Gottes Gnaden viel größer werden darf als andere Fische. Am Turm des Doms kann man ein solches Prachtexemplar in Gold auf blauem Grunde sehen.

Das Innere der Kirche erinnert an einen kleinen Palast. Zur Zeit der Einweihung bot es 200 Gläubigen Platz, was der damaligen Gesamtbevölkerung Reykjavíks entsprach. Hier traf sich die dänische koloniale Oberschicht zum Gottesdienst. Später wurde die Kirche erweitert und konnte 700 Menschen aufnehmen. Das Taufbecken stammt vom dänischen Bildhauer Bertel Thorvaldsen. In der Kirche werden regelmäßig Messen abgehalten.

■ Laekjargata 14A, www.domkirkjan.is, Mo–Fr 10–16 Uhr, am Wochenende finden Gottesdienste und Aufführungen des Chors statt

Rádhús

 Originelle Fassade und ein Denkmal für brave Beamte?

Die erste Überraschung beim Besuch des Rathauses ist das grellgrüne Moos, das an der Fassade auf schwarzem

ADAC Mittendrin

Es muss ja nicht immer Gammelhai, Lammhoden, Moossuppe, Skyr oder Lakritze sein. Auch Isländer lockt es immer wieder zum Fast Food. Hot Dogs gibt's an vielen Ständen in der Stadt, aber nirgendwo schmecken die **pylsur** so lecker wie am Stand von **Bæjarins Beztu.** Dort warten selbst in kalten Nächten Menschen in einer langen Schlange, um sich die unnachahmliche Soße über das Würstchen gießen zu lassen. Ein Ort, wo sich alle treffen, ob unscheinbare Normalos oder Berühmtheiten aus der Musik- und Filmwelt. Sogar der ehemalige US-Präsident Bill Clinton biss schon in diese Wurst.
Bæjarins Beztu Pylsur, bbp.is, So–Do 10–0.30, Fr–Sa 10–4 Uhr

1 Das Zentrum Reykjavíks

Plan S. 68/69

Lavagestein wächst. Die zweite befindet sich im Erdgeschoss.

Ein 75 m² großes horizontal aufgebautes Relief offenbart Umrisse und Höhenunterschiede Islands – eine gute Gelegenheit, um die Reise, die bevorsteht oder bald zum Abschluss kommt, zu visualisieren.

Das Rathaus befindet sich am Tjörnin, dem Stadtteich, einem Paradies für Ornithologen. Informationstafeln im Norden des Teichs erläutern die verschiedenen Vogelarten. Dort steht auch ein merkwürdiges Denkmal: Ein Mann mit Aktentasche trägt auf den Schultern statt seines Kopfes einen mächtigen Steinblock. Dieses Denkmal ist all jenen namenlosen Beamten gewidmet, die pflichtbewusst ihrer Arbeit nachgehen. Oder ist es etwa ein Symbol unnahbarer Bürokratie?

Im Winter ist der zugefrorene See beliebter Treffpunkt von Kindern und Schlittschuhläufern.

■ Tjarnargata 11, Tel. 411 11 11, www.reykjavik.is, Mo–Fr 8.30–17.30, Sa–So 12–16 Uhr

8 Nationalgalerie
| Museum |

Es gab Zeiten, da wurde das Eis des Tjörnin in Stücke geschnitten und in das weiß getünchte Gebäude mit dem runden Dach am Frikirkjuvegur 7 transportiert, um Fische zu konservieren. Heute ist in den Eishallen von früher die Nationalgalerie untergebracht. Die Sammlung gibt den besten Überblick über die Kunst Islands von der Landschaftsmalerei des Johannes Kjarval bis zur Abstraktion.

■ Frikirkjuvegur 7, Tel. 515 96 00, www.inreykjavik.is/nationalgalerie-listasafn-islands/, tgl. 10–17 Uhr

9 Kulturhaus Safnahúsið
| Museum |

Das Gebäude von 1908 gehört zu den imposantesten der dänischen Kolonialzeit. Darin untergebracht sind Wechselausstellungen und eine Auswahl verschiedener Exponate der wichtigsten Museen des Landes. Besonders kostbar sind Pergamente und Schriften altnordischer Literatur, mittelalterliche Sagas, Eddas und Gedichtbände.

■ Hverfisgata 15, Tel. 530 22 10, www.listasafn.is, tgl. 10–17 Uhr, im Sommer Führungen auf Englisch tgl. 14 Uhr

10 Hallgrímskirkja
| Wahrzeichen |

Schlicht und doch bombastisch – Kirche mit Anziehungskraft

Die evangelische Pfarrkirche erhebt sich 74 m hoch und ist von überall aus zu sehen, doch so groß konnte sie nur

Ein bisschen Grün in der Stadt – die überaus originelle Rathausfassade

werden, weil die Verantwortlichen die Konkurrenz fürchteten. Ihr Wunsch war, dass die Landakotskirkja der katholischen Gemeinde von der Hallgrímskirche in den Schatten gestellt werden sollte. Eine andere Prämisse lieferte das Parlament. Es forderte Platz für mindestens 1200 Gottesdienstbesucher.

Vom isländischen Staatsarchitekten Guðjón Samúelsson entworfen und zum größten Teil mit Spendenmitteln finanziert, ging dieser Wunsch erst 1986, nach 41 Jahren Bauzeit, in Erfüllung.

Das Äußere der Hallgrímskirche ist trotz der allgemeinen Schlichtheit und der hellen, eintönigen Farbe der Fassaden, die an das Eis der Gletscher erinnern soll, bewegend: Die beiden den auf Island vorkommenden Basaltsäulen nachempfundenen Flügel umfassen den Besucher wie ausgestreckte Arme und ziehen ihn förmlich dem Eingang entgegen. Im Innern überrascht viel Helligkeit, hervorgerufen durch die großen transparenten Spitzbogenfenster, das dezente Grün der Polsterkissen und den hellgrauen Steinfußboden.

Die gewaltige Bonner Johannes-Klais-Orgel unter dem Turm ist die größte Orgel im Land und wird neben den Gottesdiensten auch zu regelmäßigen Konzerten genutzt.

Der 74 m hohe Turm kann mit einem Fahrstuhl kostenpflichtig befahren werden, die Aussicht ist fantastisch. Im Turm läuten drei Glocken. Die eine steht für den Psalmendichter und Namensgeber der Kirche Hallgrimur Pétursson, eine für seine Frau und eine für seine Tochter.

Auf dem Platz vor der Kirche steht ein Denkmal für Leif Erikson, den Entdecker »Vinlands«. Gemeint sind damit Neufundland und Labrador im heutigen Kanada.

■ Skólavörðuholti, www.hallgrimskirkja.is, tgl 9–21, im Winter 9–17 Uhr

Einar Jónsson Museum
| Skulpturengarten |

 Geheimnisvolle Werke des Nationalbildhauers in seinem Garten

Der 1874 geborene Jónsson gilt als Nationalbildhauer Islands. Manche der bekanntesten Werke stehen an öffentlichen Plätzen, wie das Missetäter-Denkmal (in Reykjavík und Akureyri) oder das Nationalmonument auf dem Austurvöllur im Zentrum der Hauptstadt. Einar Jónsson ließ sich von der altnordischen Religion inspirieren, von Elfen und Trollen, aber verarbeitete auch christliche Themen. Das erste Kunstmuseum des Landes war ursprünglich ein Wohnhaus, in dem der Künstler zusammen mit seiner dänischen Frau lebte. Die durch dezente Beleuchtung eindrucksvoll in Szene gesetzte Kunst, das erste Penthouse der Stadt im Obergeschoss mit dem besten Blick auf die Hallgrimskirche und der Skulpturengarten auf der Rückseite des Anwesens lohnen den Besuch.

In Island ist das Beste manchmal gratis: 26 Skulpturen des Künstlers befinden sich in einem kleinen Garten, der kostenlos zugänglich ist. Dazu gehören Der Lebensbaum, König von Atlantis oder Gott Donar, der mit dem Altwerden kämpft.

■ Eiriksgata 3, Tel. 551 37 97, www.lej.is, tgl. Di–So 12–17 Uhr

Höfði
| Haus |

An dieser Stelle stand ein Marconi-Mast, mit dem 1905 das erste Radio-

1 Das Zentrum Reykjavíks

Plan S. 68/69

ADAC Mobil

> In Reykjavík verkehren fast 30 Buslinien. In der Innenstadt heißen die Busse Strætó. Die meisten halten am **Busbahnhof Hlemmur** in der Fortsetzung der Laugavegur–Hauptstraße. Am besten ist die Straetó App. Sobald die eigene Kreditkarte mit ihr verbunden ist, kann für umgerechnet etwa € 3,50 (487 ISK) pro Fahrt das Bussystem genutzt werden, zum Beispiel mit der Linie 11 nach Seltjarnarnes oder mit der Linie 1 nach Hafnarfjörður, einem Vorort mit viel Geschichte abseits der Hauptsehenswürdigkeiten.

signal von Island aus nach Europa gesendet wurde. Vier Jahre später wurde ein in Norwegen vorgefertigtes Holzhaus errichtet, in dem zunächst ein französischer Konsul lebte, dann der Geschäftsmann und Dichter Einar Benediktsson, britische Gesandte und schließlich Augenzeugenberichten zufolge der Geist einer verstorbenen Frau. Deren Anwesenheit irritierte die inzwischen dort wohnhaften Briten so sehr, dass sie auszogen und das Gebäude 1958 an den isländischen Staat verkauften. Seitdem wird es für Empfänge und besondere Ereignisse genutzt.

Ob der Geist der verstorbenen Frau 1986 Ronald Reagan und Mikhail Gorbatschow beobachtete, als die sich im Höfði–Haus trafen, um mit dem START-Vertrag das Ende des Kalten Krieges einzuläuten? Im Umfeld des Hauses erinnern jedenfalls verschiedene Skulpturen an das epochale Ereignis, unter anderem auch ein Stück der Berliner Mauer.

■ Félagstún

⑬ Solfár Wikingerschiff
| Skulptur |

Die Edelstahlskulptur des Bildhauers Jón Gunnar Árnason von 1990 erinnert an eine Vision des Künstlers, der glaubte, dass vor langer Zeit im Innern Asiens Menschen begannen, dem Lauf der Sonne nach Westen zu folgen. Die Reise geschah zu Fuß, auf dem Pferderücken und mit dem Schiff. Der zivilisatorisch prägende Impuls, immer weiter nach Westen zu ziehen und Neues zu schaffen, habe die Menschen auch nach Island gebracht und dann weiter nach Amerika. Heute ist das »Sonnenschiff« Solfár an der Uferpromenade unweit der Harpa ein beliebtes Fotomotiv vieler Reisender aus der ganzen Welt.

Parken

Das Parken entlang der Straßen ist kostenpflichtig. Unterschiedliche Tarife, je nach Zentrumsnähe, sind farblich markiert (1–4). Man kann auch an allen größeren Busstationen parken und von dort mit dem Bus in die Stadt fahren. Das Falschparken ist nicht zu empfehlen, das wird auf alle Fälle ganz schön teuer.

Restaurants

€ | **Babalú** Ein kubanisch inspiriertes Café mit Mini-Dachterrasse und gemütlichen Sofas, wo man auch warme Gerichte bekommt, Vegetarisches und leckeren Nachtisch. ■ Skólavörðustigur 22, Tel. 5222278, www.babalu.is, tgl. 8–22.30 Uhr, Plan S. 68/69 c4

€ | **Momo Ramen** Riesige Schüsseln mit japanischen Nudelsuppen für wenig Geld. ■ Tryggvagata 16, Tel. 7656540, www.ramenmomo.is, Plan S. 68/69 b2

€€ | **Garðurinn** Gutes vegetarisches und veganes Restaurant und Café. ■ Klapparstígur 37, Tel. 56 12 3 45, www.kaffigardurinn.is, Mo–Fr 11–20, Sa 12–17 Uhr, Plan S. 68/69 c3

€€ | **Kaffi Loki** Das Restaurant ist seit vielen Jahren eine gute Adresse für isländische Küche. Für Mutige: Auch den fermentierten Grönlandhai gibt es hier, sogar als Geschmacksprobe mit Brennivín-Schnaps für ISK 1600. ■ Lokastígur 28, Tel. 466 28 28, www.loki.is/deutsch, tgl. 8–22 Uhr, Plan S. 68/69 d4

€€ | **Matur og drykkur** Hier fusioniert das deftige Essen der Wikinger mit vegetarischer Küche. Bisweilen eigenwillige Kreationen, die es lohnt auszuprobieren. ■ Grandagarður 2, Tel. 551 01 00, maturogdrykkur.is, tgl. 11.30–15 und 17–22 Uhr, Plan S. 68/69 a1

€€€ | **Apotek** Edles Ambiente, exquisites Fleisch und Fisch und guter Service. Bekannt für Lammgerichte, die lange im Ofen schmoren, und ein Sechs-Gänge-Menü. Gute Cocktails. Am Wochenende gibt's ein Brunch-Buffet. ■ Austurstræti 16, Tel. 55 10 0 11, www.apotekrestaurant.is, Mo–Do 11.30–23, Fr 11.30–24, Sa 12–24, So 12–23.30 Uhr, Plan S. 68/69 b3

€€€ | **Fiskmarkaðurinn** Es gilt als das beste Sushi-Restaurant in der Stadt und wird geführt von Hrefna Sætran, einer der bekanntesten Köchinnen der Insel. ■ Aðalstræti 12, Tel. 578 88 77, fiskmarkadurinn.is, tgl. 17.30–22.30 Uhr, Plan S. 68/69 b3

€€€ | **Hosiló** Beliebt auch bei Einheimischen, wechselt das Angebot von Woche zu Woche. Fleischiges, Fischiges und Vegetarisches ist immer dabei, außerdem stehen Eis und Käse auf der Speisekarte. ■ Hverfisgata 12, Tel. 793 66 66, Di–Sa 11.30–23 Uhr Plan S. 68/69 d3

€€€ | **La Primavera Ristorante** Bringt kulinarische Traditionen Norditaliens mit hochwertigen isländischen Zutaten zusammen. ■ Grandagarður 20, Tel. 519 77 66, laprimavera.is, Do–Sa 18–21.30 Uhr

€€€ | **Sægreifinn** Umgeben von Gerätschaften, die früher von Fischern benutzt wurden, gibt's frischen Fisch direkt vom Boot. Berühmt ist die Hummersuppe. Sehr populär, gemütliche Atmosphäre. ■ Geirsgata 8, Tel. 553 15 00, tgl. 11.30–23 Uhr, Plan S. 68/69 b2

€€€ | **Snaps Bistro** Besonderes Dekor mit viel Grün in einem Wintergarten. Berühmt: die französische Zwiebelsuppe und die Crème Brûlée, genauso wie der Tagesfisch, der zwischen 11.30–14 Uhr für unverhältnismäßig preiswerte ISK 2900 serviert wird. ■ Thorsgata 1, Tel. 511 66 77, www.snaps.is, Plan S. 68/69 c3

ADAC Mittendrin

Das **Laundromat Café** ist angesagter Treffpunkt in der Innenstadt. Ein buntes Restaurant, das alle Subkulturen der Stadt anzieht, ob Bürohengst, Hipster oder Mütter und Väter mit Kindern. Manche schnappen sich hier ein Buch aus den Bücherregalen und verbringen den halben Tag mit der Lektüre, andere treffen sich mit Freunden, bevor sie sich ins Nachtleben stürzen. Entsprechend vielfältig ist das Menü: Große Salate, Burger, gute Fisch- und Fleischgerichte, Milkshakes – es ist für alle etwas dabei.
Austurstræti 9, Tel. 587 75 55, www.thelaundromatcafe.is, Plan S. 68/69 b3

1 Das Zentrum Reykjavíks

Plan S. 68/69

€€€ | **Sjávargrillið** Bevor der Traum vom eigenen Restaurant Realität werden konnte, bereiste Koch Gústav sein Land auf der Suche nach außergewöhnlichen Gerichten. Dabei fand er auch viel Treibholz, das heute sein Gasthaus dekoriert. Kreative Küche. ■ Skólavörðustígur 14, Tel. 571 11 00, tgl. 17–22 Uhr, wochentags auch 11.30–14.30 Uhr, www.sjavargrillid.is, Plan S. 68/69 c3

Cafés

€ | **Café Mokka** Eine Institution, solange es schon Kaffee in Reykjavík gibt. Das Innere scheint sich seit den 1960er-Jahren nicht geändert zu haben. Der Kaffee ist klasse, die Lage auch, das Exterieur unscheinbar. Deshalb ist es auch nicht zu voll, aber sehr bekannt für das Frühstück, das den ganzen Tag angeboten wird. Empfehlenswert auch die Waffeln mit selbst gemachter Marmelade und frischer Sahne. ■ Skólavörðustígur 3, Tel. 522 11 74, www.mokka.is, 9–18.30 Uhr, Plan S. 68/69 c3

ADAC Mittendrin

Die kleine Konditorei **Braud & Co** backt gutes Brot, Brezeln, Súkkuladitebolla und Vanillubolla. Es ist die beliebteste Bäckerei im Zentrum der Stadt. Frakkastígur 16, www.braudogco.is, tgl. 6–18 Uhr, Plan S. 68/69 d3. Dazu kann man sich noch den besten Kaffee der Stadt von gegenüber holen: **Reykjavík Roasters**, Kárastigur, Plan S. 68/69 d4. Braud & Co ist so erfolgreich, dass inzwischen einige Filialen in der Stadt aufgemacht wurden.

€€ | **Café Rosenberg** Gemütliches, alternatives Ambiente, guter Kaffee und leckeres Gebäck. Zwischen Innenstadt und Hafen gelegen, bietet es sich als Ausgangspunkt ins Nachtleben an. ■ Vesturgata 3, Tel. 546 18 42, cafe-rosenberg.business.site, tgl. 12–22 Uhr, Sa/So auch länger geöffnet, Plan S. 68/69 b2

Einkaufen

Am einfachsten ist aufgrund der Dichte und Qualität der Geschäfte und Boutiquen das Shopping an der **Skolavörðustigur im Zentrum** und nahe der Grandagarður im Alten Hafen.

Buchhandlung Pennin Eymundsson Gegenüber dem düsteren alten Stadtgefängnis kommt bei der Lektüre von Islandkrimis (auch deutschsprachig) leicht Gänsehaut-Feeling auf. Im angeschlossenen Café gibt es jeden Tag eine besonders ausgefallene Teesorte zur Probe, aber auch Kaffee und leckere Kuchen. ■ Skolavörðustigur 11, Tel. 540 23 50, Mo-Fr 9–22, Sa-So 11–22 Uhr, Plan S. 68/69 c3

Fischer Düfte, die aus isländischen Pflanzen kreiert werden, haben ihren Weg in Parfums, Seifen, Masken oder Kerzen gefunden. Ein ungewöhnliches Angebot in ungewöhnlichem Ambiente. ■ Fischersund 3, Mo-Fr 12–18 Uhr, Sa 12–16 Uhr, www.fischersund.com, Fischersund, Plan S. 68/69 b3

Flohmarkt Kolaportið Hier wird am Wochenende alles verkauft, was die Einheimischen auf dem Dachboden oder in der Garage gefunden haben. Neben Krimskrams gibt es etablierte Händler, die Antiquitäten und Bücher verkaufen. Auch für das leibliche Wohl ist gesorgt. ■ Tryggvagata 19, Tel. 562 50 30, Plan S. 68/69 b3

Handprjónasambandid Hier gibt es Islandpullis, die auch wirklich in Island hergestellt wurden, von Mitgliedern der 1977 gegründeten isländischen Vereinigung des Häkelns und Strickens höchstpersönlich. Wer sich selbst an einem Pulli versuchen will, findet notwendige Utensilien und Wolle in allen Farben. ■ Skolavörðustigur 19, Tel. 552 18 90, www.handknitted.is, Mo–Fr 9–18, Sa 10–17 Uhr, Plan S. 68/69 c4

Hildur Yeoman Ein Besuch auf der Webseite zeigt schon, warum Hildur Yeoman als einer der besten Modedesigner der Insel gilt. ■ Online-Shop oder vor Ort in der Laugavegur 7, Tel. 519 88 89, www.hilduryeoman.com, Plan S. 68/69 d3

Omnom Schokolade Der westliche Teil des Hafens an der **Grandagarður** war lange Zeit geprägt von Fischfabriken und Industrieanlagen. Neuerdings sind die alten Hallen umfunktioniert worden zu Museen, Galerien, Restaurants, Mikro-Brauereien, Designer-Shops und kleinen Boutiquen. Neben der alten Heringfabrik Marshallhusið betreibt Omnom eine Schokoladenfabrik und verkauft Eis. Die Produkte schmecken göttlich, das Design der Verpackungen lohnt an sich schon als Mitbringsel. ■ Hólmaslóð 4, Tel. 519 59 59, www.omnomchocolate.com, tgl. 13–22 Uhr, Plan S. 68/69 nördl. b1

Orrifinn Isländisches Schmuckdesign gibt es bei diesem ausgefallenen Juwelier. Zur Auswahl stehen neben Traditionellem auch Halsketten mit einer kleinen Schere, einer bronzenen Füllfederspitze, einer kleinen silbernen Axt mit Blutstropfen aus Granat oder Libellenflügeln. ■ Skolavörðustigur 17b, Tel. 789 76 16, www.orrifinn.com, Mo–Fr 10–18, Sa 11–16 Uhr, Plan S. 68/69 c4

Reykjavíks Innenstadt mit Fußgängerzone und eigener Fahrradspur

Red Cross Guter Secondhandladen für ungewöhnliche Modeartikel. ■ Laugavegur 116, www.raudikrossinn.is, tgl. außer So, Plan S. 68/69 e4

12 Tónar Im Keller des Indie-Plattenladens lässt sich bei einem gratis Espresso ganz gechillt alte und neue Musik hören oder in Büchern über Rockmusik schmökern. Im Sommer freitags im kleinen Garten Livemusik. 12 Tónar ist ein eigenes Label, das in den letzten Jahren mehr als 70 Alben herausgebracht hat. ■ Skolavörðustigur 15, Tel. 511 56 56, 12tonar.company.site, im Sommer Mo–Sa 10–20, So, 12–20, im Winter Mo–Sa 10–18, So 12–18 Uhr, Plan S. 68/69 c4

 Galerien

Nicht nur hier in der Hauptstadt, auch in abgelegenen Gegenden des Landes ist

1 Das Zentrum Reykjavíks

moderne und zeitgenössische Kunst in Form von Fotografien, Malerei oder Skulpturen präsent.

Kaum eine Unterkunft, ein Restaurant oder Café, wo kunstinteressierte Reisende nicht überrascht werden mit neuen Einsichten über die Natur oder das Leben der Menschen. Wem das gefällt, der sollte den besten der kleinen Galerien in der Hauptstadt einen Besuch abstatten:

BERG Contemporary 2016 eröffnet, zeigt diese Galerie in Form eines geräumigen weißen Würfels bevorzugt Multimedia-Produktionen und Videoinstallationen. ■ Klappastígur 16, www.bergcontemporary.is, Di–Fr 11–17, Sa 13–17 Uhr, Plan S. 68/69 c3

Iurie fine art Das Licht Islands macht es selbst ungeübten Naturfotografen einfach, spektakuläre Fotos zu schießen. Wem das nicht reicht, kann sich in dieser Galerie weitere Anregungen holen. ■ Skólavörðustígur 6, Tel. 775 28 00, tgl. 10–19 Uhr, www.iuriefineart.com, Plan S. 68/69 c3

I8 Die Galerie vertritt seit 1995 die Crème de la Crème der isländischen Kunstszene, inklusive Ólafur Eliasson und Ragnar Kjartansson. ■ Tryggvagata 16, Tel. 551 36 66, www.i8.is, Di–Fr 11–17, Sa 13–17 Uhr, Plan S. 68/69 b2

Listastofan Am Rande des Zentrums gelegen ist dies der Treffpunkt vieler neuer Künstler, die sich die Dunkelkammer und Ateliers teilen. In der Galerie gibt es Theater-Workshops und Zeichenkurse am lebenden Modell. ■ Hringbraut 119, Mi–Sa 13–17 Uhr, Plan S. 68/69 westl. a2

 Kneipen, Bars und Clubs

In Reykjavík ist jeden Abend etwas los. In der Nähe des Alten Hafens gibt es alteingesessene Kneipen und Pubs mit Livemusik, auch im Zentrum kann man sich abends bei einem Drink vergnügen. Wer die App »Appy Hour« (für iPhone und Android) herunterlädt, kann sich leichter über die Happy Hours in der Stadt informieren.

Kaldi Bar Pub in coolem Steingewölbe, das für eine besondere Atmosphäre sorgt. ■ Laugavegur 20b, Tel. 581 22 00, www.kaldibar.com, Plan S. 68/69 d3

Kex Die alte Keksfabrik wurde umgebaut zu einer großflächigen Kneipe im Wildwest-Stil mit Innenhof. Regelmäßig finden Konzerte statt, oft gratis. ■ Skúlagata 28, Tel. 561 60 60, Plan S. 68/69 d3

Kaffibarinn Tagsüber ein cooles Café, nachts eine Institution. Die Bar serviert Ópal – Likör mit Lakritzgeschmack – und Keyka, isländischen Wodka. Oft Livemusik, tanzfreudiges Publikum. ■ Bergstaðastræti 1, Tel. 551 15 88, Plan S. 68/69 c3

Petersen svítan Ganz einfach die beste Rooftop-Bar Reykjavíks. Auf dem ehemaligen Gamla Bíó (dem alten Kino). ■ Ingólfsstraeti 2a, Tel. 563 40 00, www.gamlabio.is, tgl 14–1 Uhr, am Wochenende bis 3 Uhr morgens, Plan S. 68/69 c2

 Events

Kein Wunder, dass die Stadt das ganze Jahr über in Partylaune ist. Eigentlich ist immer irgendwo irgendwas geboten. Die wichtigsten Events sind die Myrkir Musikdagar Ende Januar (darkmusicdays.is), die Feiern zum Sommeranfang (dritter Donnerstag im April), das Kunstfestival im Mai, der Unabhängigkeitstag und Secret Solstice im Juni. In der zweiten Jahreshälfte folgen zunächst das Jazzfestival (www.reykjavikjazz.is), im August dann die Gay Pride und die Kulturnacht. Im Oktober findet das Film

Im Umkreis der Innenstadt

Festival RIFF statt und außerdem das Iceland Airwaves Festival. Und dann, ja dann beginnt schon bald der Countdown für Weihnachten und Silvester. Nach dem Feiern ist bekanntlich vor dem Feiern: Kurz darauf geht's wieder von vorne los.

Entspannung

Sundhöllin Das erste öffentliche Schwimmbad Islands wurde 1937 in einem vereinfachten Art-déco-Stil errichtet. Kürzlich renoviert mit Sauna, Hot Pots und einer neuen 25-m-Bahn im Freien. ■ Báronsstigur 45. Tel. 411 53 50, Mo–Fr 6.30–22, Sa–So 8–22 Uhr, Plan S. 68/69 d4

2 Im Umkreis der Innenstadt

Strände, Museen und Heißwassertanks – alles bunt gemischt

Information

■ Tourist-Information: Laugavegur 5, 101 Reykjavík, Tel. 551 36 00, tgl. 8.30–22 Uhr

Sehenswert

Nationalmuseum Island (Þjóðminjasafn Íslands)
| Museum |

Dafür, dass schon vor 1000 Jahren mehr als 60 000 Menschen in Island bauten und lebten, hat nur wenig Materielles die Zeiten überdauert. Das liegt nicht an Kriegszerstörungen, sondern an den Naturkatastrophen, am feuchten Klima und an Baustoffen, die nicht für die Ewigkeit gemacht sind. So verrottete das Holz der nordischen Tempel und Stabkirchen. Klöster verschwanden, und Burgen, Paläste, Schlösser und Herrenhäuser hatte es ohnehin kaum gegeben. Als nach Jahrhunderten wirtschaftlicher Not vor 150 Jahren allmählich eine wirtschaftliche Entwicklung einsetzte, war der Wunsch, modern zu sein, lange größer als der, die Vergangenheit zu bewahren. Heute passen die wichtigsten Exponate Islands aus der Zeit zwischen 900 und 1800 im Erdgeschoss des unscheinbaren Bauwerks auf die Fläche eines Handballfeldes.

Das wenige, was ausgestellt wird, hat es aber in sich. Neben den Resten früher christlicher Kunst zeigen die besonders alten Stücke eine Verbindung zur nordischen Götterwelt. Die berühmtesten Exponate sind eine kleine Skulptur des Gottes Thor (Donar) und das Original der Kirchentür von Valþjófsstaður aus dem 12. Jh. Interessante Wechselausstellungen. ■ Suðurgata 41, 101 Reykjavík, Tel. 530 22 00, www.thodminjasafn.is, tgl. 10–17 Uhr

Norræna Húsið
| Kulturzentrum |

Vom finnischen Architekten Alvar Aalto entworfen, bietet das Nordische Haus Wechselausstellungen, Konzerte und das Aalto Bistro. Gelegen ist es in der Sæmundurgata, einer Straße, die nach einem isländischen Gelehrten benannt ist, der im Mittelalter in Paris Magie studiert hatte. Einer Legende zufolge bediente sich Sæmundur auf der Heimreise nach Island des Teufels in Gestalt einer Robbe. Auf deren Körper surfte Sæmundur schnell gen Heimat. Als er den Strand fast erreicht hatte, drosch er mit einer Bibel auf den verdutzten Teufel ein, sprang an Land und war in Sicherheit.

Die Skulptur des Sæmundur befindet sich vor dem Haupteingang der Universität gegenüber dem Nordischen

Haus und dient als Ermahnung an die 14 000 Studenten, den gesunden Menschenverstand bei allen akademischen Bemühungen nicht außer Acht zu lassen.

◼ Sæmundurgata 11, 101 Reykjavík, Tel. 551 70 30, nordichouse.is, Mo–Fr 10–17 Uhr

⑯ Nauthólsvík
| Geothermalstrand |

Erst am beheizten Strand aufwärmen, dann ins Meer springen

Die Meerestemperatur in Reykjavík erreicht 17 °C im Sommer, fällt aber auf bis zu minus 2 °C im Winter. Dank der Geothermalenergie wird das Wasser in Nauthólsvík während der Ebbe um einige Grad wärmer. Das reicht manchen abgehärteten Schwimmern, auch wenn es frisch ist. Man sieht sie dann mit Wollmütze und Neopren-Handschuhen im Ozean ihre Bahnen ziehen. Oder man sitzt doch lieber gemütlich im Hot Pot am Strand.

◼ Tel. 511 66 30, www.nautholsvik.is/en, tgl. 10–19 Uhr; das Baden am Strand, in den Hot Pots und die Benutzung der Umkleidekabinen und WCs ist im Sommer kostenlos, im Winter kostet der Zugang ISK 740

⑰ Ásatrú–Tempel
| Gotteshaus |

Ásatrú ist die größte nicht-christliche Religionsgemeinschaft Islands. 1973 wurde sie offiziell von der Regierung anerkannt und zählt heute knapp 5000 Mitglieder. Deshalb erhält Ásatrú anteilig die vom Staat einbehaltene Kirchensteuer. Ein Drittel der Mitglieder sind Frauen. Die Stadt Reykjavík übertrug der Ásatrú-Gemeinde 2008 ein Stück Land am Hügel Öskjulið. Wenn der neue Asentempel fertiggestellt ist, sollen bis zu 250 Anhänger bei Veranstaltungen wie Hochzeiten, Begräbnissen oder kultischen Handlungen gleichzeitig Platz finden. Der Architekt Magnús Jensson, selbst Mitglied dieser Religionsgruppe, entwarf das futuristisch anmutende Gebäude. ◼ Síðumúla 15, 108 Reykjavík, www.asatru.is

⑱ Perlan
| Aussichtspunkt |

Auf dem höchsten Punkt des Hügels Öskjulið stehen sechs Heißwassertanks, um die Stadt mit jeweils vier Millionen Litern warmem Wasser zu versorgen. Die rostbraune Hülle dieser Tanks ließ der Architekt Ingrimundur Sveinsson 1991 mit Aluminium verkleiden und versah den Raum zwischen den Tanks mit einer Glaskuppel, die an den Geysir Strokkur erinnert, kurz bevor er ausbricht, oder an eine Perle.

Von der Terrasse an der Kuppel aus bietet sich ein umfassender Blick auf die Stadt, die Reykjanes-Halbinsel und im Norden bis Akranes.

◼ Varmahlíð 1, 105 Reykjavík, Tel. 566 90 00, www.perlan.is, tgl. 9–22 Uhr, kostenpflichtiger Zugang zur Terrasse

⑲ Laugardalur
| Sportkomplex |

Zwischen Innenstadt und Botanischem Garten erstreckt sich ein großer Sportkomplex mit Schwimmbad, dem Fußballstadion Laugarvöllur und einer großen Halle, in der immer wieder namhafte isländische und ausländische Bands auftreten, allen voran während des Iceland Airwaves Festivals am Ende jeden Jahres. 1972 fand in der Halle die Schachweltmeisterschaft zwischen Bobby Fischer und Boris Spassky statt.

◼ Engjavegur, 104 Reykjavík

Im Umkreis der Innenstadt

Grasagarður
| Botanischer Garten |

Der Garten ist noch nicht alt, aber eine lehrreiche Institution für die Pflanzenkunde des hohen Nordens. Im Sommer werden freitags um 12.40 Uhr am Haupteingang Führungen auf Englisch durch den Park angeboten.

■ Hverfisgata 105, 101 Reykjavík, Tel. 411 86 50, www.grasagardur.is, Mai–Sept. tgl. 10–22, Okt.–April 10–15 Uhr

Ásmundarsafn
| Skulpturengarten |

Wer Island mit offenen Augen bereist, findet immer wieder öffentliche Skulpturen von Ásmundar Sveinsson. Der Künstler entwarf das Museum selbst. Es gibt den besten Überblick über sein Kunstschaffen, der Garten mit einigen seiner bekannten Werke ist immer zugänglich.

■ Sigtún, 105 Reykjavík, Tel. 411 64 30, www.artmuseum.is, tgl. 13–17 Uhr

Kjarvalstaðir
| Kunstmuseum |

Ein berühmtes Foto des 1972 verstorbenen Johannes Kjarval zeigt, wie er die Leinwand in Thingvellir zwischen Moos und Lava stellt und auf den Knien davor die ihn umgebende Landschaft malt. Die Farbauswahl dieses Künstlers steigert die Formenwelt der isländischen Natur noch, er verdichtete Wasserfälle und Basaltsäulen zu Elfenburgen und Zwerghallen. Der Romantiker gilt vielen Isländern als Nationalmaler.

ADAC Wussten Sie schon?

Das **isländische Fußballwunder** begann im Nationalstadion Laugarvöllur am 3. Juni 1987. Damals verlor Island zu Hause 0 : 6 gegen die Auswahl der DDR (Andreas Thom erzielte drei Treffer). Das Trauma dieser Schlappe und die folgende kollektive Anstrengung, es zu überwinden, führten zum Aufstieg Islands unter die großen Fußballnationen. Der Weg war nicht einfach. Knattspyrnusamband Íslands, der Fußballverband, verbesserte die Talentsuche. Überdachte Hallen wurden angelegt, um auch im Winter trainieren zu können. Sponsoren unterstützten den Werdegang (seit 2009 heißt die erste Liga in Island Pepsideldin, nach dem Softdrink-Hersteller). Bei der Qualifikation zur EM 2016 zeitigten die Maßnahmen erste Erfolge, denn das kleine Island konnte sich sensationell durch zwei Siege gegen die Niederlande für die Endrunde qualifizieren und dann die englische Auswahl schlagen. Zwei Jahre später trotzte man bei der WM in Russland Messis Argentiniern ein Unentschieden ab.

Das **Wikinger-Huh,** diese eigenwillige Kombination aus Rufen und Klatschen, mit der isländische Fans ihre Mannschaft unterstützen, hat seinen Ursprung in Hollywood. 2007 forderte der schottische Schauspieler Gerard Butler in dem Historienschinken »300« Krieger auf, ihren Kampfgeist rhythmisch mit einem lauten »Huh« zu untermalen. Schottische Fußballfans des Clubs Motherwell kopierten ihren Landsmann, als ihr Verein 2014 gegen den isländischen Club Stjarnan in der Europa League spielte. Die mitgereisten isländischen Schlachtenbummler fanden Gefallen an dem Ruf und probierten ihn auch mal aus. Der Rest ist Geschichte …

2 Im Umkreis der Innenstadt   Plan S. 68/69

Im Blickpunkt

Polarlichter auf Island

Kein Wunder, dass diese Phänomene den Menschen schon früher unheimlich vorkamen, sie an ihre verstorbenen Ahnen erinnerten oder ihr Anblick sie einfach beglückte. Die zarten, wolkenähnlichen Strukturen in Farbschattierungen von Türkis, Blau oder Rot, die über den Himmel wirbeln oder sich nur ganz langsam von der Stelle bewegen, scheinen nicht von dieser Welt zu stammen. Das tun sie auch nicht, denn sie stammen von der Sonne ab. Eruptionen transportieren von dort elektrisch geladene Energie oder »Sonnenwindplasma« mit einer Geschwindigkeit von 500 bis 800 km pro Sekunde in den Weltraum. Aufgrund der Distanz zwischen Erde und Sonne dauert es etwa drei Tage, bis der »Sonnenwind« das Magnetfeld unseres Planeten erreicht. Treffen die Plasmateilchen auf die Erde, regen sie Gase in den hohen Schichten der Atmosphäre an und senden beim Abklingen dieser Erregung ein fluoreszierendes Licht aus. Polarlichter treten nicht nur im hohen Norden auf, sondern auf der südlichen Halbkugel auch als Südlichter oder Aurora australis. Neben Kanada, Grönland und dem hohen Skandinavien bietet Island bei klarem Wetter zwischen September und April gute Bedingungen zur Beobachtung. Die europäische Weltraumbehörde und die NASA informieren auf ihren Webseiten über Eruptionen auf der Sonne und die voraussichtliche Ankunft des Sonnenwindplasmas. Das hilft bei der Planung und vermeidet unnötig durchwachte Nächte.

Im Umkreis der Innenstadt

Das Museum dokumentiert seinen Lebensweg und zeigt sein umfangreiches Werk.
■ Flókagata 24, 105 Reykjavík, Tel. 411 64 20, www.artmuseum.is, tgl. 10–17 Uhr

23 Árbærsafn
| Open-Air-Museum |

Mehr als 20 Gebäude aus allen Teilen Islands wurden nachgebildet und hier außerhalb des Zentrums als Freilichtmuseum aufgebaut. Noch authentischer wird das Ganze durch Menschen in historischen Kostümen, die eindrucksvoll das Leben der Isländer im 19. Jh. vermitteln. Im Sommer findet täglich um 13 Uhr eine einstündige Führung auf Englisch statt. Kinderfreundlich.
■ Grandagarði 8, 101 Reykjavík, Tel. 411 63 00, borgarsogusafn.is, tgl. 10–17 Uhr

24 Seltjarnarnes
| Halbinsel |

 Im Winter der beste Ort, um in Reykjavík Polarlichter zu sehen

An der Spitze der Halbinsel Seltjarnarnes nahe dem Leuchtturm Grótta brüten im Sommer viele Vögel – ein Stück ursprünglicher Natur befindet sich hier am Rande der isländischen Metropole. Vom Alten Hafen führt ein Uferweg zur Spitze der Halbinsel. Bei gutem Wetter schließt das Panorama den markant im Westen stehenden Vulkanberg Snæfellsjökull ein.

In der dunklen Jahreszeit, wenn es kaum hell wird, ist dieser Ort am besten geeignet, um in Reykjavík die Polarlichter tanzen zu sehen.

Passt die Jahreszeit nicht oder ist es im Winter zu bewölkt, kann ein Besuch des Aurora Reykjavík helfen. Dort laufen das ganze Jahr über Ausstellungen und Filme über das Polarlicht.

ADAC Mobil

> Eine gute Möglichkeit, bei trockenem Wetter den Sehenswürdigkeiten, die weiter vom Stadtzentrum entfernt sind, näher zu kommen, ist per Fahrrad. Am Hafen verleiht **Reykjavík Bike Tours** E-Bikes, Mountainbikes und Tandemräder für den halben Tag, für 24 Stunden oder auch länger. Wer mag, kann sich einer englischsprachigen Führung anschließen, nach Vorbestellung auch auf Deutsch. *Hlésgata 1, Tel. 694 89 56, www.icelandbike.com, tgl. 9–17 Uhr*

■ Grandagarður 2, 101 Reykjavík, Tel. 78045 00, aurorareykjavik.is, tgl. 9–21 Uhr

Restaurants

Alternativen zum Zentrum Reykjavíks bieten die Vororte, vor allem Hafnarfjörður. Dort inszeniert schon seit langem das Viking die Kultur der alten Nordmenschen. Andere gute Restaurants mit großer Auswahl isländischer Gerichte sind dort das Tilveran oder das Krydd im Kunstzentrum.

€€ | **Krydd** Das moderne Lokal serviert stets frische Gerichte. ■ Strandgata 34, 220 Hafnarfjörður, Tel. 558 22 22, www.kryddveitingahus.is, Di–So 11.30–22 Uhr

Cafés

€€ | **Flóran Café** Dieses Café im Botanischen Garten ist bei den Einheimischen sehr beliebt. Vielfältiges Angebot. ■ Grasagarðinum, Laugardal, Tel. 553 88 72, www.floran.is, im Sommer tgl. 10–21 Uhr, Plan S. 68/69 e4

3 Reykjanes

Auf der einen Seite Europa, auf der anderen Amerika

Information

■ Tourist-Information: Duus-Culture Center Duusgata 2–8, 230 Reykjanes, Tel. 420 32 46, visitreykjanes.is
■ Parken siehe S. 87

Die Reykjanes-Halbinsel durchzieht eine aktive Plattengrenze. Im warmen Wasser der Blauen Lagune kann man die Vorteile dieser geologischen Besonderheit genießen und eine ganz natürliche Wellness-Anwendung erleben. Die Halbinsel bietet den meisten ihrer Besucher einen ersten Eindruck, der fremdartiger kaum sein könnte: Hat man das Terminalgebäude des Internationalen Flughafens oder den Ballungsraum Reykjavík verlassen, gelangt man zu einer weiten, von grauem Moos bewachsenen kantigen Lavafläche, über die der Wind flach treibende Wolken hinwegfegt. Diese Ebene beginnt an der südwestlichen Spitze Islands. »Wo bin ich hier nur gelandet?«, werden sich diejenigen denken, die gerade erst angekommen sind. Island wartet nicht länger als notwendig damit, seine Andersartigkeit unter Beweis zu stellen.

Jenseits der Transitstrecke zwischen Hauptstadt und Flughafen bietet die Halbinsel sogleich Island, wie man es sich vorstellt: schroffe Küstenlinien, einsame Siedlungen, wenig besuchte Fumarolen, Solfatarenfelder und Stellen, wo das Auseinanderbrechen der amerikanischen und eurasischen Platte begehbar wird. Die Hauptattraktion ist die Blaue Lagune.

Sehenswert

Keflavík Airport KEF
| Flughafen |

Der Internationale Flughafen wurde vom US-amerikanischen Militär während des Zweiten Weltkriegs gebaut und 1943 eingeweiht. Inzwischen benutzen ihn jährlich 10 Millionen zivile Passagiere – viele davon betreten isländischen Boden allerdings nur zum Wechseln der Maschine auf dem Weg zwischen Nordamerika und Europa.

Das Flughafengebäude bietet neben Geschäften, Restaurants, einem großen Duty-Free, Tourist-Information und Autovermietungen auch viel Kunst. Eine eigens angestellte Kuratorin wählt wechselnde Videoinstallationen aus, die im Terminal auf Bildschirmen gezeigt werden. www.isavia.is/en/keflavik-airport/about-kef/art-at-the-airport

Der etablierte Pop-Art-Künstler Erró schuf eine 11 m lange Keramikwand, auf der alte Mythen des Fliegens dargestellt wurden. In der Abflughalle hängen zwei Flugdrachen aus bemaltem Glas (Sehnsucht nach dem Fliegen und Ikarus). Vor dem Terminal steht ein 24 m hoher Regenbogen aus buntem Glas in der moosbewachsenen Lava – ist Island der Schatz an seinem Ende? Nicht weit davon entfernt erhebt sich ein Ei aus Stahl, aus dem ein Schnabel herauslugt: das »Jet-Nest« von Magnús Tómasson.

■ Keflavíkurflugvöllur, www.isavia.is

Keflavík
| Stadt |

Im Jahre 1799 zerstörten Tsunamiwellen den Nachbarort. Die Überlebenden flüchteten damals nach Keflavík, das dadurch seine Bevölkerungszahl verdoppelte. Im Zweiten Weltkrieg suchten die Alliierten nach einem ebenen Terrain, um einen Flughafen zu bauen, und wurden bei Keflavík fündig. Während der folgenden 50 Jahre entwickelte sich der Ort zu einer bedeutenden militärischen Siedlung und dem Brückenkopf des American Way of Life im Nordatlantik. Keflavík lebte gut vom Militär, bis 2006 die Basis geschlossen wurde. Heute verdient man das Geld mit dem Flughafen, Fischereibetrieben, in der Verwaltung und im Tourismus.

Da viele der Flüge nach Europa frühmorgens am internationalen Flughafen starten, bietet es sich an, die letzte Übernachtung auf der Insel nicht in Reykjavík zu verbringen, sondern in Keflavík.

Die Erklärungstafeln auf der Uferpromenade über die Vogelwelt oder die Geologie sind nur auf Isländisch gehalten, das Holzhaus am Ende des Weges hinter dem kleinen Hafen ist fast immer geschlossen. In ihm soll ein Troll den Sommerschlaf abhalten. Die Geräusche seines Verdauungsapparates und sein Schnarchen dringen über Lautsprecher nach draußen. Wer aufmerksam durch den Ort geht, entdeckt auf den Fensterbänken und Autoablagen viele Stofftiere, Keramiknippes und wild wuchernde Kakteen. In der Nähe des kleinen Hafens hat sich jemand eine mannshohe Rakete in seine Garageneinfahrt gestellt.

Drei Museen werben in der Stadt um die Aufmerksamkeit der Besucher: Das nachgebaute Wikingerhaus in Njarðvík informiert über die Frühgeschichte der Gegend, das Reykjanes Folk Museum über den Fischfang (Duusgata 2–8, www.reykjanesbaer.is) und das Rock-n'-Roll-Museum (Hjallavegur 2, www.rokksafn.is) vermittelt etwas von dem regen musikalischen Geschehen in Keflavík, als neugierige Isländer Elvis Presley hörten und später die junge Björk.

Zufallsprodukt der Energiebranche: das Spa in der Nähe Reykjavíks

Reykjanes

Blaue Lagune
| Wellness-Spa |

Es soll die am häufigsten besuchte Sehenswürdigkeit der Insel sein, für die Eintritt gezahlt werden muss, doch wie konnte es dazu kommen? 1976 bohrten Ingenieure in der surreal anmutenden Lavagegend von Svartsengi nach Erdwärme und Wasser, um damit ein Kraftwerk zu betreiben, dessen Strom die NATO-Basis in Keflavík versorgen sollte. So weit, so gut. Womit die Techniker nicht gerechnet hatten, war der hohe Silikatgehalt des milchig-weißen Abwassers. Dadurch sickerte es nicht einfach in den Boden zurück, sondern verstopfte die Lava und schuf, ohne dass es beabsichtigt war, ein Reservoir, in dem blaugrüne Algen ein Zuhause fanden. Einheimische legten sich in die 39 °C warme und maximal 1,50 m tiefe Seenlandschaft, rieben sich mit der schmierigen Masse aus Silikat und Algen ein und verbreiteten die Nachricht herrlich wohliger Badefreuden und wundersam verschwundener Krankheiten oder rühmten ihre zarte Haut nach dem Besuch. 1999 eröffnete die »Blaue Lagune« als Wellness-Spa neben dem noch immer funktionierenden Kraftwerk. Inzwischen umfasst die Wasserfläche 8700 m².

Ein Besuch der Anlage ist auch für die, die nicht darin baden wollen, lohnenswert. Der farbliche Kontrast von schwarzer Lava, Moos und dem milchigen Wasser ist sehr reizvoll und kann entlang der Zufahrtsstraße zur Blauen Lagune oder auch auf einem der Aussichtspunkte im Spa selbst bewundert werden. Shops, Bistro-Café und Restaurant sind für alle zugänglich.

■ Norðurljosavegur 9, 240 Grindavík, Tel. 420 88 00, www.bluelagoon.com, 1. Jan.–25. Mai, 2. Okt.–3. Dez. tgl. 8–22 , 26. Mai–29. Juni, 21. Aug.–1. Okt. 8–23, 30. Juni–20. Aug. 8–24 Uhr. Am schönsten (und preiswertesten) ist der Besuch spätabends im Sommer oder im Winter bei Polarlicht.

■ Es ist obligatorisch, seinen Besuch vorab online oder telefonisch zu buchen. Ab 48 € inklusive der Benutzung eines Badetuchs. Es bestehen regelmäßige Busverbindungen in kurzen Intervallen zwischen Blauer Lagune, Flughafen und Reykjavík.

ADAC Spartipp

Da die Preise für alkoholische Getränke in Island exorbitant hoch sind, lohnt es sich durchaus, unmittelbar nach Ankunft in Keflavík den **Duty-Free-Shop** aufzusuchen. Jeder Besucher, der in das Land einreist, kann sechs Einheiten Alkohol zollfrei einführen. Ebenso zahlt es sich aus, viele Mitbringsel erst am Ende der Reise durch Island in den Geschäften im Flughafen zu erwerben. Dort sind sie bisweilen günstiger als an den touristischen Hotspots im Lande.

Gunnuhver
| Heiße Quellen |

Diese Geothermalzone wird verhältnismäßig selten besucht, die Fumarolen und Solfataren sind eindrucksvoll. Der Name Gunna-Quelle geht auf die unglückselige Gunna zurück, die zu Sagazeiten in die heiße Quelle geworfen worden sein soll und den Sturz nicht überlebte.

■ Seltún, gratis

Kvikan
| Salzfisch-Museum |

In der ehemaligen Fischhalle wird die Geschichte des Fischfangs auf Island bis zur Neuzeit detailliert dokumentiert. Wer sich während seines Island-Aufenthaltes auf nur ein Fischmuseum beschränken möchte, aber dabei alles erfahren will, sollte dieses wählen. ■ Audioguides, Hafnargata 12A, 240 Grindavík, Tel. 420 11 90, www.grindavik.is, tgl. 10–17 Uhr

 Parken

Über die Webseite von www.isavia.is kann im Voraus ein Parkschein gebucht werden, der gleich bei der Zufahrt zu den Parkbuchten und bei der Ausfahrt direkt vom Handy in den Automaten gescannt oder vorher ausgedruckt wird. Ansonsten sind die ersten 5 Minuten gratis, die erste Stunde kostet ISK 500, jede weitere ISK 750.

 Restaurants

€€ | **Café Bryggjan** Dieses große Restaurant liegt direkt am Hafen und war früher eine Fabrik zur Herstellung von Fischfangnetzen. Gute Hummersuppe. Am Wochenende oft Livemusik. ■ Miðgarður 2, Grindavík, Tel. 426 71 00, tgl. 11–21 Uhr, www.bryggjan.com

€€€ | **Kaffi Duus** Am kleinen Fischereihafen unweit der Uferpromenade gelegen mit reicher Auswahl an Gerichten. ■ Duusgata 10, Keflavík, Tel. 421 70 80

€€€ | **Max's Restaurant & Lounge** Im nahen Northern Lights Inn. Die Gerichte sind schmackhaft, das Interieur hell und unprätenziös. Neben den Klassikern aus Lammfleisch und Fisch bietet das Lokal viele vegetarische Optionen. ■ Svartsengi, 240 Grindavík, Northern Lights Inn, Tel. 426 86 50, www.nli.is, tgl. 12–15 und 17.30–21.30 Uhr

€€€ | **Raín** Beliebtes Restaurant in Keflavík. Viele Alternativen gibt es außerhalb der Hotels im Ort nicht. Wer auf thailändisches Essen, Pizza, Burger oder die Supermärkte verzichten möchte, sitzt hier bequem mit Blick auf den Hafen. Am Wochenende mit viel Livemusik. ■ Hafnargata 19A, 230 Keflavík, Tel. 421 46 01, tgl. mittags und abends geöffnet

€€€ | **Salthusið** Dieses große Fischrestaurant lohnt die Anfahrt aufgrund der Qualität. Der Tagesfisch kommt direkt vom Kutter und schmeckt so, wie ihn die Fischer selbst essen würden. Auch die besuchen das Salthusið. Die Mittagsgerichte sind preiswerter. ■ Stamphólsvegur 9, 240 Grindavík, Tel. 426 97 00, tgl. 11–21 Uhr

 Kneipen, Bars und Clubs

€€ | **Paddy's Bar** In diesem freundlichen irischen Pub treten auch Bands auf. ■ Hafnargata 38, 230 Keflavík, Tel. 421 89 00, tgl. ab 17 Uhr bis nach Mitternacht geöffnet

4 Thingvellir

Hier feiern die Isländer und üben sich in Demokratie

 Information

■ Tourist-Information: am Campingplatz in Leirar an der R36, Tel. 482 26 60, www.thingvellir.is, Mai–Okt. tgl. 9–19, Nov.–April tgl. 9–17 Uhr
■ Parken siehe S. 91

In Europa regierten früher Könige, Päpste oder mächtige Handelsfamilien unabhängig vom Willen der Bevölkerung. Nicht so auf Island, wo sich eine ganz eigene Form der Demokratie entwickelte: Die Bewohner eines Landes-

4 Thingvellir

Raue Felsen aus Lavastein säumen die Uferlinie im Thingvellir-Nationalpark

abschnittes wählten einen repräsentativen Goden (isländisch: goðar), der sich jeden Sommer sechs Wochen lang mit 38 anderen Goden auf dem Allthing im südisländischen Thingvellir traf. Der Ort war gut gewählt, bot genug Frischwasser und Weideland für die Tiere und lag verkehrsgünstig. Vor allem aber war ein Bauer, dem das Land gehörte, wegen Mordes enteignet worden. Sein Land wurde der Allgemeinheit zugesprochen und zum Thingvellir (deutsch: »die Felder des Things«).

Nach einer Anreise, die für Goden aus den entferntesten Regionen der Insel 17 Tage dauern konnte und nicht ungefährlich war, traf man sich in Thingvellir am Lögberg, dem Gesetzeshügel, dort wo heute am Grund der Schlucht die große isländische Fahne weht. Die Goden bestimmten einen Gesetzessprecher für eine dreijährige Amtszeit. Er leitete die Verhandlungen und erinnerte an relevante Fälle der Vergangenheit. Eine Exekutive gab es nicht. Ein Verurteilter konnte in die Acht geschlagen oder als vogelfrei bezeichnet werden. Das hieß, dass fortan jeder das Recht besaß, diesen Menschen zu bestrafen, wenn er ihm begegnete.

Bei den Versammlungen des Things konnte jeder seine Meinung äußern, doch auch auf Island gab es Menschen, die mehr zu sagen hatten als andere. Direkt am Lögberg befand sich beispielsweise das Haus Snorrabuð des Snorri Sturluson. Aufgrund seiner besonderen Lage war es ein Symbol der Macht seines Besitzers. Frauen und Leibeigene durften nicht aktiv am parlamentarisch-demokratischen Prozess teilnehmen.

Außer der Politik interessierte das soziale Miteinander. Viele nutzten die Gelegenheit, sich mit Familien und

Freunden zu treffen, Waren, Geschichten und Erfahrungen auszutauschen, Hochzeiten zu verkünden und Schulden zu begleichen. Das förderte die Entwicklung einer gemeinsamen Sprache und ähnlicher Gebräuche.

Das erste Allthing wurde 930 abgehalten, 1798 das letzte. Die dänische Kolonialregierung verlagerte es nach Reykjavík, ohne dass die Isländer den alten Thingplatz vergaßen. Als sie am 17. Juni 1944 ihre Unabhängigkeit feierten, trafen sich 30 000 von ihnen selbstverständlich in Thingvellir, dem Tal, in dem 1000 Jahre zuvor Islands Demokratie geboren worden war. Die UNESCO erhob es zum Weltkulturerbe.

Sehenswert

Almannagjá
| Schlucht |

Eine Spalte voller Geschichte: Demokratie zum Anfassen

Hier dominiert noch immer die Natur mit Lavaspalten und dem größten natürlichen See des Landes, Thingvallavatn. An der westlichen Seite des Tals, geologisch also in Amerika, fällt die Öxará über eine Lavakante. Der Wasserfall soll schon kurz nach der Landnahme Islands umgeleitet worden sein, um die Frischwasserversorgung von Mensch und Tier während der alljährlichen Things zu garantieren. Stimmt das wirklich, ist der Wasserfall eines der ältesten Zeugnisse menschlicher Besiedlung auf der Insel.

Informationstafeln erklären das Thing und die Naturgeschichte (40 % der einheimischen Pflanzenarten kommen in Thingvellir vor). Oberhalb des Sees (großer Parkplatz, kostenpflichtiges WC und Info-Zentrum) bietet sich der beste Blick. Dann geht es hinab zum Lögberg und weiter zu Stellen, wo es während des Things dramatisch werden konnte: Auf einer Insel der Öxará fanden Duelle statt. Nicht weit entfernt wurden Zauberer verbrannt und Frauen, die sich etwas zuschulden haben kommen lassen, ertränkt.

Thingvallakirkja
| Kirche |

Dokumente versichern, dass kurz nach der Entscheidung im Jahr 1000, das Christentum in Island anzunehmen, König Olaf von Norwegen Bauholz und eine Glocke stiftete, um in Thingvellir eine Kirche zu errichten. Von ihr ist allerdings nichts übrig geblieben. Das aktuelle Kirchengebäude stammt aus dem Jahr 1859, der Turm von 1907, die Kanzel im Innern von 1683. Der nachempfundene fünfgiebelige Bauernhof nebenan dient

Gotteshaus aus Holz, ganz im Baustil der Region

Thingvellir

Im Blickpunkt

Die Kontinentaldrift

Alfred Wegener, ein Meteorologe, der als Erster das Prinzip der Fata Morgana korrekt beschrieben hatte, vertrat 1912 bei einem Vortrag in Frankfurt am Main die Vorstellung, dass vor vielen Millionen Jahren ein großer Urkontinent in immer kleinere Teile auseinandergebrochen sei und diese Teile seitdem driften. Dem Nordatlantik sagte er voraus, dass er an der »mittelatlantischen Bodenschwelle fortwährend aufreißt«. Die Anwesenden lehnten diese Vorstellung ab. In einer Kritik hieß es, er sei »von Krustendrehkrankheit und Polschubseuche schwer befallen«. Erst nach seinem Tod bewies der südafrikanische Geologe Alexander Du Toit Grundzüge der Wegener'schen Theorie der Kontinentalverschiebung. Inzwischen ist die aus seinen Überlegungen hervorgegangene Plattentektonik wissenschaftlich anerkannt.

Da, wo zwei Kontinente auseinanderdriften, bildet sich neue ozeanische Kruste. Dieser Vorgang der Ozeanbodenspreizung (englisch: seafloor spreading) lässt sich weltweit an der Erdoberfläche nur selten so eindrucksvoll beobachten wie in Thingvellir. Der Grabenbruch, der sich quer durch Island zieht und die nordamerikanische Platte von der eurasischen trennt, bewegt sich mit einer Geschwindigkeit von durchschnittlich 7 mm im Jahr auseinander. Diese entstehende Kluft wird immer wieder von Lava gefüllt. So ist Island in den letzten 9000 Jahren im Tal von Thingvellir um fast 70 m breiter geworden. Der Grabenbruch wird besonders an der 8 km langen Allmännerschlucht und einigen parallel verlaufenden Gräben in der Umgebung sichtbar. An manchen Stellen ist der Graben nur wenige Meter breit. Dort steht man förmlich zwischen den Kontinenten. An einer anderen Stelle kann man gar zwischen Nordamerika und Eurasien tauchen …

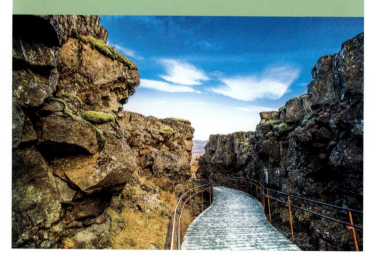

dem Premierminister Islands als offizielle Sommerresidenz. Hinter der Kirche wurde 1939 ein Pantheon angelegt, um isländische Persönlichkeiten zu bestatten. Bisher liegen dort nur zwei Dichter der Unabhängigkeitsbewegung, Einar Benediktsson und Jónas Hallgrímsson. Die Bestattung des Letzteren verursachte einst viel Ärger: Nachdem Hallgrímsson 1845 im Alter von 37 Jahren in Kopenhagen an einer Blutvergiftung gestorben war, sollten seine sterblichen Überreste 100 Jahre später nach Island überführt werden. Dies jedenfalls war der Wille eines Bewunderers, der behauptete, mit dem Toten telepathisch zu verkehren. Die Regierung lehnte es ab, die Überführung zu bezahlen. Auch über den Ort der Neubestattung wurde gestritten. Hallgrímsson fand nach langem Hin und Her in Thingvellir seine letzte Ruhe. In Island ist die Episode unter dem makaberen Namen »Knochenfrage« (beinamálið) bekannt geworden. Der Nobelpreisträger Halldór Laxness verarbeitete sie satirisch in seinem Buch »Atomstation«. ■ Tel. 482 26 60, www.thingvellir.is, Mitte Mai–Sept tgl. 9–17 Uhr.

 Parken

Auf großen Parkplätzen nahe Öxarafoss und dem Info-Center sind einige Parkmöglichkeiten vorhanden.

 Restaurants

€ | **Imbissbude am Campingplatz**
Mittags sehr zu empfehlen. ■ Leirar, Tel. 482 36 60, www.thingvellir.is

 Erlebnisse

Silvfra Zwischen den Kontinenten in glasklarem Wasser bei unfassbaren bis zu 150 m Sicht (Weltrekord!) auf 30 m Tiefe in eine Welt bizarrer Lavaformationen und purpurfarbener Algen zu tauchen, im Sommer vielleicht sogar mitternachts, ist einmalig. Das Tauchen mit Flaschen kostet etwa doppelt so viel wie das Schnorcheln.
■ Dive Iceland, Tel. 578 62 00, www.dive.is

Gljúfrasteinn
| Kulturhaus |

 Wohnhaus eines Literaturnobelpreisträgers mitten in der Natur
Zeitreise: Auf dem Bauernhof Mosfellstal, auf halbem Weg zwischen der Hauptstadt und Thingvellir, lebte lange Zeit Halldór Laxness, Gründungsmitglied der Sozialistischen Einheitspartei Islands, Autor von mehr als 60 Büchern und Literaturnobelpreisträger von 1955. Vieles in dem Haus am Schluchtenstein ist noch so, wie es der Schriftsteller bei seinem Tod 1998 hinterließ. Auf der Wiese parkt sein alter Lincoln. Im Haus finden sonntags im Sommer um 16 Uhr Konzerte statt.
■ Gljúfrasteinn im Mosfellsdalur, Tel. 586 80 66, tgl. 9–17 im Sommer, Di–Fr 10–16 Uhr im Winter; Führungen auf Deutsch nach Voranmeldung

ADAC Spartipp

Die Fahrzeuge der Autovermietung **Sad Cars** gehören nicht zu den schönsten, aber gemeinsam mit Freunden oder Familie wird der Ausflug nach Thingvellir, Gullfoss und Geysir im Auto ab Reykjavík viel preiswerter und lustiger als mit dem Bus.
Knarravogur 2, Tel. 577 63 00, www.sadcars.com, Mo–Fr 8–18 Uhr, Sa–So 9–16 Uhr

Reykjavík und Umgebung – Trendy und naturnah

Übernachten

In der Innenstadt von Reykjavík zu übernachten hat auch den Vorteil der Nähe zu den Sehenswürdigkeiten. Durch das rege Nachtleben aber kann es gerade am Wochenende laut vor dem Fenster zugehen. Außerdem haben die hohen Grundstückspreise dazu geführt, dass manche Architekten die Zimmer sehr klein konzipiert haben. Entfernter, ruhiger, aber auch anonymer sind die Vororte. Dort entstanden große Hotelanlagen unterschiedlicher Preisgruppen. Alternativ vermieten viele Bewohner ihre Wohnungen über Airbnb.

Reykjavík 66

€€ | **Hôtel Cabin** Etwas vom Stadtzentrum entfernt, aber nahe der Uferpromenade. Einfach. ■ Borgartún 32, 105 Reykjavík, Tel. 511 60 30, www.hotelcabin.is, Plan S. 68/69 östl. f3

€€ | **Leifur Eiriksson** Gute Lage gegenüber der Hallgrimskirche. Freundliche und hilfsbereite Rezeptionisten. ■ Skólavörðurstígur 45, 101 Reykjavík, Tel. 562 08 00, www.hotelleifur.is, Plan S. 68/69 c4

€€ | **Loft Hostel** Zentraler geht's kaum. Von der Dachterrasse dieses Lofts aus kann man beobachten, was in der Fußgängerzone so los ist. Es gibt Schlafsäle, aber auch Doppelzimmer mit eigenem Bad. ■ Bankastræti 7, 101 Reykjavík, Tel. 553 81 40, lofthostel.is, Plan S. 68/69 c3

€€€ | **Hilton Hotel Canopy** Für die Toplage und das Design bezahlt man viel Geld, das Hotel ist aber am Wochenende aufgrund der Lautstärke auf der Straße kaum zu empfehlen, es sei denn, das Zimmer liegt nach innen. Sehr gutes Restaurant. ■ Smidjustigur 4, 101 Reykjavík, Tel. 528 70 00, canopy3.hilton.com, Plan S. 68/69 c3

ADAC Das besondere Hotel

Was für ein Blick! Direkt am Meer, da, wo früher die Fischer lebten, liegt das **Hilds Fisherman Village**. Ins Zentrum von Reykjavík sind es mit dem Auto 15 Minuten, mit dem Fahrrad am Meer entlang etwa eine Stunde. Die Hütten sind einfach, das Frühstück kann in der Nähe eingenommen werden. Die Sonnenuntergänge sind legendär. Im Winter ist dies ein guter Ort, um Polarlichter zu beobachten.
€€€ | *Strandgata 55, 220 Hafnarfjörður, Tel. 565 12 13, www.fishermansvillage.is*

Übernachten

Bar und Restaurant des Marina Icelandair ziehen auch die Einheimischen an

€€€ | **Marina Icelandair** Sehr gute Lage am Hafen. Die Zimmer sind winzig, weisen aber ein sehr interessantes Design auf. In der Bar Slippbarinn ist donnerstags immer viel los. Sehr reichhaltiges Frühstücksbuffet.
■ Mýrargata 2, 101 Reykjavík, Tel. 444 40 00, www.icelandairhotels.com, Plan S. 68/69 a2

€€€ | **Reykjavik Treasure B&B** In der historischen Altstadt stehen einige der ältesten Häuser Islands. Das dritt-älteste von Reykjavík, eine ehemalige Bäckerei, ist geschmackvoll zu einem kleinen Gästehaus mit sieben Zimmern umgebaut worden. Die charmante Besitzerin Steinnun sorgt dafür, dass das Frühstück reichlich ausfällt.
■ Fischersund 3, 101 Reykjavík, Tel. 419 28 11, Plan S. 68/69 c3

Reykjanes 84

€€ | **Geo Hotel Grindavík** Neues Hotel mit sauberen Zimmern. Gutes Frühstück. ■ Vikurbraut 58, 240 Grindavík, Tel. 421 40 00, www.geohotel.is

€€ | **Keylir Hotel** Architektonisch schlicht, aber mit sauberen, hellen Zimmern mitten im Ort Keflavík. ■ Hafnargata 37, 230 Keflavík, Tel. 420 98 00, hotelkeilir.is

€€€ | **Northern Light Inn** Zimmer mit Blick aufs rauchende Kraftwerk für mehr als 200 €? So was geht eigentlich nur auf Island. Bei der Blauen Lagune handelt es sich natürlich um ein Geothermalwerk mit sauberer Energie und die schwarze Asche drum herum ist Lava. Shuttleverkehr zum Flughafen. ■ Norðurljósavegur 1, 240 Grindavík, Tel. 426 86 50, www.nli.is

Der Süden – Ein Highlight nach dem anderen

Kathedralen, Stabkirchen und Bauernhöfe aus der Sagazeit zwischen großen Gletschern, Wasserfällen, Lavasträndern und Pferdekoppeln

Abseits der Sehenswürdigkeiten Geysir, Gullfoss, Skálholt und Hveragerði wird das Besucheraufkommen merklich geringer, obwohl sich auch die Wasserfälle von Seljaland und Skógar oder die Lavaklippen bei Vík í Mýrdal großer Beliebtheit erfreuen. Die Westmännerinseln (Vestmannaeyjar) sind nur per Fähre oder kleinem Flugzeug erreichbar.

Ohne lange Anfahrt, nur wenige Kilometer von der Ringstraße entfernt, lassen sich im Süden die Eispanzer des Myrdalsjökull oder Vatnajökull bei Skaftafell bewundern. Ausbrüche mächtiger Vulkane wie Eyjafjallajökull oder Hekla hinterließen Spuren weit über Islands Grenzen hinaus. Gigantisch weite Lavafelder im Eldhraun, inzwischen von Moos bewachsen, die dramatische Thorsmörk, tiefe Canyons und kilometerlange Strände und Sanderflächen können in ihrer Einzigartigkeit kaum anders als »typisch isländisch« bezeichnet werden.

Die Gegend ist gut erschlossen. Viele Straßen sind auch abseits der Ringstraße asphaltiert, anders als in anderen Landesteilen gibt es viele Lebensmittelgeschäfte und Tankstellen.

In diesem Kapitel:

5 Geysir und Gullfoss 96
6 Von Hveragerði bis Hvolsvöllur 99
7 Die Westmänner- inseln 102
8 Skógar 106
9 Vík í Mýrdal 107
10 Eldhraun 109
11 Der Skaftafell-National- park 110
Übernachten 113

ADAC Top Tipps:

Strokkur, Geysir u. Gullfoss
| Geysir |
Der Strokkur schießt zur Freude der Besucher regelmäßig in die Höhe, der schwerfälligere »Geysir« gab allen anderen auf der Welt den Namen. 97

Reynisfjara, Vík y Mýrdal
| Strand |
Hier kann man den Kopf in alle Himmelsrichtungen recken und sieht immer noch Basaltsäulen und Papageientaucher. 108

ADAC Empfehlungen:

 Lavabrot, Laugarvatn
| Kulinarischer Genuss |
Lassen Sie sich frisches Lavabrot geothermal im Vulkansand backen und verzehren Sie es später im Restaurant mit Butter und geräuchertem arktischen Saibling. 96

 Stabkirche, Skálholt
| Kirche |
Der alte Bischofssitz in schöner Lage mit Weitblick. Im Sommer finden in der Domkirche Sommerkonzerte statt. 97

 Herríðarhóll
| Reiterhof |
Bei Renate in Herríðarhóll lernt man die besondere Gangart Tölt und außerdem alles, was das Leben der Bauern ausmacht. 100

 Gaujulundur, Heimaey
| Lava-Garten |
Ein isländisches Ehepaar ließ sich von der vernichtenden Gewalt der Lava nicht abhalten und pflanzte in ihr

einen Garten, kaum, dass der Boden abgekühlt war. 104

 Skógasafn, Skógar
| Museum |
Von Torfsode und Bettbrett bis zum frühen Automobil – in keinem Museum sieht man so viel Traditionelles aus dem Leben der frühen Isländer und kann es auch noch anfassen. 107

 Friedhof, Vík í Mýrdal
| Grabkult |
Im Winter werden die Gräber auf Island bunt erleuchtet – gerade bei einem so idyllisch gelegenen Friedhof wie diesem ist das eine Pracht. 108

5 Geysir und Gullfoss

Wasser in allen seinen Aggregatszuständen

Information

■ Sunnumörk, 810 Hveragerði, Mo–Fr 9–17, Sa–So 12–16 Uhr, www.south.is
■ Parken siehe S. 98

Nach ihm heißen sie alle: Der isländische Geysir, der heute in seiner Sinterterrasse müde blubbert, war mal spritzlebendig und schleuderte das Wasser 70 m in den isländischen Himmel. Das machte ihn so bekannt. Heute rühmen dagegen alle die Ausdauer des kleineren Strokkur, des »Butterfasses«. Zu nah sollte man beiden nicht kommen, denn ihr Wasser ist kochend heiß. Am Gullfoss dagegen bricht sich das eiskalte Schmelzwasser der Hochlandgletscher in zwei spektakulären Fällen in eine enge Schlucht aus Basaltsäulen.

Sehenswert

Lavabrot
| Kulinarischer Genuss |

⑦ *Lavabrot aus dem Vulkansand, dazu geräucherter Fisch*

Täglich um 11.30 Uhr und 14.30 Uhr wird geothermal gebackenes Brot aus

In zwei zueinander versetzt stehenden Stufen stürzt das Wasser den Gullfoss hinab

dem heißen Lavasand am Laugarvatn für Hungrige mit dem Spaten gegraben und noch dampfend mit dem Messer in Stücke geschnitten. Das ist der Augenblick, um es mit geräuchertem arktischen Saibling und frischer Butter zu verspeisen.

■ Hverabraut 1, 840 Laugarvatn, Tel. 486 14 00, www.fontana.is, ISK 1500

Stabkirche
| Kirche |

 Kleine Stabkirche und großer Dom mit feinem Mosaik

Das Schönste im modernen lichtdurchfluteten Dom ist das große Mosaik der Wiederauferstehung Jesu an der Altarwand. Die Künstlerin Nina Tryggvadóttir (gest. 1968) war die Meisterin der frühen abstrakten Kunst in Island und hat die Farben dezent in Pastelltönen gehalten, um an das Zwielicht eines isländischen Morgens zu erinnern. Ein rekonstruierter Tunnel aus dem 13. Jh. führt aus der neuen Kirche ins Freie. Dort wurde eine kleine Stabkirche aufgebaut. Sie duftet noch nach frisch geschlagenem Holz und vermittelt einen guten Eindruck von der Architektur der Frühzeit. Sie erinnert an das 12. Jh., als in Skálholt eine 50 m lange Stabkirche stand.

Skálholt war ursprünglich das religiöse und kulturelle Zentrum des Landes. Am Ort befanden sich ein Kloster und viele wirtschaftliche Betriebe, sodass der Missionar Adam von Bremen es gar die »größte Stadt« der Insel nannte. Bischöfe hatten hier ihren Sitz, doch die Bedeutung sank nach der Reformation, als 1550 die Reliquien des sechsten Bischofs von Skálholt, des heiligen Thorlak, gewaltsam zerstört wurden und Bischof Jón Arason und seinen beiden Söhnen der Kopf abgeschlagen wurde.

■ Biskupstungur, 801 Skálholt, Tel. 486 88 70, www.skalholt.is, tgl. 9–18, So Messen um 11 oder 17 Uhr; Eintritt frei

Strokkur
| Geysir |

 Die springende Heißwasserquelle ist das Wahrzeichen Islands

Seit mehr als 10 000 Jahren schon brodelt es an den Geysiren. 1846 hielt sich der Göttinger Chemiker Robert Bunsen, der Erfinder des nach ihm benannten Bunsenbrenners, am Geysir auf, um das Prinzip der Eruptionen zu erkunden. Damals schleuderte der Geysir das Wasser noch 50 m in die Höhe, heute sprudelt der Geysir dagegen nur selten. Der jüngere Strokkur, das »Butterfass«, hat inzwischen die Aufgabe übernommen, die Besucher mit Eruptionen zu begeistern.

Das Gelände lädt dazu ein, die Kraft des brodelnden Wassers an verschiedenen Stellen zu spüren. Ein Hügel bietet den besten Überblick, am Blesi faszinieren kleine Wasserlöcher mit blauen Farbnuancen und selbst in einem kleinen Wald nahe der Geysire zischt es aus Erdspalten und Fumarolen.

Die Mehrheit der Besucher trifft sich mit gezückter Kamera und Handy am Strokkur. Unregelmäßig, doch spätestens nach etwa 12 Minuten, schießt das Wasser bis zu 30 m in die Höhe, begleitet vom Jubel der Anwesenden. Je nachdem, wie der Wind steht, empfiehlt es sich, nicht da zu stehen, wo die hohe Wasserfontäne wieder zu Boden fällt.

■ Immer geöffnet, Eintritt frei, 840 Bláskógabyggð

Gullfoss
| Wasserfall |

Die Gischt des »goldenen« Wasserfalls verfärbt sich in der Nachmittagssonne. Dann steht oft ein Regenbogen in der Senke oder namengebend auch ein goldenes Flimmern in der Luft. Eine weitere Besonderheit ist die Lage. Der Gullfoss liegt an der Grenze zwischen den bewirtschafteten sattgrünen Wiesen Südislands und der kargen Hochlandwüste mit ihren schneebedeckten Gipfeln. Manchmal preschen von dort staubaufwirbelnde Pferdekarawanen herbei.

Am Fall bricht der Gletscherfluss Hvítá über zwei diagonal versetzte Ebenen in die Tiefe. Der obere ist 11 m hoch, der niedrigere 21 m. Wo genau das Wasser auf den Boden trifft, sieht man nicht, weil die Schlucht 70 m tief und schmal ist und die Gischt zu stark aufwirbelt. So entsteht am Abgrund leicht ein Gefühl des Schwindels.

Fast wäre dieses Naturwunder im späten 19. Jh. in einem Stausee verschwunden. Tómas Tómasson, ein Bauer, dem der Fall gehörte, lehnte ein Kaufgebot ab mit den Worten »Meinen Freund verkaufe ich nicht«. Seine Tochter Sigriður kämpfte ihr Leben lang entschieden für den Erhalt des Wasserfalls. Sie gilt als erste Umweltaktivistin Islands.

Friðheimar
| Gärtnerei |

Wespenvölker aus den Niederlanden übernehmen bei der Züchtung leckerer Tomaten die Hauptarbeit, frisches Quellwasser sorgt für guten Geschmack, hauseigenes CO_2 für schnelles Wachstum. Halbstündige Führungen erklären die Arbeitsprozesse der Tomatenproduktion. Danach gibt es Suppe und Islandpferde streicheln kann man auch. Kein Geheimtipp.

■ Reykholt, Tel. 486 88 94, www.fridheimar.is, tgl. 12–16 Uhr

 Verkehrsmittel

South Coast Passport Der Pass ist 60 Tage gültig und erlaubt beliebig viele Unterbrechungen auf der Strecke von Reykjavík bis zur Gletscherlagune Jökulsárlón und zurück. Erwachsene ISK 19 900, Jugendliche zwischen 10 und 15 J. ISK 9950, Kinder unter 10 J. reisen gratis. ww.icelandbybus.is

 Parken

Auf der oberen Ebene des Wasserfalls gibt es neben dem großen Andenkengeschäft, Toiletten, Cafeteria und Tourist-Information auch viel Platz zum Parken.

Restaurants

€ | Minilik Die gut gewürzte äthiopische Küche regt die Geschmacksnerven an, das Restaurant erfreut sich seit Jahren großer Beliebtheit. Kinderfreundlich, vegane Gerichte. ■ Hrunamannavegur, Fluðir, Tel. 846 97 98, www.minilik.is, Mo, im Winter geschl.

Erlebnisse

Fünfmal über den Sommer verteilt finden Konzerte in der Domkirche von Skálholt statt. ■ Biskupstungur, www.sumartonleikar.is

Entspannung

Fontana Nach dem Aufenthalt in der heißen Dampfsauna, die von einer vulkanischen Quelle direkt unter dem Spa geheizt wird, können Mutige in den Laugarvatn springen. Mit Restaurant. ■ Hverabraut 1, 840 Laugarvatn, Tel. 486 14 00, www.fontana.is, tgl. 10–22 Uhr

6 Von Hveragerði bis Hvolsvöllur

Hier leben Bauern und Pferde im Schatten des tückischen Hekla-Vulkans

Information

■ Sunnumörk, 810 Hveragerði, www.south.is, Mo–Fr 9–17, Sa–So 12–16 Uhr

Sehenswert

Hveragerði
| Geothermalgebiet |
Schon seit 1924 beheizen die Isländer ihre Gewächshäuser erfolgreich mit Erdwärme. Heute werden mehr als

Licht und Wärme in diesen Gewächshäusern stammen direkt aus der Erde

zwei Drittel des Gemüses auf Island mithilfe der Geothermalkraft angebaut. Bei Gurken sind es sogar 99,6 %. Das Zentrum der Industrie ist Hveragerði. Am Rande des Ortes kommen die vulkanischen Kräfte ans Tageslicht. Ein Rundweg erschließt das Gebiet aus Fumarolen und Schlammtöpfen.

■ Tryggvagata 13, in Selfoss. Tel 560 20 50, Mo–Do 9–11 und 17–20, Sa–So 14–16 Uhr

Selfoss
| Verkehrsknotenpunkt |
Selfoss ist die größte Stadt Südislands und Zentrum der Milchindustrie. Der Ölfusá war früher besonders nach Tauwetter ein großes Hindernis für den Austausch von Waren. In Selfoss verengt er sich zu einer 25 m breiten und

ADAC Wussten Sie schon?

Der US-amerikanische **Schachspieler Bobby Fischer** spielte 1972 in Reykjavík gegen Boris Spasski aus der ehemaligen Sowjetunion um den Titel des Weltmeisters im sogenannten Match des Jahrhunderts. Nach einem echten Psychokrimi, bei dem sogar der damalige Außenminister Henry Kissinger den amerikanischen Sportler telefonisch bitten musste weiterzuspielen, gewann Fischer das Turnier.

In der Folgezeit fiel Fischer in den USA aufgrund antiamerikanischer Äußerungen und weil er an einem verbotenen Turnier im damaligen Jugoslawien teilgenommen hatte, in Ungnade. Gegen ihn wurde ein Haftbefehl ausgesprochen. In Island, wo er seinen größten Triumph gefeiert hatte, gewährte man ihm dagegen politisches Asyl und bürgerte ihn ein. 2008 starb er im Landeskrankenhaus in Reykjavík an Nierenversagen und wurde in Selfoss begraben.

9 m tiefen Schlucht. Die aktuelle Brücke stammt von 1945. Da es in Selfoss kaum historisch interessante Gebäude gibt, entstand der Plan, aus Nachbauten ein neues Stadtzentrum zu errichten. So entstand die schmucke kleine Altstadt rekonstruierter Häuser.

Sólheimar
| Öko-Dorf |
Die anthroposophischen Lehren Rudolf Steiners sind Vorbild der »Heimat der Sonne«, eines 1930 gegründeten Dorfes, in dem fast 100 geistig Behinderte und Nichtbehinderte zusammenleben und möglichst nachhaltig arbeiten. Die meisten betätigen sich in Land- oder Forstwirtschaft (jedes Jahr werden Hunderttausende Setzlinge gezüchtet) und im Bauwesen. Besichtigt werden können Kirche, Skulpturengarten, Arboretum und Musikgarten. Das ganze Jahr über finden Kulturveranstaltungen und Workshops statt, auch für Besucher (Keramik, Weben, Kräuterkunde). In der Kunstboutique werden selbst hergestellte Kerzen und Kunstgegenstände verkauft. Zu Sólheimar gehört das Græna Kannan Café und das Sólheimar Gästehaus. Im Sommer immer samstags Konzerte in der Kirche.

■ 801 Selfoss, Tel 422 60 00, www.solheimar.is, tgl. geöffnet

Eyrarbakki
| Fischerdorf |
Heute spielt der Fischfang nicht mehr dieselbe Rolle wie in früheren Zeiten, da die Hafenrinne für große Schiffe zu flach ist. Der Charme vergangener Zeiten aber ist erhalten geblieben. Im Ort gibt es das älteste Holzhaus des Landes, er ist beliebt aufgrund seiner Lage am Meer, der Nähe zu Selfoss und wegen seiner guten Restaurants.

Herríðarhóll
| Reiterhof |

 Reiterferien auf einem isländischen Bauernhof – zweisprachig

Fast wie zu Hause – auf dem Bauernhof Herríðarhóll wird Deutsch gesprochen und isländisch geritten. Renate Hannemann und ihre Familie betreiben ein Gestüt. So ist es ganz einfach, die isländischen Pferde kennenzulernen, im Passgang Tölt zu reiten und nebenbei eine Menge über das Leben auf der

Von Hveragerði bis Hvolsvöllur

Gefällt Ihnen das?

Dann versuchen Sie sich doch auch an anderen Stellen der Insel im Reitsport. Es gibt haufenweise Gelegenheiten hierzu. Wer auf isländischen Pferden reiten möchte, hat die Qual der Wahl. Besonders viele **Reiterhöfe** finden sich in der Umgebung von Hella im Süden und im Norden am Eyrarfjörður, dem Mývatn und bei Hvammstangi. Safari Horse beispielsweise verfügt über ein tolles Gelände, direkt am Mývatn-See. Hier leben großartige, gute und fleißige Pferde mit freundlichem Gemüt. Die Guides vermitteln während des Ausritts gerne Informationen zur Geschichte, Kultur und Geologie der Gegend (www.safarihorserental.com). PólarHestar liegt in traumhafter Umgebung, ist sehr professionell und hat sehr gute Pferde. Der Veranstalter ist spezialisiert auf längere Touren, wie zum Goðafoss oder dem alten Torfsoden-Bauernhof Laufás (S. 94, www.polarhestar.is).

Insel zu erfahren. ■ Herriðarhóll, 851 Hella, Tel. 899 17 59, www.herridarholl.is

Lavacentre
| Vulkanmuseum |

Es sieht friedlich aus auf den satten grünen Weiden um Hvolsvöllur, wenn die Pferde ruhig grasen oder dem Winde still trotzen, doch der Schein trügt – die Bewohner wissen, dass diesem Frieden nicht zu trauen ist. Mal bebt die Erde, denn die Erdkruste, auf der sie ihr Vieh züchten, ist zu dünn. Mal wütet die unberechenbare, weithin sichtbare Hekla (im Isländischen sind alle Vulkane weiblichen Geschlechts). Der 1488 m hohe schneebedeckte Berg ist gefürchtet aufgrund seiner Aschewolken und giftigen Gase. Seit 874 brach die Hekla mehr als 20-mal aus. Das Lavacentre ist der beste Ort, um sich mithilfe von interaktiven Displays und Filmen genauestens über die geologischen Vorgänge im Erdinnern zu informieren.

■ Austurvegur 14, 860 Hvolsvöllur, Tel. 415 52 00, www.lavacentre.is, tgl. 9–19 Uhr

Sagacenter
| Ausstellung |

Die Gegend um Hvolsvöllur ist altes Sagagebiet. Bauernhöfe wie die des nahen Oddi und Hlíðarendi spielen in der Njáls-Saga, einer der berühmtesten Sagas des Landes, eine zentrale Rolle. Im Museum gibt es ein rekonstruiertes Wikinger-Langhaus und ein Modell von Thingvellir, wie es im Jahr 1000 ausgesehen haben könnte. Führungen werden vom Sagacenter angeboten.

■ Hlíðarvegur 14, 860 Hvolsvöllur, Tel. 487 87 81, www.sagatrail.is

 Restaurants

€€ | Fjöruborðið Selbst aus Reykjavík fahren die Leute zum Essen hierher. Exzellenter Fisch, überragende Hummersuppe. ■ Eyrarbraut 3a, 825 Stokkseyri, www.fjorubordid.is, Tel. 483 15 50, 12–21 Uhr

€€ | Gróðurhúsið Ständig schießen neue Foodcourts aus dem Boden, um den Bedarf der Besucher und vieler Einheimischer zu stillen, und nun auch hier. Im Gróðurhúsið Pizza gibt es tolles Eis, Tacos, Burger, Pizza oder Asiatisches. ■ Austurmörk 6, Hveragerdi, Tel. 464 73 36, www.thegreenhouse.is

7 Die Westmännerinseln
Windumtostes Vulkanarchipel, umgeben von rauer See

Die Häuser in Heimaey scheinen sich im Schutz der vorgelagerten Felsen zu ducken

 Information

■ Wer die Tourist-Information nicht besucht, sollte zumindest die Webseite in Anspruch nehmen. Sie hilft beim Buchen der Fährtickets, Inselrundfahrten und Übernachtungen. Rádhúströð, Tel. 481 35 55, www.visitwestmanislands.com, tgl. 9–17 Uhr

Die 15 Westmännerinseln, oder in Originalsprache Vestmannaeyjar, erhielten ihren Namen, weil sie im Gegensatz zur Hauptinsel nicht von Skandinavien aus, sondern von Irland, Schottland oder England aus bevölkert wurden. Viel Platz war auf der heute einzigen bewohnten Insel Heimaey nie, die einzige längere Straße erreicht schon nach 7 km ihren Wendepunkt. Dieser Mangel an Rückzugsmöglichkeiten erwies sich im Laufe der Geschichte mehrfach als fatal. Als am 16. Juli 1672 Sklavenjäger über die Inselbevölkerung herfielen, fehlten die Verstecke. Häuser wurden geplündert, viele Einwohner getötet und einige Hundert Überlebende in die Gefangenschaft gebracht. 1963 bis 1967 konnten die Bewohner Heimaeys noch aus der Entfernung zusehen, wie 15 km von ihrer Insel entfernt ein Vulkan aus der Tiefe des Meeres an die Oberfläche drang, doch 1973 war Heimaey selbst Schauplatz einer Katastrophe. Unvermittelt brach in der Nacht vom 22. auf den 23. Januar der Eldfell aus. Die Men-

Die Westmännerinseln

Plan S. 105

schen hatten gerade noch Zeit, von Schiffen aufs Festland gebracht zu werden. Innerhalb einer Nacht war die Stadt evakuiert.

Die Eruption endete nach sechs Monaten. Die Inseloberfläche war um 20 % angewachsen und der Hafen durch die frische Lava besser geschützt als zuvor. Was die Heimkehrer aber vorfanden, war eine zerstörte Infrastruktur und eine unsichere berufliche Zukunft. Zudem waren 400 der Häuser zerstört. Der Wiederaufbau gelang mit Unterstützung anderer nordischer Länder, doch nicht alle Behausungen konnten wieder bewohnbar gemacht werden.

Ob das Trauma heilte? Die materiellen Spuren der Zerstörung sind jedenfalls an einigen Punkten noch immer erkennbar. Bei einem Spaziergang durch den Ort sieht man von der Lava zerstörte Gebäude im »Pompeji des Nordens«. Ein neues Vulkanmuseum veranschaulicht die Ereignisse. Von den Vulkanen Eldfell und Helgafell aus hat man die beste Sicht auf die Insel.

❶ Stafkirkjan
| Stabkirche |

Der Hafen war immer schon Heimaeys wichtigste Lebensader und Zufluchtsort von Fischerbooten bei Sturm und Unwetter. Ohne den Hafen, dem Arbeitsplatz vieler, die in den Fischfabriken Anstellung finden, könnte Heimaey kaum überleben. Wie abhängig man auf Heimaey vom Hafen ist, wurde 1973 deutlich, als die herabrollende Lava ihn zu zerstören drohte.

Neben dem Skansin, dem Ort einer Befestigungsanlage gegen Piraten aus dänischer Zeit, steht eine kleine Stabkirche, Replik der 1170 erbauten norwegischen Kirche von Holtdålen bei Trondheim; 2000 errichtet, um 1000 Jahre Christentum auf Island zu feiern.

■ Stafkirkjan, Skansvegur 4

❷ Eldheimar
| Museum |

Das Vulkanmuseum informiert eindrucksvoll über die Ereignisse von 1973. Einheimische Zeitzeugen kommen in Videos zu Wort, ausgegrabene Originalgebäude und Fotos veranschaulichen die Katastrophe. Manche dieser Fotos motivieren zu eigenen Entdeckungen außerhalb des Museums. Nicht weit entfernt etwa befindet

7 Die Westmännerinseln

Plan S. 105

Im Blickpunkt

Ein bewegtes Leben

Die berühmteste Frau der Westmännerinseln ist Guðríður Símonardóttir. In Heimaey geboren, führte sie das Leben einer Fischersfrau und Mutter, bis sie eines Nachts im Jahr 1627 mit ihrem Sohn und 240 anderen Inselbewohnern von Piraten nach Nordafrika verschleppt wurde. Das geschah damals nicht selten, sollen doch zwischen 1530 und 1780 mehr als eine Million europäischer Christen nach Marokko und Algerien verschleppt worden sein, um dort versteigert zu werden.

Nach fast zehn Jahren in Gefangenschaft kaufte der dänische König Christian IV. Guðríður in einem Akt christlicher Nächstenliebe frei. Bevor sie nach Island zurückdurfte, musste sie sich allerdings in Dänemark christlich »neu erziehen« lassen. Dafür war der Theologie-Student Hallgrímur Pétursson, der im schleswig-holsteinischen Glückstadt (damals dänisch) gelebt hatte, verantwortlich. Die beiden verliebten sich und bald erwartete sie ein Kind von ihm. Da ihr Ehemann bereits verstorben war, konnte sie den 16 Jahre jüngeren Hallgrímur heiraten und mit ihm nach Island heimkehren. Dort waren viele Isländer irritiert über die zweite Ehe Guðríðurs, schätzten aber die Dichtkunst Hallgrímurs: Seine Passionshymnen werden auf Island noch heute aufgeführt, die Hallgrímskirche in Reykjavík trägt seinen Namen.

sich ein Friedhof mit der Inschrift »Ég Lifi Og þér Munið Lífa«, auf Deutsch: Ich lebe – und du sollst leben. Für die Isländer wurde der Satz zum Überlebensmotto während der Vulkanausbrüche, als weit und breit nur noch dieses Gatter aus der Asche schaute.

■ Gerðisbraut 10, Tel. 488 27 00, www.eldheimar.is, tgl. 9–18 Uhr

Gaujulundur
| Lava-Garten |

 Am Vulkan mitten in der Lava ein kleiner Traumgarten

Nie aufgeben: Erlendur Stefánsson und Guðfinna Ólafsdottir legten 1988, also 15 Jahre nach dem Ausbruch, in einer Mulde der noch dampfenden Eldfell-Lava einen Garten an. Unverdrossen wässerten sie die zarten Pflanzen und räumten Wege im Geröll frei. Inzwischen ist daraus inmitten der Lavawüste ein kleines Paradies geworden. Ein Rundweg macht mit dem Garten vertraut, eine Spende honoriert die Bemühungen. Von der Stabkirche aus landeinwärts, ist ausgeschildert.

Circle Boat tour
| Bootsfahrt |

Die Inselrundfahrt erreicht Vogelfelsen und Basaltsäulenformationen wie den »Elefantenkopf«. Auch wenn es im Hafen ruhig ist, auf offenem Meer kann es ganz schön schaukeln (und kalt werden). In der Vergangenheit kam es immer wieder zu Wetterrekorden, wie im Januar 1990, als die Wellen vor der Küste eine Höhe von 23 m erreichten! Oder wie im Februar 1991, als am Stórhöfði der stärkste Wind Europas gemessen wurde. In der für ihre gute Akustik bekannten Lavahöhle Klettshellir greift manch ein Kapitän zum Saxofon oder singt.

Die Westmännerinseln 7

■ Boote verschiedener Firmen legen am Hafen in Heimaey ab, z. B. Viking Tours, Tel. 488 48 84, www.vikingtours.is

 Erlebnisse

Thjóðhátið
| Konzert |

Die Lage ist eindrucksvoll, die Qualität der Bands legendär: Im August findet in einem Vulkankrater eines der bekanntesten Musikfestivals Islands statt. Drei Tage lang wird kräftig gefeiert, getanzt und getrunken, aber nicht alles Flüssige ist hochprozentig: Manche Familien machen es sich richtig gemütlich und dekorieren ihre Zelte originell mit Teppichen, breiten Betten und einer guten Stube, in der Tee getrunken wird. Viele der etwa 10 000 Besucher campen. Wer das Festival verpasst, kann in der Brauerei The Brothers in der Bárustigur 7 in Heimaey das ganze Jahr über feiern.

■ Das Festival-Ticket beinhaltet die Fähre vom Festland. www.dalurinn.is/en, Plan S. 105 westl. a2

 Verkehrsmittel

Die Überfahrt mit der etwa fünfmal täglich verkehrenden Fähre Herjólfur ab Landeyjahöfn dauert 30 Minuten. Per Flugzeug wird die Insel von Reykjavík oder von Bakki aus erreicht, einem kleinen Flughafen auf dem Festland. www.eimskip.com

 Restaurants

€€€ | **Slippurinn** Gemütliches Restaurant. Die Küche rühmt sich zu Recht

105

ihrer frischen, nachhaltigen und lokalen Zutaten. Auf der abwechslungsreichen Speisekarte dominieren Fischgerichte. Reservierung empfehlenswert.
■ Strandvegur 76, Heimaey, Tel. 481 15 15, www.slippurinn.com, Plan S. 105 b2

8 Skógar

Ganz nah beieinander: Gletscher, alte Bauernhäuser und Lavastrände

Information

■ Tourist-Information: www.south.is, www.visitwestmanislands.com

Selten ist die N1 so aufregend: Die beiden Wasserfälle von Seljaland und Skógar liegen ziemlich nahe an der Ringstraße, das beste Volkskundemuseum der Insel ist gerade mal einen Kilometer davon entfernt. Und wer mag, wandert durch diese dramatische Landschaft zur Gletscherwelt des Mýrdalsjökull.

Sehenswert

Seljalandsfoss
| Wasserfall |
Die Lage macht's. Zum einen ist dieser Wasserfall nahe der viel befahrenen Ringstraße 1 ein willkommenes Ziel für eine Rast. Zum anderen fällt das Schmelzwasser des Eyjafjallajökull in so hohem Bogen 60 m tief von einer Klippe, dass man den Wasserfall auch von hinten sehen kann.

Skógafoss
| Wasserfall |
Früher gestalteten die Brandungswellen die Form der ursprünglichen Küstenlinie. Dann zog sich das Meer zurück, während sich gleichzeitig das Land hob. Heute fällt fünf Kilometer vom Atlantik entfernt das Wasser des Skóga über die Klippen. 60 m hoch ist der Fall und 15 m breit. Hinter dem Wasserfall soll eine Schatztruhe des ersten Siedlers verborgen sein. Der Ring der Truhe wird heute im Skógasafn-Museum ausgestellt.

Ideale Kulisse für eine Fantasy-Verfilmung: der Skógafoss-Fall

Man kann sich dem Fall von vorne nähern, bis es zu nass wird, oder von der Seite auf einer Treppenanlage. Oben angekommen, bietet sich ein weiter Blick auf die Küste, doch der Weg ist noch nicht zu Ende. Jetzt beginnt der Fimmvöðuháls-Wanderweg, der nach einem langen Tagesmarsch Thórsmörk erreicht. Folgt man ihm, sieht man viele andere Schluchten, Wasserfälle und schließlich auch einen ganz besonderen geologischen Ort: Acht Kilometer vom Vulkan des 1651 m hohen Eyjafjallajökull entfernt, brach am 20. März 2010 plötzlich, den Wanderweg kreuzend, eine tiefe Spalte auf. Das war der Beginn einer Serie von Eruptionen, die einen Monat später schließlich Aschewolken in die Atmosphäre dringen ließen und dadurch den Luftverkehr über ganz Europa sechs Tage lang lahmlegten.

Skógasafn

| Museum |

 Unweit des Wasserfalls das beste Volkskundemuseum der Insel

Dieses Volkskundemuseum mit kostbaren Inselschätzen ist der unermüdlichen Initiative des Thórður Tómasson zu verdanken, der Bauern und Fischer aufforderte, alte Gerätschaften für die Nachwelt zu erhalten. Überzeugungskraft und Generosität ließen eine Sammlung von inzwischen 15 000 Einzelstücken mit Torfsodenhäusern, bezaubernder kleiner Kirche sowie Oldtimern entstehen. Höhepunkt: ein Ausstellungsraum mit einem Schiff aus Treibholz. Das Geheimnis der merkwürdig gestrickten Handschuhe erklärt Besuchern gerne ein Angestellter des Museums bei einer Führung.

■ Safnavegur 1, Tel. 487 88 45, www.skogasafn.is, tgl. 9–20 Uhr

9 Vík í Mýrdal

Torbögen, Papageientaucher und Trollfelsen am südlichsten Punkt Islands

 Information

■ Bei der Raststätte N1, im Icewear Shop, Thðdvegur 20, Tel. 585 85 22, tgl. 8–20 Uhr, oder im Internet: www.south.is

Das kleine Vík í Mýrdal ist Islands südlichstes Gemeinwesen. Es trägt auch klimatisch seiner Lage Rechnung, denn nirgends an der Küste ist es wärmer und feuchter als hier. Vík entstand erst, nachdem der Katla-Vulkan vor mehr als 100 Jahren genügend Platz für die Ansiedlung schuf. Zentrum der Ortschaft ist die Tankstelle mit Raststätte und der benachbarte große Shop der Firma Icewear mit Cafeteria.

Das Schönste in Vík findet man nicht im Ort, sondern in der landschaftlich großartigen Umgebung: am Dyrhólaey mit seinen Lavabögen und am Reynisfjara-Strand mit seinen Basaltsäulen.

 Sehenswert

Dyrhólaey

| Felsformation |

Vom 120 m hohen Inselberg aus hat man einen weiten Blick auf Sandstrände aus schwarzer Lava und den Mýrdalsjökull. Der große Torbogen, der dem Felsen den Namen Torhügel-Insel gab, ist am besten vom 1927 erbauten Leuchtturm aus zu sehen. Am kleinen Hafen Kirkjufara führt ein Spaziergang zu einem Aussichtspunkt, von dem man die Lavaformation des Reynisdrangar sehen kann und Papageientaucher, die vom Meer zu ihren Nestern fliegen.

Friedhof
| Grabkult |

 Wird es dunkel, ist die Grabstätte stimmungsvoll erleuchtet

Ziemlich ungewöhnlich als Empfehlung für Besucher in einem Reiseführer: Über dem kleinen Ort erstreckt sich auf einem Hügel ein kleiner Friedhof neben einer Kirche. Das sei der sicherste Ort für die Bewohner von Vík, wenn der gefährliche Katla-Vulkan ausbrechen sollte, behaupten die Vulkanologen.

Im Winter sind die Gräber rot beleuchtet und geschmückt. Das sieht auch anderswo auf Island schön aus, doch wenn der Schnee die Landschaft zwischen schwarzem Lavastrand und Gletscherbergen weiß bepudert oder gar die Polarlichter leuchten, dann gibt es nur wenige Friedhöfe, die so reizvoll liegen wie dieser.

■ Sunnubraut 7

Reynisfjara
| Strand |

 Weiter Kiesstrand mit bizarren Säulen und Felsnadeln aus Basalt

Die 66 m hohen Lavafinger von Reynisdrangar entstanden der Legende nach, als zwei Trolle einen Dreimaster an Land ziehen wollten. Plötzlich brach das Tageslicht durch die Wolken und die beiden Trolle und ihre Beute wurden zu Stein. An Land erhebt sich der Reynisfjall, dessen Flanke von Basaltsäulen durchsetzt ist. Diese wurden von vulkanischen Kräften erst kreuz und quer und dann noch um ihre eigene Achse gedreht. Der Reynisfjara-Strand verlockt zum wildromantischen Spaziergang, aber hier ist Achtung geboten: Die Wellen können sehr heimtückisch sein.

ADAC Wussten Sie schon?

In Island gibt es schon seit vielen Jahrhunderten keinen Krieg mehr, im 20. Jh. aber war es fast so weit: Die drei Kabeljaukriege zwischen 1958 und 1975 brachten die beiden NATO-Staaten Island und Großbritannien gegeneinander auf. Streitpunkt waren **Fischerei-Schutzzonen** und Territorialrechte. Das kleine Island forderte sukzessiv eine 4-, 12-, 50- und schließlich eine 200-Seemeilen-Schutzzone und konnte sich mit Unterstützung der USA gegenüber dem stärkeren Nachbarn durchsetzen. Die Auseinandersetzung forderte ein Menschenleben und machte über Island hinaus Geschichte, denn es ist die Grundlage der noch immer gültigen 200-Seemeilen-Zone. Es ist das einzige Mal, dass ein Konflikt in Island Weltgeschichte schrieb.

Restaurants

€€ | **Suður Vík** Auf einem Hügel mit tollem Blick auf Berge und Meer gelegen. Die Gerichte sind gut, beliebt bei Einheimischen, manchmal gibt es Livemusik. ■ Suðurvegur 1, Tel. 4871515, tgl. 12–22 Uhr

Erlebnisse

Eishöhle Der Besuch einer natürlichen Eishöhle in einem Gletscher ist ein unvergessliches Erlebnis. Das renommierte Unternehmen Katlatrack bietet seit vielen Jahren Touren zu den geheimen Orten im Mýrdals-Gletscher an. ■ Katlatrack, Austurvegur 18, Tel. 849 44 04, www.katlatrack.is

10 Eldhraun

Inselberge und Lavaflächen, die so groß sind wie eine Millionenstadt

Information

■ Tourist-Information Skaftárstofa: 10 Klausturvegur, 880 Kirkjubæjarklaustur, Tel 487 46 20, im Sommer tgl. 9–17 Uhr, www.south.is, es gibt Ausstellungen über Moose und die letzten Ausbrüche des Grimsvötn

Westlich von Kirkjubæjarklaustur erheben sich aus flachen Sanderflächen heraus einsame Inselberge. Dort erstreckt sich Eldhraun, eines der größten Lavafelder der Welt. Der kleine Ort mit etwa 500 Einwohnern ist Ausgangspunkt für schöne Ausflugsfahrten: Von hier geht es zur Laki-Spalte, zur Eldgjá-Schlucht und zum Skaftafell-Nationalpark. Zudem bietet der Ort Reisenden neben einigen Hotels und Restaurants einen Supermarkt, eine Bank, ein Postamt und eine Tankstelle.

Sehenswert

Eldhraun
| Lavafeld |

1783 bedrohte die Lava des Laki-Vulkans Kirkjubæjarklaustur. Jón Steingrimsson, der wortgewaltige Priester des Ortes, hielt daraufhin die Eldmessu ab, die Feuermesse. Damit erreichte er, so wird berichtet, dass die Lava im letzten Augenblick anhielt und den Ort verschonte. Heute sieht man rings um Kirkjubæjarklaustur das Lavafeld Eldhraun. Es ist weltweit das größte Lavafeld aus historischer Zeit, seine Ausmaße sind so groß wie das Bundesland Hamburg oder wie Singapur. Auf der Lava wächst inzwischen bestandsbildend das Zottige Zackenmützenmoos. Man sollte auf den Wegen bleiben, denn es dauert viele Jahre, bis das Moos sich vom Fußtritt erholt.

Fjaðrárgljúfur
| Schlucht |

Die Fjaðrá hat sich im Laufe der Jahre 100 Meter tief und zwei Kilometer lang in den Tuffstein gegraben. Die Schlucht gilt als eine der eindrucksvollsten des Landes. Erreichbar ist sie über die Schotterpiste 206. Am Parkplatz beginnt ein 30-minütiger, gut machbarer Wanderweg.

Kirkjugólf
| Basaltsäulen |

Der »Kirchenboden« erinnert an den Untergrund eines Gottesgebäudes. Tatsächlich entstand die Formation durch heiße Lava, die auf einen Widerstand zufloss und als Basaltsäule abkühlte. In diesem Falle schauen die Säulen kaum aus dem Boden heraus, sondern erinnern an Steinplatten. Die Säulen befinden sich nördlich in unmittelbarer Nähe des Ortes Kirkjubæjarklaustur.

Dverghamrar
| Steinformation |

10 km östlich von Kirkjubæjarklaustur an der Ringstraße liegen die »Klippen der Zwerge«. Ein kurzer markierter Spaziergang vom Parkplatz erschließt eine anmutige Landschaft aus Basaltsäulen, von denen man sich vorstellen kann, dass in ihnen tatsächlich Zwerge und Elfen zu Hause sein könnten. Nur wenige Hundert Meter entfernt fällt am Bauernhof Foss á Siðu ein Wasserfall recht eindrucksvoll von der Klippe ins Tal.

11 Der Skaftafell-Nationalpark

Birken, Blumen und Vögel in unmittelbarer Nähe der Gletscherzungen

 Information

■ Die Tourist-Information in Skaftafell hält alles Wissenswerte über den Park und den Vatnajökull bereit. Ausstellungen im Nationalparkzentrum thematisieren Gletscher, Vulkane und die Geschichte menschlicher Besiedlungen. Angeschlossen sind ein Shop und eine Cafeteria. Tel. 470 83 00, www.vatnajokulsthjodgardur.is, tgl. 9–18 Uhr

Der Kontrast aus Schotterflächen, schwarzer Asche und den Eismassen des Vatnajökull, die von allen Seiten herab in die Ebene strömen, überfordert bisweilen selbst die Panoramaeinstellung der Kameras: Er ist einfach zu groß, zu weit. Dort bilden sich Sandstürme, hier regnet es, da ist ein Regenbogen. Mal leuchtet das Eis im Sonnenschein gleißend auf, dann schiebt sich eine Wolke darüber und macht es dunkelblau, ja schwarz. Auch das ist nicht von Dauer. Im Park wird deutlich, dass die Natur in Island nicht nur einer anderen Farbskala folgt, sondern auch einem eigenen zeitlichen und räumlichen Koordinatensystem.

Die Dynamik des Lichts, der Wolken und des Wetters scheint sich auf das Eis nicht zu übertragen. Träge liegt es in der Landschaft, doch wissenschaftlich gemessen rutscht das Eis mit einer Geschwindigkeit von 1 bis 2 m pro Tag zu Tal. Und manchmal viel schneller: Wenn unter dem Vatnajökull nämlich ein Vulkan ausbricht, dann schmilzt viel Eis in kurzer Zeit. Das entstandene Wasser sucht den Weg in die Ebene, hebt die Gletscher an, läuft darunter hervor und reißt riesige Stücke vom Gletscher mit sich. Die Dynamik dieser sogenannten Gletscherläufe ist verheerend. Als würde jemand Würfel werfen, rollen diese haushohen Eisbrocken über die Schotterflächen, doch gewinnen tut bei diesem Spiel niemand, wenn Brücken einstürzen und Straßen davongespült werden. An einigen Parkplätzen kann man Reste der Zerstörung des Gletscherlaufs von 1996 betrachten. Im Nationalparkzentrum Skaftafell dokumentiert ein Video die Kraft dieses Phänomens.

Eine andere Ausstellung im Zentrum beschäftigt sich mit der Veränderung des nahen Skaftafellsjökull. Auf einem ebenen Spaziergang kommt man nach 45 Minuten dem Gletscher näher, doch der Weg dauert jedes Jahr länger, denn der Gletscher schrumpft, im Augenblick um fast 100 m pro Jahr. Damit steht der Skaftafellsjökull nicht alleine da. Island verliert jedes Jahr 20 km² Eisoberfläche. Hinzu kommt die Landhebung, weil der Druck des Eises nach dem Abschmelzen nicht länger auf dem Land lastet. An manchen

ADAC Wussten Sie schon?

Die längste **Blickachse** der Welt verbindet den 880 m hohen Slættaratindur, den höchsten Berg der Färöerinseln, mit dem 550 km entfernten 2210 m hohen Hvannadalshnúkur, dem höchsten Berg Islands. An besonders klaren Tagen soll es möglich sein, vom einen Berg aus den anderen zu sehen.

Der Skaftafell-Nationalpark

Die Gletscherzunge des Skaftafellsjökull

Stellen hebt Island sich jedes Jahr um fast 4 cm.

Der Skaftafell-Park (2008 in den Vatnajökull-Nationalpark eingegliedert) veranschaulicht Einflüsse des Klimas auf Gletscher, Flora und Fauna. Die Vielfalt der Kontraste ist am besten auf gut ausgeschilderten Wanderwegen zu erfassen. Der Sjónarnípa ermöglicht ein weites Panorama auf die Gletscher; der Weg zum Svartifoss, einem kleinen, von Basaltsäulen umringten Wasserfall, bietet viele Blütenpflanzen und reiches Vogelleben wie Zaunkönige, Rotdrosseln und Goldregenpfeifer. Wer es abenteuerlicher haben möchte, kann sich einige Kilometer südlich einer geführten Wanderung auf das Eis des Svínafellsjökull anschließen oder gar versuchen, den höchsten Wasserfall Islands, den Morsárfoss, zu erreichen. Der ist nur einige Jahre alt, denn erst seitdem sich die Morsár-Gletscherzunge zurückzog, stürzt Schmelzwasser an einer nun frei liegenden Felswand 227 m ab.

In der Umgebung

Öræfajökull
| Vulkanmassiv |

Der Vulkan brach seit der Besiedlung Islands zweimal aus. Die Folgen waren katastrophal für die Bewohner und ihr Vieh. In der Folge des Ausbruchs von 1362, der das Land veröden ließ, wurde der Berg Öræfajökull genannt, der Einödgletscher, und die ganze Umgebung Öræfa, Einöde.

Mit dem Hvannadalshnúkur stellt das Massiv mit 2110 m die höchste Erhebung Islands. An seinem Fuße entstanden neue Siedlungen. Auf vielen der Bauernhöfe kann übernachtet werden. Der kleine Friedhof Litla Hof unmittelbar neben der Ringstraße lohnt einen Besuch.

11 Der Skaftafell-Nationalpark

Ingólfshöfði
| Inselberg |

Ingólfur Arnarson, der erste Siedler Islands, soll im Jahr 874 mit seinem Gefolge nahe einem Hochplateau an Land gegangen sein. Auf dem weithin sichtbaren Plateau Ingólfshöfði ließ er einen Hof errichten. Der Ort war gut gewählt, denn im Winter bot er Schutz und Nahrung durch die vielen Vogelnester und Robbenkolonien. Dennoch zog Ingólfur bald weiter nach Westen, in eine Bucht, wo von heißen Quellen Rauch aufstieg. In der »Rauchbucht« legte er den Grundstein für die spätere Stadt Reykjavík.

Auf dem Inselberg Ingólfshöfði befinden sich Papageientaucherkolonien, Reste von aufgelassenen Gehöften und ein Leuchtfeuer. Die Fahrt dahin erfolgt von der Ringstraße mit einem Traktor durch das Watt.

Erlebnisse

Traktorfahrt durchs Wattenmeer
Zunächst wird man bei einer Fahrt auf dem Traktoranhänger etwas durchgeschüttelt. Dann gilt es, das Plateau zu erklimmen. Schließlich lohnt sich oben angekommen eine 2 km lange Rundwanderung, um den höchsten Berg Islands, die Gletscher von Skaftafell und das Meer zu bewundern. Außer Papageientauchern kann man oft Robben sehen. Die Tour dauert zweieinhalb Stunden und beginnt an der »Ingólfshöfði Check In Hut« nahe der Ringstraße. ■ Tel. 8940894, www.puffintours.is, ISK 9000

Mit diesem Traktoranhänger geht es auf die Insel Ingólfshöfði

Übernachten

Die vielen Sehenswürdigkeiten im Süden, die Nähe zu Reykjavík und der verhältnismäßig gute Ausbau der Straßen veranlassen viele Besucher, diese Region aufzusuchen. Auch der hohen Preise wegen ist es empfehlenswert, vorab die Unterkunft zu reservieren. Die meisten Hotels sind sehr funktional eingerichtet und dennoch nicht preiswert.

Geysir und Gullfoss 96

€€ | **Efstidalur II** Einfaches Hotel auf einem Bauernhof, wo Kühe und Pferde gehalten werden. Mit Letzteren können Ausritte unternommen werden. Im Hot Pot kann man sich aufwärmen und die anderen Gäste kennenlernen. Kinderfreundlich.
■ Efstidalur II, 801 Bláskógabyggð, Tel. 486 11 86, www.efstidalur.is

Von Hveragerði bis Hvolsvöllur 99

€€ | **Hótel Lækur** Familiengeführtes Hotel mit sauberen Zimmern und Hot Pots auf einem Islandpferdehof in schöner Umgebung, ganzjährig geöffnet, mit Restaurantbetrieb im Sommer. 10 Minuten von Hella und 25 Fahrminuten vom Skógafoss entfernt.
■ Hroarslækur, 851 Hella, Tel. 466 39 30, www.hotellaekur.is

Westmännerinseln 102

€ | **Guesthouse Sunnuhóll** Einfache Zimmer, auch Schlafsäle. Guter Ort, um andere Traveller kennenzulernen.
■ Vestmannabraut 28, 900 Heimaey, Tel. 481 29 00, www.hostel.is, Plan S. 105 c2
€€ | **Hotel Eyjar** Zentral gelegenes Hotel neben der Tourist-Information, der Buchhandlung Eymundsson und einem Café. ■ Bárustígur 2, Tel. 481 36 36, 900 Heimaey, Plan S. 105 c2

Vík í Mýrdal 107

€€ | **Hotel Katla Keahotels** Eines der ersten Bauernhofhotels Islands, inzwischen mit vielen funktionalen Anbauten, Hot Pots und schmackhaftem Dinner-Buffet. Zwischen dem Hotel und der Ringstraße erstreckt sich ein kleiner Wald aus Weiden. Er ist das Resultat einer Aufforstungskampagne, an der sich über viele Jahre hinweg Übernachtungsgäste tatkräftig beteiligten. ■ Höfðabrekka, 871 Vík, Tel. 487 12 08, www.Keahotels.is/hotel-katla
€€€ | **Hotel Kria** Zentrale Lage, modernes Ambiente, mit gutem Restaurant Drangar. ■ Sléttuvegur 1–5, 870 Vík, Tel. 416 21 00, www.hotelkria.is

Skaftafell 110

€€€ | **Hótel Skaftafell** Das Beste an diesem Hotel ist die Nähe zu den Sehenswürdigkeiten von Skaftafell und Jökulsárlón sowie der Blick auf die umliegenden Gletscher und den höchsten Berg Islands.
■ Skaftafelli 2 Freysnesi, 785 Öræfi, Tel. 478 19 45, www.hotelskaftafell.is

Der Osten – Kleine Dörfer und gewaltige Natur

Östlich der Gletscherlagune Jökulsárlón leert sich Islands Ringstraße. Ein Grund mehr, die Ostfjorde zu erleben

Bei einer Fahrt durch die Ostfjorde wechseln hoch aufgeschichtete Berge, dünn besiedelte Fjordtäler und eindrucksvolle Wasserfälle einander in schneller Folge ab. Kolonien von Singschwänen bevölkern die Lagunen, bunt gefiederte Sterntaucher brüten auf den Schäreninseln und Herden von Rentieren kommen im Sommer auf der Suche nach frischem Grün vom Hochland herab an die Küste. Von der Straße aus lassen sie sich mit etwas Glück beobachten, Schafe sieht man überall. Liebevoll restaurierte Holzhäuser, kleine Gotteshäuser, die nahe einer Elfenburg errichtet wurden, und Museen laden dazu ein, die Vergangenheit des Ostens und Nordostens zu erspüren.

Dabei wird deutlich: Es sind besonders die Isländer selbst, die ihre kleinen Orte so sehenswert machen. Hier sammelt jemand bunte Steine und stellt sie in einem Museum aus, dort meißelt ein anderer aus Urgestein gewaltige Vogeleier. Ein Dritter sucht Flussungeheuer, legt einen Wald an oder schreibt überraschende Geschichten über das Mittelalter. Die Ostfjorde sind groß genug, dass jeder darin seinen Platz finden kann.

In diesem Kapitel:

- **12 Jökulsárlón** 116
- **13 Höfn** 117
- **14 Djúpivogur** 119
- **15 Südliche Ostfjorde** 121
- **16 Egilsstaðir** 122
- **17 Seyðisfjörður** 125
- **18 Borgarfjörður Eystri** ... 126
- **19 Möðrudalur** 127
- **Übernachten** 128

ADAC Top Tipps:

Die Eisberge von Jökulsárlón
| Eislagune |
Vor der grandiosen Kulisse der Gletscherzungen des Vatnajökull kalben Eisberge in eine Lagune. Dann verschwinden sie im Meer. 116

ADAC Empfehlungen:

Pakkhús, Höfn
| Restaurant |
Hummer vom Feinsten, danach dann noch eins der sehr originellen Desserts. 119

Klausturkaffi, Egilsstaðir
| Restaurant |
Frische Speisen auf der Terrasse eines Literatenhauses genießen. 124

Borgarfjörður Eystri
| Landschaft |
Hier erheben sich Torfsodenhäuser, Holzkirchen und Elfenburgen. Viele Papageientaucher nennen den Ort ihr Zuhause. 126

Mödruðalur
| Landschaft |
Der höchstgelegene Bauernhof und schönste Berg Islands. 127

12 Jökulsárlón

Filmreif: lila Eisspalten, knackende Gletscherzungen und Eisberge

Information

■ Tourist-Information: Fiskislóð 77, 101 Reykjavík, Tel. 517 82 90, www.tour.is

Man weiß nicht, wo man zuerst hinschauen soll. Bei der Fahrt über die Betonbrücke, die sich seit über 50 Jahren über die Eislagune des Jökulsá-Flusses spannt und so den Süden und Osten Islands verbindet, sieht man auf der einen Seite Eisberge auf schwarzem Lavasand, die von der Brandung des Meeres umspült werden, und auf der anderen eine türkisfarbene Lagune. Als hätten Eisberge ein eigenes Leben, brechen sie dort erst vom Gletscher in den See, driften etwas, drehen sich im Kreis, tauchen ab und werden trotzdem am Ende vom Meer zerstückelt.

An der Jökulsárlón tummeln sich neben Zweibeinern noch Robben, Myriaden von Küstenseeschwalben und öfters auch Filmproduktionsgesellschaften, die vor dieser Kulisse bereits zwei James-Bond-Filme, viele Werbefilme sowie mehrere Episoden von »Game of Thrones« gedreht haben. An der bis zu 250 m tiefen Eislagune zeigt sich Island besonders fotogen, wobei auch wolkenverhangene Tage ihren Reiz haben. Manchmal leuchten die Eisberge bei diffusem Licht noch intensiver und gewinnen optisch an Plastizität. Das Schauspiel aus Wasser und Eis lässt sich per Amphibienfahrzeug oder zu Fuß erleben. Näher kommt man der Abbruchkante des Gletschers bei Fahrten mit Gummischlauchbooten, die als Zodiac Tours angeboten werden.

Sehenswert

Diamond Beach
| Eisberge am Strand |
Am Ausfluss der Jökulsárlón-Lagune neben der Brücke driften Eisberge ins Meer. Andere werden von der Brandung zurückgeworfen und tauen im schwarzen Lavasand.

Zodiakfahrt
| Naturerlebnis |
Bei der knapp einstündigen Fahrt mit Zodiaks auf der Jökulsárlón-Eislagune und der weiter westlich gelegenen, ursprünglicheren Fjallsárlón kommt man den mächtigen Eismassen sehr nahe. Zur Abbruchkante der Gletscher wird ein Sicherheitsabstand eingehalten. Dicke Jacken werden gestellt, Gummihosen können zusätzlich gemietet werden. Manche der Anbieter brechen ein Stück Eis ab, um ihren Gästen einen Whiskey on the rocks anzubieten. Wann genau der Schnee fiel, der später zu Eis wurde, ist Spekulation. Bei zwischen 300 bis 500 Jahren kommt man der Wahrheit recht nahe.

ADAC Mobil

Werden Sie beim Anblick eines Super-Jeeps schwach? Dann bietet der Südosten des Vatnajökull ideale Möglichkeiten für eine **Exkursion** mit einem solchen Ungetüm. Von März bis Oktober bietet Glacierjeeps Fahrten auf das Eis an mit Super-Jeeps und Snowmobilen. Treffpunkt ist das Vagnsstaðir Hostel an der Kreuzung der Ringstraße N1 und der F985.
Tel. 478 10 00, www.glacierjeeps.is

■ Jökulsárlón Ice Lagoon Zodiac Boat Tours, Tel. 478 22 22, www.icelagoon.is Fjallsárlón Iceberg Boat Tours, Reservierungen vor Ort oder www.fjallsarlon.is

 Restaurants

€€ | Fjallsárlón Frost Restaurant Hier erwartet hungrige Besucher ein Buffet oder Kaffee und Kuchen. ■ Hof 1 Eystri Bær, 785 Öræfi, Tel. 666 80 06, www.fjallsarlon.is, tgl. 10–17 Uhr, Mitte Nov.–Ende Feb. geschl.

€€ | Thórbergssetur Museum Restaurant Hier werden außergewöhnliche Gerichte mit Zutaten vom eigenen Bauernhof kreiert. ■ Hali, 781 Höfn í Hornafirði, Tel. 867 29 00

13 Höfn

Zentrum der Hummerfischerei, umgeben von Wasser und Schäreninseln

 Information

■ Tourist-Information: Hafnarbraut 30, 780 Höfn, Tel. 479 15 00, www.visithofn.is

Inmitten einer glazial abgeschliffenen Inselwelt mit zahlreichen seichten Buchten und dem einzigen Watt Islands, das mit Schiffen befahrbar ist, liegt Höfn í Hornafirði, kurz Höfn, der »Hafen im Hornfjord«. Bekannt ist die kleine Ortschaft mit ihren 2000 Einwohnern für Restaurants, die den besten Hummer der Insel servieren, für Flugpioniere, die in den 1920er-Jahren in dieser Gegend einen wichtigen Zwischenstopp für Flüge zwischen Nordamerika und Europa einrichten wollten, für den pittoresken Hafen mit seiner Fischfabrik und zu guter Letzt für Spaziergänge auf der reizenden Halbinsel Ósland, wo im Sommer viele Vögel brüten. Aus der Mitte dieser Halbinsel erhebt sich weithin sichtbar eine Skulptur zu Ehren der Fischer und ihrer Familien.

Am Diamond Beach mit seinem schwarzen Sand landen ständig Eisbrocken an

 Sehenswert

Besucherzentrum Nationalpark
| Ausstellung |
In einem der ältesten Gebäude von Höfn, dem alten Kramladen Gamlabúð, wurde das Besucherzentrum über den Vatnajökull-Nationalpark, die Vogelwelt und einige kulturelle Traditionen eingerichtet.
■ Heppuvegur 1, Tel. 470 83 30, www.vjp.is, tgl. 9–17, im Mai und Sept. bis 18, Juni–Aug. bis 19 Uhr

Im Blickpunkt

Germanische Götterwelt

In der Völuspá, dem bedeutendsten Gedicht des nordischen Mittelalters, prophezeit die Seherin Völva, wie die Welt entstand und wie sie untergehen wird: Am Anfang war nur Leere in Ginnungagap, der »gähnenden Schlucht« zwischen dem eisigen Niflheim im Norden und dem heißen Muspellheim im Süden. Da, wo sich diese Gegensätze berühren, entsteht Leben in Form der Kuh Audhumbla und Urgewalt, personifiziert als Ymir, der Riese. Ymirs Sohn Börr zeugt mit der Riesentochter Bestla drei Söhne, einer von ihnen ist Wotan, oder nordeuropäisch: Odin. Zusammen mit seinen Geschwistern tötet Wotan den Großvater Ymir und erschafft aus dessen Körper die Welt, wie wir sie kennen: Aus dem Fleisch wird Erde, aus dem Blut das Wasser und aus der Schädeldecke der Himmel. Außerdem bilden die drei den Midgard-Wall, der das chaotische Außen (Utgard) vom friedlichen Innen (Midgard) trennen soll. Eines Tages spazieren die drei Geschwister an einem Ufer entlang und finden zwei Stücke Treibholz. Aus Eschen- und Ulmenholz schnitzen sie Mann und Frau. Wotan haucht ihnen den Atem (Odem) ein.

Das Geschlecht der Asen kennt vor allem drei Götter: Der weise, einäugige Wotan reitet schnell auf dem achtbeinigen Pferd Sleipnir und wird von zwei Raben begleitet, dem Raben des Gedankens und dem des Gedächtnisses. Sein Sohn Donar (Thor) schwingt kraftvoll den Hammer Mjölnir, und Loki, halb Riese, halb Gott, verfügt über besondere magische Eigenschaften.

Die Götter bewohnen Asgard. Dieser Ort befindet sich in der Baumkrone der heiligen Esche Yggdrasil. Am Fuße des Baumes leben die Menschen. Unter dem Baum befindet sich die Quelle Urd. Dort schnitzen die drei Nornen Urd (Schicksal), Verdandi (Zukunft) und Skuld (das, was sein soll) der Menschen Bestimmung. Noch tiefer liegt Hel, die Hölle. Manche Isländer glauben, dass der Vulkan Hekla der Eingang zu dieser Hölle ist.

Immer wieder kommt es zu Auseinandersetzungen zwischen Götterfamilien, Riesen und Zwergen, doch die Asen wachen über die Schöpfung. Erst als Loki bei einem Zielschießen den gutmütigen Gott Baldur töten lässt, ist das Ende unvermeidlich. Ragnarök, die Götterdämmerung, bricht heran, der Midgard-Wall löst sich auf, das Chaos bricht ein, es ist »Beilzeit«, »Schwertzeit«, »Wolfszeit«. Schließlich brennt der Baum Yggdrasil, die Welt geht unter – entsteht jedoch bald schon wieder neu. Baldur wird wiederbelebt, schafft neue Satzungen und begründet ein neues Goldenes Zeitalter für Götter und Menschen.

Events

Hummerfest Beim Humarhatið-Festival dreht sich alles um eine beliebte maritime Delikatesse: den Hummer. Es findet am ersten Wochenende im Juli statt.

In der Umgebung

Stokksnes
| Landschaft |

Auf der Landzunge Stokksnes hilft ein Leuchtturm Schiffen bei der Navigation, Holzskulpturen erinnern an die germanische Vergangenheit und eine Radarstation überwacht den Luftverkehr der Insel. Mit etwas Glück lassen sich auf den Felsen Seehunde beobachten. Das Panorama dieser Landschaft wird von zwei markanten Bergspitzen beherrscht, dem Eystrahorn (716 m) und dem Vesturhorn (757 m). Sie sind Reste einer alten Caldera, die ursprünglich die ganze Bucht ausfüllte.

Restaurants

€€ | Birki Restaurant Beliebtes kleines Restaurant, guter Fisch und Hummer.
■ Hafnarbraut 4, Tel. 478 12 00, birkirestaurant.is, tgl. 12–21 Uhr

€€ | Pakkhús Neben exzellentem Fisch und Hummer glänzt die Küche dieses Restaurants vor allem mit kreativen Desserts: Probieren Sie in gemütlichem Ambiente den Skyr Volcano oder die Crème Brûlée mit Lakritzgeschmack. Reservierungen werden nicht angenommen, es lohnt sich also, rechtzeitig zu erscheinen. ■ Am Hafen, Krosseyjarvegi 3, Tel. 478 22 80, www.pakkhus.is, tgl. 17–21 Uhr

14 Djúpivogur

Viel Kunst im öffentlichen Raum und Nistplätze des Sterntauchervogels

Information

■ Tourist-Information: www.djupivogur.is
■ Parken siehe S. 120

Der »tiefe Hafen« dieses auf einer Halbinsel gelegenen Dorfs war Schauplatz vieler Sagas. Während der Hansezeit trieben Kaufleute aus Nordeuropa mit dem Küstenstrich Handel, wovon noch heute das rot gestrichene Langabuð-Museum am Hafen zeugt. Kürzlich siedelten sich einige Künstler im Ort an und stellten ihre Werke in den Vorgärten aus. Vor einigen Jahren wurde das Dorf als erste isländische Cittàslow gewürdigt, eine Auszeichnung, für die sich die Einwohner Djúpivogurs nicht sehr anstrengen mussten. Sie mussten nur so bleiben, wie sie schon seit Langem waren: entspannt.

Sehenswert

Langabuð
| Museum |

Das mehr als 200 Jahre alte Handelshaus am kleinen Hafen geht auf die Hanse zurück. Im Innern befinden sich Ausstellungen zur Geschichte des Fjords und seiner Bewohner.
■ Bakki, Tel. 478 82 20, www.sagatrail.is, tgl. außer Mi 10–18 Uhr

Eggin í Gleðivík
| Skulpturen |

Sigurður Gudmunðson kam auf die Idee, Vogeleier überdimensional in Stein nachzubilden. Da Island zwar von Millionen von Vögeln besucht wird,

Djúpivogur

ADAC Mittendrin

Auf der **Halbinsel Bóndavarda** bei Djúpivogur bleibt man im Sommer nie allein. Die brütenden Küstenseeschwalben, lateinisch Sterna paradisaea und isländisch kría (ein Wort, das zu Recht verwandt ist mit dem englischen to cry = schreien, weinen), sind die Weltmeister der Lüfte. Sie legen bis zu 80 000 km im Jahr, weit mehr als jeder andere Vogel, auf ihren Wanderungen zwischen der Arktis und Antarktis zurück, werden bis zu 15 Jahre alt und mögen es überhaupt nicht, wenn man nur daran denkt, ihren Nestern näher zu kommen. Haben sie es einmal auf einen Wanderer abgesehen, beginnen sie infernalisch zu schreien und aggressiv auf den Eindringling herabzustürzen. Da hilft es nur, den Kopf einzuziehen und sofort den Rückzug anzutreten.

 Parken

Am Langabúð Museum oder vor dem Hotel Framtið.

 Restaurants

€€ | **Havari Farm** Teilweise vegane Speisen. Einige Male im Jahr gibt es abends Livemusik, am Fjord Berufjörður auf einem Bauernhof gelegen. ■ Tel. 842 18 08, www.havari.is

€€ | **Hotel Framtið** Gemütliches Ambiente, leckeres Essen. ■ Am Hafen, Vogaland 4, Tel. 478 88 87, www.hotelframtid.com

 Cafés

€ | **Langabúð Museum Café** Kaffee und Kuchen in einem restaurierten alten Lagerhaus, außerdem gibt es Fischsuppe und kleine Snacks. ■ Am Hafen von Djúpivogur, Tel. 478 82 20, tgl. außer Mi 10–18 Uhr

aber nur von wenigen Arten zum Brüten genutzt wird, reichte die kurze Kaimauer am Hafen Gleðivík, um jeder Vogelart Islands großzügig Raum zu lassen. Ein Ei ist dabei viel größer als alle anderen: Das des Sterntauchers, isländisch lómur, der auf den Wiesen Djúpivogurs brütet.

Fossá
| Wasserfall |

Auf der Westseite des Inneren Berufjörður fällt der Fossá-Fluss durch eine schmale Schlucht dem Meer entgegen. In der Nähe des unteren Parkplatzes kann man Zeolithe finden, helle Kristalle, die wie ein Fächer angeordnet sind. Leider darf man sie nicht mitnehmen.

 In der Umgebung

Papey
| Insel |

Island war schon vor den Wikingern besiedelt. In der Nähe von Djúpivogur fand man auf dem Bauernhof Bragðavellir römische Münzen des 3. nachchristlichen Jh. und auf der Insel Papey sollen im 6. Jh. irische Mönche gelebt haben. Heute ist die Insel bis auf die vielen Eiderenten und Papageientaucher unbewohnt. Auf Papey steht die älteste Holzkirche Islands. Vor Kurzem wurde die einzige Schiffsverbindung aufgrund von Sicherheitsmängeln eingestellt. Aktualisierte Informationen, wie die Insel zu besuchen ist, finden sich auf der Webseite www.east.is

15 Südliche Ostfjorde

Tief ins Land eingeschnittene Fjorde, jeder Ort hat seine Geschichte

Information

■ Die Zentrale für den Tourismus im Osten Islands befindet sich in Miðvangur 1–3, 700 Egilsstaðir, Tel. 471 23 20, www.east.is. Die Webseite informiert über die Öffnungszeiten im Laufe des Jahres, im Sommer Mo–Di, Do–Fr 8–18.30, Mi 8.30–20, Sa 10–16, So 13–18 Uhr

Der Osten Islands ist der älteste Teil Islands. Millionen von Jahren prägten Eis, Wasser und Wind die Landschaft und ließen schroffe Bergwelten und flache Inselarchipele entstehen. Manche Gehöfte werden seit mehr als 1000 Jahren bewirtschaftet, während einige der Dörfer nur in den Jahreszeiten, in denen der Fischfang blühte, bewohnt wurden. Im Gegensatz zu anderen Gebieten der Insel war es hier, von Schneelawinen abgesehen, weniger die gewaltige Natur, die den Menschen zusetzte, als Pestepidemien und Piratenangriffe. Heute leben die Einwohner vom Dienstleistungssektor, dem Fischfang, der Bauwirtschaft oder der Aluminiumherstellung.

Sehenswert

Petra-Museum in Stöðvarfjörður

| Stein-Sammlung |

Der Osten Islands ist bekannt für Zeolith-Kristalle, dem geheimnisvollen Islandfeldspat, der früher nach Europa exportiert wurde, und Jaspis, der in allen Regenbogenfarben leuchten kann. Niemand sammelte diese Steine so emsig wie Petra. Aus ihrer lebenslangen Leidenschaft, schwere Stücke von Wanderungen im unwegsamen Gelände mit nach Hause zu schleppen, wurde ein Museum, wo man die schönsten Steine bewundern und sich in einem Café an Waffeln satt essen kann.

■ Steinasafn Petru, Fjarðarbraut 21, Tel. 475 88 34, www.steinapetra.is, im Sommer tgl. 9–18 Uhr, ISK 1500

Fáskrúðsfjörður

| Friedhof |

Hunderte von Kabeljaufischern aus St. Malo im Norden Frankreichs verbrachten vor weniger als einem Jahrhundert noch jeden Sommer in diesem Fjord. Nicht alle kehrten heim, wie der im Osten des Dorfes einsam am Fjord gelegene Friedhof der französischen Fischer und Seeleute beweist oder die sehr informative Multimedia-Ausstellung des Französischen Museums im Ort.

Der Ort, dessen Straßenschilder auf Isländisch und Französisch verfasst sind, erinnert sich der Verbindung zu Frankreich besonders innig am französischen Nationalfeiertag, wenn der Botschafter aus Reykjavík kommt, überall die Trikolore weht und der »Islandfischer« von Pierre Loti vorgetragen wird, eine zu Herzen gehende Liebesgeschichte im rauen Nordatlantik. Ist dann die Fischfabrik in Betrieb, mischt sich der Geruch der Meerestiere mit dem Duft frischer Crêpes.

■ Hafnargata 2, 730 Fjarðabyggð, Tel. 475 11 70, www.visitfjardabyggd.is, tgl. 10–18 Uhr im Sommer

Reyðarfjörður

| Aluminiumwerk |

Unvermittelt erstreckt sich neben der Straße eine fast 2 km lange Industrieanlage. Sie dient der Herstellung von

15 Südliche Ostfjorde

ADAC Spartipp

Kein Isländer würde auf die Idee kommen, Wasser im Supermarkt zu kaufen, denn das qualitativ beste Trinkwasser kommt aus dem Wasserhahn. Im Restaurant gibt es immer **Leitungswasser** (englisch: tap water), in der Regel steht es ohnehin schon auf dem Tisch. Am besten also: eine mitgebrachte Wasserflasche (z. B. nicht aus Plastik) bei jeder Gelegenheit neu auffüllen. Das ist gesünder für einen selbst und für die Umwelt auch.

Aluminium. Das Grundmaterial Bauxit stammt nicht aus Island, sondern wird von weit entfernt hierhertransportiert. Wirtschaftlich entscheidend bei der Aluminiumschmelze ist preiswerter Strom. Den hat Island in Hülle und Fülle, wenn im Hochland malerische Schluchten wie die von Dimmugljúfur in einem Stausee versinken und die Energie über viele Hunderte von Kilometern nach Reyðarfjörður geleitet wird.

Neskaupstaður
| Ortsbild |

Hoch über Neskaupstaður liegt ein kleines Skigebiet. Schnee fällt hier oft, doch leider kommt es auch immer wieder zu Lawinenabgängen. Nes, wie die Isländer den Ort nennen, wird deshalb durch eine große Lawinenverbauung geschützt. Der Ort wurde erst in den 1970er-Jahren durch einen ersten Tunnel mit dem Rest Islands verbunden. Die Einheimischen blieben den großen Parteien im Land gegenüber skeptisch gestimmt und wählten traditionell die Kommunisten. Noch heute hängen im öffentlichen Schwimmbad zwei Uhren nebeneinander: Eine zeigt die isländische, eine die Moskauer Zeit.

 Restaurants

€€ | **Café Kosy** Gemütlich ist es, das Café Kosy, und gut essen und trinken kann man auch. ■ Ægisgata, Reyðarfjörður, Tel. 474 16 66

€€ | **Egilsbúð** Das angesagte Pub/Café/Restaurant serviert Fast Food, Fisch und Pizza. ■ Egilsbraut 1, Neskaupstaður, Tel. 477 11 88

16 Egilsstaðir

In einem sanften Tal entstand eine moderne Boomtown

 Information

■ Tourist-Information: Miðvangur 1–3, 700 Egilsstaðir, Tel. 471 23 20, www.east.is

Der Ort Egilsstaðir ist neuen Ursprungs und, von einem Volkskundemuseum abgesehen, ohne viele Sehenswürdigkeiten und dient den Urlaubern hauptsächlich als Zwischenstopp. Sie halten an, um einzukaufen, zu tanken, ein Softeis in der Raststätte zu essen und dann möglichst schnell weiterzufahren. Interessant ist das Fljótsdalur, die Umgebung des 35 km langen, 3 km breiten und bis zu 110 m tiefen Lögurinn-Sees. Durch den See fließt ein Fluss. Wissenschaftler behaupten, dass dieser Fluss bei bestimmten Windverhältnissen in der Seemitte Wellen bildet, die dem Rücken eines Drachen gleichen. Einige Isländer sehen das anders. Sie glauben an den Lagerfljótsormur, den »Seewurm«, der Gold bewacht. An den Ufern des Lögurinn befinden sich die größten Waldgebiete der Insel, wunderschöne Wasserfälle und kulturelle Schätze.

Sehenswert

Volkskundemuseum
| Ausstellung |
Das Ostisländische Volkskundemuseum in Egilsstaðir besticht durch ein traditionelles Wohnzimmer, eine Ausstellung über Rentiere und das Grab eines Mannes, der im Jahr 980 zusammen mit seinem Pferd und persönlichen Gegenständen beigesetzt wurde.

■ Laufskógar 1, Tel. 471 14 12, www.minjasafn.is/english, Juni–Aug. tgl. 10–18, Sept.–Mai tgl. 11–16 Uhr, ISK 1200, Kinder unter 17 J. gratis

Litlanesfoss und Hengifoss
| Wasserfälle |
Auf der westlichen Seite des Sees erreichen Wanderer nach einer halben Stunde die Basaltsäulen des Litlanesfoss und bald darauf den Kessel des 120 m hohen Hengifoss, der vor einer Wand leuchtend roter Gesteinsbänder in die Tiefe stürzt.

Skriðuklaustur
| Museum |
Der Schriftsteller Gunnar Gunnarson, in Deutschland vor allem bekannt geworden durch seine dramatische Weihnachtsgeschichte »Advent im Hochgebirge«, verbrachte einige Jahre auf diesem Hof. Im Haupthaus dokumentiert ein Museum seinen Lebensweg. Im Mittelalter stand an dieser Stelle ein Kloster. In der Wiese unterhalb des Museums wurden einige Ruinen freigelegt. Im nahen Informationszentrum Snæfellsstofa werden die Naturgeschichte des Vatnajökull-Nationalparks und das Leben von Rentieren und Polarfüchsen erläutert.

■ Tel. 471 29 90, www.skriduklaustur.is, Juni–Aug. tgl. 10–18, Mai und Sept. tgl. 11–17, April und 1.–15. Okt. tgl. 12–16 Uhr

Kein Geringerer als der Vatnajökull speist den Lögurinn-Gletschersee

Valþjófsstaður
| Architektur |

Die von außen unscheinbare Kirche steht auf altem Grund. Bereits im Mittelalter kamen hier die Bauern, Knechte und Mägde zum Gottesdienst. Aus dem 13. Jh. erhalten blieb eine Holztür mit Reliefdarstellungen, der wichtigste religiöse Schatz Islands. Das Original befindet sich im Nationalmuseum in Reykjavík, aber die Kopie ist gut gelungen und verdeutlicht das Nebeneinander von germanischer Götterwelt und Christentum. Im unteren Teil der Tür windet sich ein vierteiliger Lindwurm, dessen Leibesform einer Swastika ähnelt, einem wichtigen Symbol indogermanischer Religionen. Im oberen Kreis reitet der höchste Gott Wotan von Raben begleitet zu einer Stabkirche mit kleinem Kreuz. Noch existieren nordische und christliche Bräuche nebeneinander, doch der Triumph des Christentums kündigt sich an.

■ Tgl. 10–17 Uhr, gratis

Hallormsstaður
| Wald |

1907 wurde der Forst mit mehr als 50 verschiedenen Baumarten angelegt. Inzwischen ist der größte Baum eine 22 m hohe Lärche. Vom Hallormsstaður Hotel (Skogarlönd 3) aus schlängeln sich viele Wege durch den Wald zu Aussichtspunkten über dem See.

Stuðlagil
| Schlucht |

Wenn der Mensch in die Natur eingreift, ist das Ergebnis nur selten, dass die Landschaft dadurch schöner wird, als sie vorher war. Im Osten Islands wurde ein Schmelzwasserfluss für das gigantische Wasserkraftwerk Kárahnjúkavirkjun aufgestaut. Dadurch entstand ein riesiger See und unterhalb des Kraftwerks ein Flussbett, das nun nicht mehr von Massen grauen Gletscherwassers durchflossen wird, sondern von türkisfarbenem Regenwasser. Dadurch sank auch der Wasserstand, der jetzt so niedrig ist, dass die zuvor verborgenen Wände von Basaltsäulen freigelegt wurden. Sie sind eine der schönsten Formationen im Land. Stuðlagil ist ab Egilsstaður mit dem Fahrzeug in einer Stunde zu erreichen, wenn in Skjödólfsstaðir an der Ringstraße N1 nach Süden auf die F923 zum Bauernhof Grund abgebogen wird. Der Großteil der Strecke ist asphaltiert, das letzte Stück ist eine Schotterpiste. Nach 19 km ist ein Parkplatz erreicht. Ein kurzer Weg führt zum Canyon, der Abhang ist nicht gesichert.

■ Vom 1. Mai bis 10. Juni brüten geschützte Kurzschnabelgänse in der Schlucht. Manche Wege sind dann gesperrt.

Restaurants

 €€ | **Klausturkaffi** Schmackhaftes Mittagsbuffet oder Auswahl einheimischer Vorspeisen, Hauptgerichte und Kuchen à la carte. Von der Terrasse bietet sich ein traumhafter Blick auf den Lögurinn-See. ■ Reservierung: Tel. 4712990, www.skriduklaustur.is

€€€ | **Eldhusið** Im Lake Hotel. Die Küche konzentriert sich auf lokale Spezialitäten. Das Beste, was man hier essen kann, ist das dreigängige »Farm Food Direct«-Menü. ■ Egilstöðum 1, Tel. 471 1114, www.english.lakehotel.is

Entspannung

Vök So nennt man im Isländischen aufgetaute Löcher in einem zugefrorenen See. Der Betreiber der Blauen Lagune und des Jarðböðin am Mývatn-See schuf dieses Geothermalbad 5 km nordwestlich von Egilsstaðir. Das Besondere? Die Pools mit glasklarem Quellwasser schwimmen auf der Oberfläche des Urriðavatn, eines Sees. Im Café können Tees ausprobiert werden, deren Kräuter in der Umgebung gesammelt wurden. ■ Route 925 (500 m von der N1 entfernt), Hróarstunguvegur, Tel. 470 95 00, www.vokbaths.is, tgl. 11–23 (Sommer), 12–22 Uhr (Winter). ISK 5000, ermäßigt ISK 2900, 6–16 J. ISK 1800

17 Seyðisfjörður

Ein beschaulicher Bilderbuchort, entstanden aus einem Guss

 Information

■ Tourist-Information: im Fährterminal am Hafen, Ferjuleira 1, 710 Seyðisfjörður, im Sommer tgl. 9–17, im Winter 12.30–16 Uhr und morgens ab 8 Uhr, wenn die Fähre anlegt, Tel. 472 15 51, www.visitseydisfjordur.com

Der erste Eindruck täuscht nicht: Dieser schmucke kleine Ort, den viele nur kennen, weil hier die Fähren anlegen und abfahren, sieht aus wie eine Spielzeugstadt. Tatsächlich stammt die Architektur nicht aus Island. Als norwegische Heringsfischer 1895 den Ort gründeten, brachten sie Wohnhäuser, Kirche, Lagerschuppen und Geschäfte vorgefertigt aus Norwegen mit. Ein halbes Jahrhundert später blieben plötzlich die Heringsschwärme aus. Seitdem lebt der Ort vom Tourismus. Am Fluss kann das RARIK Elektrizitäts-Museum und im Skulpturengarten Tvisöngur oberhalb des Ortes eine

Die Farben des Regenbogens kennzeichnen die Fußgängerzone von Seyðisfjörður

Klanginstallation des deutschen Bildhauers Lukas Kühne über die in Island traditionell gebräuchliche Fünftonmusik bestaunt werden.

 Restaurants

€€ | **Skaftfell Bistro** Kleine und große Speisen und schmackhafte Pizza vor Wänden mit viel Kunst. ■ Austurvegur 42, Tel. 472 16 33, Mo–Fr 12–22, Sa–So 17–22 Uhr, www.skaftfell.is

 Events

LungA Weit über die Ostfjorde hinaus bekannt ist LungA, ein jährlich im Sommer stattfindendes Kunstfestival mit Performances und Livemusik. ■ www.lunga.is

18 Borgarfjörður Eystri

Am Ende der Welt offenbaren sich ungeahnte Naturschönheiten

 Information

- Tourist-Information: www.borgarfjordureystri.is

Noch ist das ein Geheimtipp, nur die Papageientaucher haben ihn schon für sich entdeckt. In den nördlichsten Teil der Ostfjorde verfahren sich nur wenige Reisende. Die meisten verpassen dadurch grandiose Landschaften. Manche davon sind so schön und eigentümlich, dass sie erwandert werden sollten. Für mehrtägige Wanderungen bietet sich das Dyfjöll-Gebirge an und an der Küste Viknaslóðir. In der einsamen Umgebung von Húsavík und Klyppstaðir geben einem die alten Holzkirchen das Gefühl, das Ende der Welt erreicht zu haben. Auch Bakkagerði lohnt einen Besuch. Hier wuchs Johannes Kjarval auf, der berühmteste Maler Islands. Er schuf das Altarbild in der Kirche. In dem Hügel direkt dahinter befindet sich Álfaborg, der Ort, in dem die Elfen wohnen.

 Verkehrsmittel

Auf der Straße 94 zwischen Egilsstaðir und Borgarfjörður Eystri verkehrt im Sommer der Linienbus.

Im Blickpunkt

Elfen – das versteckte Volk

Auf Island gibt es eine für unsere Augen unsichtbare Parallelwelt. In ihr lebt das Huldafólk, die versteckten Menschen. Der Legende nach versuchte Eva, oder vielleicht war es eine isländische Bäuerin, ihre ungewaschenen Kinder bei einer Stippvisite Gottes zu verstecken. Gott wusste, was sie im Schilde führte, und erklärte diese Wesen fortan für unsichtbar.

Der Fantasy-Schriftsteller J. R. R. Tolkien, ein in Südafrika geborener Experte für nordische Mythologie, benutzte in »Herr der Ringe« nicht nur Worte aus dem Isländischen, sondern auch Inspirationen aus der Edda. Ihr Verfasser, der Isländer Snorri, hatte bereits im 13. Jh. zwischen Licht- und Dunkelelfen unterschieden. Später machte Hollywood aus den Elfen feengleiche Wesen. Das hat mit Island nichts zu tun, weshalb man dort den Begriff Huldafólk bevorzugt.

Auf Island schickt es sich, einen freundlichen Umgang mit den unsichtbaren Geistern zu pflegen. Sollte das nicht geschehen, braucht sich niemand zu wundern, wenn Risse im Haus entstehen, man ohne scheinbar äußere Einwirkung von der Straße abkommt oder von Albträumen (»Elfenträumen«) geplagt wird.

Manche Menschen können Elfen sehen. Wem das schwerfällt, der kann detaillierte Karten über Elfenburgen in größeren Buchhandlungen konsultieren oder an einer Wanderung mit einer Hellseherin durch die Lavafelder von Hafnarfjörður bei Reykjavík teilnehmen.

Hidden World Walks, Tel. 694 72 85, www.alfar.is, 90 Min., ISK 4000

Moos, Farne und Heiden prägen das Landschaftsbild bei Borgarfjörður Eystri

19 Möðrudalur

 Höchstgelegener Bauernhof Islands mit Bergblick

Information

■ Tourist-Information: Mývatnsstofa Visitor Centre, 660 Reykjahlið, Tel. 04 64 44 60

Ursprünglich wurde der Verkehr der Ringstraße durch die Farm Möðrudalur geleitet. Dann wurde die Hauptstraße verlegt, aber allein ist man im höchstgelegenen (469 m) Bauernhof Islands nur selten. Zum Glück ist viel Platz, um nach kurzem Weg den fantastischen Blick auf den Herðubreið ungestört zu genießen. Da sich »Die Krone der isländischen Bergwelt« kaum besser als von Möðrudalur aus beobachten lässt, wurde auf einer der Hauswände der Farm auf Isländisch ein Gedicht von Håkon Aðalsteinsson zum Ruhme des Berges verewigt: » ... wie schön ... die unberührten Horizonte kurz davor, die Arme um dich zu legen ...«

Alternativ kann man Ziegen und Hunde streicheln, arktische Füchse beobachten, die ihre Jungen aufziehen, oder reiten. Das Wetter ist meist gut. Deshalb bleiben die Schafe in Möðrudalur auch in normalen Wintern im Freien sich selbst überlassen.

Restaurants

€€ | **Möðrudalur Fjallakaffi** Kleine Gerichte oder eine volle Mahlzeit, alles ist in diesem Café möglich. Außerdem werden alltägliche Artikel für die Reise verkauft. ■ Tel. 47118 58, www.fjalladyrd.is/en/restaurant

ADAC Mobil

Fahrten ins Hochland bedürfen genauer Planung, was die Beschaffenheit der Piste angeht. Oft sind sie bis in den Sommer hinein gesperrt. Die **Route 901** nach Möðrudalur aber kann bei gutem Wetter auch im normalen PKW befahren werden.

Übernachten

Bei einer Fahrt durch die Ostfjorde wechseln tektonisch hoch aufgeschichtete Berge, dünn besiedelte Fjordtäler und eindrucksvolle Wasserfälle in schneller Folge ab. Der früher von Land her schwer zugängliche Landesteil lebt schon lange von der Viehzucht und dem Fischfang. Früher schwoll die Bevölkerung im Sommer stark an, wenn Fischereiflotten aus Westeuropa ihre Lager in den Ostfjorden aufschlugen. Heute leben die Menschen auch von der Industrie, der Dienstleistung und dem Tourismus.

Jökulsárlón 116

€€€ | **Hali Country Hotel** Befindet sich auf einem Bauernhof, ganzjährig geöffnet. ■ Hali 2, Suðursveit, 781 Höfn, Tel. 478 10 73, www.hali.is

Höfn 117

€€ | **Hólmur Guesthouse** Teil eines Bauernhofs, idyllisch am Flájökull-Gletscher gelegen. ■ Thjóðvegur, Tel. 478 20 63, www.holmurinn.is

€€ | **Hotel Edda** Schöne Lage am Wasser. ■ Ránarslóð, Tel. 444 48 50, www.hoteledda.is

€€ | **Hotel Jökull** Einfache und saubere, aber bisweilen hellhörige Zimmer. Manche der Zimmer haben kein eigenes Bad, aber das Preis-Leistungs-Verhältnis ist völlig in Ordnung. ■ Nesjum, Tel. 478 1400, www.hoteljokull.is

Djúpivogur 119

€€ | **Havari Farm** Am Fjord Berufjörður, auf einem Bauernhof gelegen, teilweise vegane Speisen. ■ Karlsstaðir, 765 Djúpivogur, Tel. 842 18 08, www.havari.is

€€ | **Hotel Breiðdalsvík** Im Zentrum von Breiðdalsvík. Die Zimmer sind zum Teil holzvertäfelt und haben ein eigenes WC oder auch nicht. Das Restaurant serviert leckere Fischsuppen und Lamm. ■ Sólvellir 14, Tel. 470 00 00, Breiðdalsvík, breiddalsvik.is

€€ | **Hotel Framtíð** Das Hotel datiert von 1906. Das Restaurant ist gemütlich, die Lage zentral. ■ Am Hafen, Vogaland 4, Tel. 478 88 87, www.hotelframtid.com

Südliche Ostfjorde 121

€ | **Kirkjubær** Ungewöhnliches Hostel. Untergebracht in einer alten Holzkirche aus dem Jahr 1925, schläft man neben dem Altar sanft wie in Abrahams Schoß. ■ 10 Betten, Fjarðarbraut 37A, Stöðvarfjörður, Tel. 892 33 19, E-Mail: www.kirkjubaerguesthouse.com

€€ | **Edda Hotel** Vom Hotelrestaurant aus hat man einen fantastischen Blick auf den Fjord und die umliegenden Berge. Der Komfort ist einfach. ■ Nesgata 40, Tel. 444 48 60, Neskaupstaður, www.hoteledda.is

€€ | **Elínar Helgu** Das charmante Holzhaus mit großer Aussichtsterrasse liegt oberhalb des kleinen Ortes und bieten einen schönen Blick auf den Fjord. Familiengeführt. ■ Stekkholt 20, Faskrudsfjörður, Tel. 840 1946

Übernachten

Die Landspitze von Egilsstaðir mit dem Lake Hotel

€€ | Tærgesen Im urigen Gästehaus werden die Mahlzeiten eingenommen, im neueren Anbau sind die praktisch eingerichteten Zimmer größer. ■ Búðargata 2–6 á Reyðarfirði, Tel. 470 55 55, Reyðarfjörður, www.taergesen.com

Egilsstaðir 122

€€ | Wilderness Center Dieses Hotel trägt seinen Namen zu Recht: Am Rande des Hochlands im Osten Islands gelegen, bietet es viel Ruhe in traumhafter Landschaft. Die Zimmer sind klein, aber hübsch mit alten Gegenständen eingerichtet. Das Essen ist sehr schmackhaft, der Service gut. Es gibt eine Sauna, Hot Pots, organisierte Ausflüge in die Umgebung. Außerdem ist das Volkskundemuseum einen Besuch wert. Wer mag, kann auch Ausritte unternehmen. ■ Múlavegur í Fljótsdal, 700 Egilsstaðir, Tel. 440 88 22, www.wilderness.is

€€€ | Lake Hotel Die Grande Dame der Egilsstaðischen Hotellerie. Wunderbar gelegen mit angeschlossenem Spa. ■ Egilstöðum 1, 700 Egilsstaðir, Tel. 471 11 14, www.english.lakehotel.is

Seyðisfjörður 125

€€€ | Hotel Aldan Die meisten Landhotels auf Island sind zweckmäßig eingerichtet. Nicht so das Hotel Aldan. Es hat Charakter. Viele der 22 sauberen Zimmer sind mit Antiquitäten ausgestattet. ■ Norðurgata 2, 710 Seyðisfjörður, Tel. 472 12 77, www.hotelaldan.is

Der Norden – Viel Geschichte und wilde Natur

Der Norden ist das Land der Wasserfälle, Mývatn der See der Vulkane und Akureyri eine Stadt mit viel Charme

Das städtische Zentrum des Nordens ist Akureyri. Die kleine Metropole ist kompakt, voller Geschichte und bietet immer wieder schöne Ausblicke auf den Fjord, in dem sich Wale tummeln. Das Gleiche trifft in kleinerem Maßstab auch auf andere Orte an der Küste im Norden zu. Im Landesinnern lassen sich um den Mývatn herum Spuren des rezenten Vulkanismus aufspüren. Unweit donnert der Dettifoss, der größte Wasserfall Europas, in eine tiefe Schlucht. Sein Wasser spült in einem Canyon nach vielen Windungen ins bläulich schimmernde Eismeer.

In diesem Kapitel:

20 Jökulsárgljúfur-Nationalpark 132
21 Húsavík 133
22 Mývatn 134
23 Goðafoss 137
24 Akureyri 138
25 Siglufjörður 143
26 Skagafjörður 144
27 Hvammstangi 145
Übernachten 147

ADAC Top Tipps:

Dettifoss, Jökulsárgljúfur-Nationalpark
| Naturerlebnis |
Am größten Wasserfall Europas stürzen graue Wassermassen atemberaubend in eine tiefe Basaltschlucht. 132

Leirhnjúkur, Mývatn
| Wandern |
Hier quoll erst vor wenigen Jahren die Lava und es raucht auch jetzt noch. 135

ADAC Empfehlungen:

Stille Walbeobachtung, Húsavík
| Naturerlebnis |
Weil Wale ein empfindliches Gehör haben, nähert man sich ihnen am besten ganz leise mit elektrisch betriebenen Booten. 134

Kaldi Bier-Spa, Akureyri
| Wellness |
Schmeckt das? Eine ganz andere Art der Wellness. 140

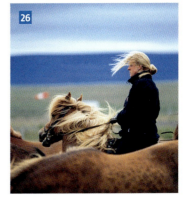

⑲ Kolugljúfur-Wasserfall, Hvammstangi
| Naturerlebnis |
Kleiner, aber feiner Wasserfall abseits der Schnellstraße. 146

20 Jökulsárgljúfur-Nationalpark

Wasserfälle, Schluchten und die Urgewalt von Eis und Magma

 Information

■ Ein neues Informationsbüro des Nationalparks befindet sich in Ásbyrgi, Gljúfrastofa, Tel. 575 84 00, ganzjährig geöffnet, im Sommer tgl. 9–18 Uhr. www.vatna jokulsthjodgardur.is

Zur Schneeschmelze transportiert das Schmelzwasser des Vatnajökull-Gletschers viel Geröll. An einer Basaltschwelle bricht sich dieses graue Gemisch am mächtigen Dettifoss und weiter flussabwärts am Hafragilsfoss. Das Aufeinandertreffen heißer Lava und eisigen Wassers löste gewaltige Explosionen aus. Dadurch entstanden Höhlen und schroffe Gipfel aus Basaltsäulen sowie die Echofelsen Hljóðaklettar. Als die Erde bebte, wurde der Fluss umgeleitet und hinterließ Ásbyrgi, ein von kalten Winden geschütztes ehemaliges Flussbett, das sich wie ein Garten Eden entfaltet hat.

Dettifoss

| Naturerlebnis |

 Grau donnert der größte Wasserfall Europas in eine tiefe Schlucht

Gewaltig durchströmt die Jökulsá á Fjöllum eine Ebene, die pflanzenlos eher einer Wüste gleicht, bevor sie in verschiedenen Kaskaden in die Tiefe donnert. Eine bildet den Dettifoss, den größten Wasserfall Europas. Ihm kann man sich von zwei Seiten her nähern. Die Anfahrt der Ostseite gestaltet sich schwieriger auf einer Schotterpiste, die Westseite kann auf Asphalt erreicht werden. Von den Parkplätzen ist es eine kurze Wanderung bis zum Wasserfall.

 Sehenswert

Hljóðaklettar

| Felslabyrinth |

Die »Echofelsen« sind das Resultat eines 8000 Jahre zurückliegenden Vulkanausbruchs, als glühende Lava auf tosende Wassermassen traf. Eine ausgeschilderte Wanderung von etwa drei Stunden führt zu verdrehten Basaltsäulen, Lavabögen und tiefen Höhlen, die dazu verleiten, hineinzurufen, um ein Echo zu hören. Vom Parkplatz aus geht es zunächst in nördlicher Richtung zu einer markanten Lavaskulptur »Troll«, dann zur sogenannten Kirche und schließlich zum Rauðhólar, einem auffallend roten Hügel.

Ásbyrgi

| Schlucht |

Die Entstehungsgeschichte dieser hufeisenförmigen Schlucht hat in der Fachwelt lange für Verwirrung gesorgt. Die alten Nordmänner glaubten, dass ein Hufabdruck Sleipnirs, Wotans schnellen Pferdes also, die malerische Schlucht schuf, die seitdem von vielen Pflanzen, Wasservögeln und Elfen bewohnt wird. Die Geologen meinen, dass ein gewaltiger Gletscherlauf des Vatnajökull vor 2000 Jahren die Fließrichtung der Jökulsá nach Osten verlagerte. Die Schlucht Ásbyrgi sei also das alte Flussbett. Bei einer kleinen Wanderung am Eingang der Schlucht lässt sich diese Theorie besonders gut vom Felsen Eyjan nachvollziehen. An der ehemaligen Abbruchkante des Wasserfalls lockt der Botnstjörn-Teich mit Entenfamilien und Odinshühnchen.

Einkaufen

Zu der Tankstelle an der N1 gehören ein kleiner Supermarkt und ein Campingplatz.

Húsavík

Die Hauptstadt der Walbeobachtung am Eismeer

Information

■ Tourist-Information: Garðarsbraut 5, Tel. 464 43 00, tgl. 9–16 Uhr, www.visit husavik.com

In Húsavík ist man den Walen besonders nahe, ob an Land oder auf dem Wasser. Ein Walmuseum erklärt die Bedeutung der Meeressäuger und im Hafen legen ehemalige Walfangboote ab, um Besuchern die Wale, die sich in der Skjálfandi-Bucht tummeln, zu zeigen. Nirgendwo lassen sich in Island die großen Meeressäuger besser beobachten. Auf Fahrten zur kleinen Insel Lundey kann man zudem Papageientaucher sehen. Gemütlich sehen die alten bunten Häuser am Hafen aus, imposant ist die große Holzkirche des Ortes.

Hvalsafnið
| Museum |

Die umfangreiche Ausstellung verschreibt sich den größten Tieren, die je auf der Erde gelebt haben. Beim Anblick des Blauwal-Skeletts fühlt sich jeder ganz klein. Nahrungsaufnahme, Fortpflanzung und die Waljagd sind gut dokumentiert.

■ Hafnarstétt, Tel. 414 28 00, www.whale museum.is, ganzjährig geöffnet, im Sommer tgl. 9–18 Uhr, ISK 500–1900

Im Blickpunkt

Konfliktstoff Waljagd

Die Regierung erlaubt das Jagen und Schlachten von Minke- und Finnwalen. Während der Corona-Pandemie liefen die Waljäger zwar nicht aus, dennoch ist der Bestand vieler Arten im Nordatlantik gefährdet. Einige Isländer wollen ein grundsätzliches Abschussverbot und weisen darauf hin, dass die Einkünfte aus dem Walbeobachtungstourismus viel einträglicher sind als die des Schlachtens, andere pochen auf ein Selbstbestimmungsrecht der isländischen Nation. Wieder andere rechnen vor, dass weniger Wale mehr Fische bedeuten, dabei ernähren sich die meisten Arten vor Island von Plankton und Kleinstlebewesen. Vielleicht droht der Waljagd bald das Ende, denn der Druck auf die Regierung, die Lizenzen nicht zu verlängern, wächst. Bis dahin bestellen manche Touristen dennoch ihr Walcarpaccio und einige Isländer schwören auf Walbier mit geraspeltem Walhoden. Nicht weil es besser schmeckt, sondern weil man es kann. Mit nach Hause nehmen sollte man Walprodukte auf gar keinen Fall: Die Einfuhr in die EU ist strafbar.

Husavikurkirkja
| Kirche |

Wie ein Leuchtturm diente der hohe Kirchturm den Fischern früher zur Orientierung. Seine gewagte Dachkonstruktion offenbart sich im Innern. Das Altarbild spiegelt die Landschaft Nordislands. Selbst die aufsteigenden Gischtwolken am Dettifoss lassen sich darauf erkennen.

Stille Walbeobachtung
| Naturerlebnis |

 Mit E-Motoren angetriebene Boote fahren leise den Walen nach

Die Orientierung im Element Wasser funktioniert für Wale auch dort, wo kaum Licht ist, weil sie ein feines Gehör haben. Laute Dieselmotoren stören sie dabei. Umweltgerechter können die Meeressäuger im Norden Islands von den beiden elektrisch betriebenen Booten Andvari und Opal aus beobachtet werden.

■ Northsailing, Tel. 464 15 00, www.northsailing.is. Die dreistündige Fahrt kostet ISK 10 990 für Erwachsene, 3800 für Kinder 7–15 J., unter 7 J. gratis

Restaurants

€€ | **Naustið** Frischer Fisch, Fischsuppe, Ceviche. ■ Ásgarðsvegur 1, Húsavík, Tel. 464 15 20

In der Umgebung

Tjörnes
| Halbinsel |

Bei gutem Wetter kann man von der fossilienreichen Halbinsel Tjörnes aus in der Ferne Lundey sehen, wo Papageientaucher brüten, oder Grimsey, die Insel, die als einziger Ort Islands am Polarkreis liegt.

Mývatn

Nirgendwo auf der Insel ist man dem Blubbern des Erdinnern näher

ⓘ Information

■ Tourist-Information: an der Tankstelle N1, Hraunvegur 8, Reykjalið, Tel. 464 43 90, www.visitmyvatn.is

Der seichte grüne, 38 km² große Mývatn-See oder »Mückensee« mit seinen grasgrünen Ufern macht seinem Namen bei starkem Wind keine Ehre. Erst wenn es windstill ist, steigen Kriebelmücken und Zuckmücken in die Luft und werden, mysteriösen Zyklen und Wasserschwankungen im See zufolge, zur Plage oder auch nicht. Vögel, eine der Attraktionen des Mývatn, ernähren sich von den Insekten. Zugvögel ruhen sich gern hier aus. Daneben sind es vor allem geologische Phänomene, die die Umgebung interessant machen: Vulkanspalten, Kraterseen, Aschevulkane, Pseudokrater, düstere Lavaburgen, zischende Fumarolen und farbenprächtige Solfataren. Das meiste entstand in den letzten 3800 Jahren. Erst staute ein Lavastrom nach einer Eruption den Laxá-Fluss zum Mývatn-See auf. Vor 2500 Jahren explodierte die Erde durch das Aufeinandertreffen von Magma, Wasser und viel Gas so abrupt, dass dadurch einer der besterhaltenen Tuffringe weltweit, der begehbare Hverfjall, entstand. 500 Jahre später kühlte Lava erneut abrupt ab, als sie auf Wasser traf. Diesmal entstanden die Pseudokrater von Skútustaðir und Dimmuborgir. Schließlich begann eine jüngere, fünf Jahre andauernde Phase der Eruptionen am 17. Mai 1724 mit der Entstehung des Kraters Viti. Die kleine

Kirche in Reykjahlíð überstand die Eruption. Die bisher letzte Ausbruchsserie der »Krafla-Feuer« fand von 1975 bis 1984 statt. An der Leirhnjúkur-Spalte spreizte sich der Boden, Lava schoss in Fontänen in die Höhe und füllte schließlich den Riss. Als nach fast zehn Jahren die Eruption endete, war Island um mehrere Meter breiter geworden. Touristisches Zentrum der Region ist der kleine Ort Reykjahlíð.

Sehenswert

Kröfluvirkjun
| Geothermalwerk |

Ein 818 m hoher und 200 000 Jahre alter Zentralvulkan mit Caldera, einer 100 km langen Reihe von Spaltenvulkanen und zahlreichen Kratern beherrscht die Mývatn-Region. In 3 km Tiefe liegt eine Magmakammer, die immer wieder ausbricht. Eindrucksvoll ist der Hel-Viti, der Höllenkrater, dessen Maar türkisfarben schimmert, weil in ihm Kieselsäurealgen leben. Das Kröfluvirkjun Geothermalwerk ist eines der größten Stromwerke auf Island. Angeschlossen ist ein kleines Besucherzentrum mit WC. Ein kurzes Video erklärt die Funktion des Kraftwerks und die Geologie des Vulkans.

■ Tgl. 1. Juni–15. Sept. 10–17 Uhr, www.landsvirkjun.com

Leirhnjúkur – quer durch die Lava
| Wandern |

 Große und kleine Vulkane, Maare und Lava, die noch raucht

Vom Parkplatz führt ein breiter Rundweg in anderthalb Stunden zu Solfataren und Fumarolen, Kratern, Abschlägen von Schwefel auf brauner Lava und einem Hügel mit Aussicht über die verschiedenen Eruptionen. Hier und da dampft es noch. Lava pur.

■ Kein WC

Námafjall
| Solfatarenfeld |

Dort, wo es besonders laut zischt, wurde früher Schwefel abgebaut, über Húsavík verschifft und zu Schießpulver verarbeitet (náma bedeutet »Mine«). Daneben befinden sich viele blubbernde Schlammquellen. Die Hitze von bis zu 100 °C zersetzt den Schlamm und färbt ihn graublau. Nach Regengüssen kann es klebrig werden. Manche Reisende stülpen dann bunte Plastiktüten über ihre Schuhe und watscheln so von einem Loch zum anderen.

■ Immer geöffnet, Parkgebühr

ADAC Wussten Sie schon?

In der **Krafla** verursachten Geologen in den 1970er-Jahren unbeabsichtigt den ersten künstlichen Vulkanausbruch der Erde, als sie auf der Suche nach heißer Magma in eine Blase stachen. Einige Kubikmeter Lava schossen an die Oberfläche und bildeten einen kleinen Haufen.

Mývatn-Naturbad
| Aussichtsterrasse |

Den Mývatn sieht man am besten vom Hverfjall, den Pseudokratern bei Skútustaðir, dem Vindbelgjarfjall auf der westlichen Seeseite oder vom Thermalbad Mývatn.

■ Mai–Sept. 9–24, Okt.–Ende April 12–22 Uhr; Aussichtsterrasse frei zugänglich, kleine Speisen im Café. ISK 1800–5000, je nach Jahreszeit. Ermäßigung f. Schüler und Rentner. myvatn naturebaths.is

Im Blickpunkt

Erdwärme

Erdwärme nutzen die Isländer am Mývatn zum Heizen oder in der Landwirtschaft, um Kartoffeln anzupflanzen, die im warmen Boden besser gedeihen. Wo die Erde heiß genug ist, vergräbt man Tetrapaks mit Teig, um fertiges Brot nach 24 Stunden aus dem Boden zu holen. Auch das örtliche Schwimmbad wird mit Erdwärme geheizt (in Reykjavík sogar die Bürgersteige). Arbeitsplätze entstanden im Kieselgurwerk östlich von Reykjahlið, wo man mithilfe der Erdwärme Kieselalgen, die im Mývatn lebten, von organischen Bestandteilen trennte. Übrig bleiben winzige Schalen, der sogenannte Gur, der in der chemischen Industrie verwendet wird. Er findet sich in der Katzenstreu, bei der Herstellung von Dynamit, in der Wärmedämmung oder wird zu dem, was beim Gebrauch von Zahnpasta leise zwischen den Zähnen knirscht.

Die Konstruktion des Geothermalwerks Krafla begann 1974. Kaltes Wasser wird in eine heiße Kontaktzone gepresst, der entstehende Dampf betreibt die Turbinen. Eines der Bohrlöcher befindet sich in einer 430 °C heißen Kontaktzone – Weltrekord! Der Ertrag aus 17 aktiven Bohrlöchern beläuft sich auf maximal 60 MW.

Eine deutliche Steigerung der erzeugten Energiemenge kann durch Bohrungen in noch heißere Zonen erzielt werden. Deep Drilling ist das Zauberwort und isländische Unternehmen sind Pioniere dieser Entwicklung. Beim Deep Drilling wird Erdenergie direkt aus der Kontaktzone zwischen Erdkruste und Erdmantel bezogen. Das ist technisch riskant, sehr teuer, aber könnte die Art, wie die Welt ihren Energiebedarf stillt, revolutionieren.

Grotagjá
| Heißwasserspalte |

Auf Privatgelände gelegene Lava-Spalte mit heißem Wasser. Die Felsen können besonders bei Feuchtigkeit rutschig sein, das Baden in dieser »Badewanne« ist verboten.

Hverfjall
| Ringwallkrater |

Mit 140 m der tiefste Krater Islands. Der Kraterrand ist begehbar. Eine Straße führt zum Einstieg. Dort gibt es auch eine WC-Anlage.

Dimmuborgir
| Lavafeld |

Das Gebiet der düsteren Burgen ist der Legende zufolge die Heimat der 13 isländischen Weihnachtsmänner, von denen einige für ihre listigen Streiche bekannt sind. Ein sehr beliebtes Ziel auf den Wanderungen ist ein fotogener Lavabogen. Es ist einfach, sich in dem Gelände zu verlaufen. Wenn das passiert, sind die Weihnachtsmänner schuld.

■ Café mit WC

Skútustaðir
| Pseudokrater |

Ein Spaziergang führt am Wasser des Mývatn entlang auf einige der Krater. Herrlicher Blick.

■ Am Parkplatz WC, Restaurant, Hotel und Souvenirshop; Reitmöglichkeiten

Fuglasafn Sigurgeirs Stefánssonar
| Vogelmuseum |

Nirgendwo können so viele Entenarten an einem Ort in freier Wildbahn beobachtet werden wie am Mývatn. Ornithologen freuen sich besonders über die Kragenente und die Spatelente.

■ Tel. 464 44 77, www.fuglasafn.is, tgl. 14–16 Uhr, ISK 800–1500, Ermäßigungen für Kinder, Jugendliche und Senioren, bis 6 J. Eintritt frei

Erlebnisse

Musikkonzerte Im Sommer finden regelmäßig klassische Konzerte in der kleinen Kirche neben dem Hotel Reykjahlið statt. Die Atmosphäre ist wunderbar feierlich. Unweit davon gibt es im Gamli Bærinn Pub Veranstaltungen mit moderner Musik. ■ Tel. 464 42 70, tgl. 11.30–24 Uhr

23 Goðafoss

Ein Wasserfall, der vor 1000 Jahren Geschichte schrieb

Information

■ Tourist-Information: an einem kleinen Stand im Souvenirshop des Fosshotels oder auf www.northiceland.is

Meist enden Religionen, weil ihre Anhänger nach verheerenden kriegerischen Niederlagen, Naturkatastrophen und Hungersnöten nicht länger an den Schutz durch ihre Götter glauben. Auf Island aber war es der demokratische Beschluss des Allthing im Jahr 1000, der die alte nordische Religion durch die christliche ersetzte. Ein Gode nahm daraufhin alte Götterstelen und warf sie in einen Wasserfall, der seither den Namen Goðafoss trägt.

Restaurants

€€ | **Fljotsbakki Farm Hotel** Unweit des Godafoss-Wasserfalls. ■ 641 Godafoss, Tel. 865 19 34, www.fljotsbakki.com

24 Akureyri
Lebhafte Metropole im hohen Norden

Im Herbst leuchten nicht nur die Häuschen in Akureyri bunt, sondern auch die Bäume

Information

- Tourist-Information zur Stadt und zum Norden insgesamt: im neuen Kunstzentrum Hof am Hafen. Strandgata 12, Tel. 450 10 50, www.visitakureyri.is, tgl. 8–18.30 Uhr, zu Nordisland: Hafnarstræti 91, Tel. 462 33 00, www.northiceland.is, Mo–Fr 8–16 Uhr
- Parken siehe S. 140

Typisch isländisch zeigen sich die farbigen Häuschen aus Holz, die reizvoll eingebettet zwischen dem schneebedeckten Berg Sulur (1144 m) und dem Eyjafjörður liegen. Die erste Erwähnung Akureyris stammt von 1562, als ein Justizbeamter ein Verbrechen bearbeitete, das sich auf der »beackerten Insel« abgespielt habe: Ehebruch! In den folgenden Sommern suchten dänische Händler den Naturhafen auf, doch siedeln wollte lange Zeit niemand. Das änderte sich erst Jahrhunderte später, im 19. Jh.

Heute ist Akureyri die viertgrößte Stadt des Landes mit 18 000 Einwohnern, der Ballungsraum Reykjavík hat 15-mal mehr. Trotzdem pulsiert das Leben in der kompakten Innenstadt, besonders

Akureyri

Plan
S. 141

Sehenswert

Stadtmuseum Akureyri
| Museum |

Etwas abseits, am Ende der »Altstadt« Innbær in Richtung Flughafen, steht neben dem sehr informativen Museum der Stadtgeschichte Minjasafnið das Nonnahús von 1850. In ihm lebte lange Jón Sveinsson, der Verfasser der Nonni-und-Manni-Geschichten, die besonders in Deutschland viele Leser fanden. Das kleine Haus veranschaulicht, wie hart das Leben der Isländer früher war und wie gelenkig man sein musste, um sich in den winzigen Räumlichkeiten auf engen Treppen zu bewegen.

■ Aðalstræti 54–58, Tel. 462 41 62, www.visitakureyri.is/en, 1.6.–1.10. tgl. 10–17 Uhr, sonst 13–16 Uhr und Nonnihaus, Tel. 462 41 62, 1.6.–31.8. tgl. 10–17 Uhr; es gibt ein reduziertes Gemeinschaftsticket für Stadtmuseum und Nonnahús

Hof
| Kunstcenter |

Die 2010 eröffnete eindrucksvolle runde Burg der Künste, nach außen mit Basaltsäulen verziert, beherbergt regelmäßig Theater- und Musikveranstaltungen. Hier befinden sich die Tourist-Information, ein Bistro-Café und ein kleiner Souvenirshop.

■ Strandgata 12, www.menningarhus.is

Akureyrarkirkja
| Kirche |

Isländischer geht es nicht: Von außen dominieren nachempfundene Basaltsäulen, im Kirchenraum hängt ein Votivschiff, am Hochchor ein Relief von

um die Kreuzung von Hafnarstræti und Kaupvangsstræti, an der Buchhandlung Penninn Eymundsson. Die Hafnarstræti mit ihren Souvenirläden und dem Götubarinn Pub wird zum Kreisverkehr, wenn nach dem Abendessen Eis schleckende Familien in großen SUVs fahren, um zu sehen und gesehen zu werden. Quer dazu verläuft die Kaupvangsstræti vom Hafen mit dem neuen Kulturzentrum Hof vorbei am Kunstmuseum und an mehreren Galerien zur markanten Kirche in der Oberstadt, zum Schwimmbad und zum Botanischen Garten.

Ásmundur Sveinsson, die Kanzel ist ausgelegt mit Island-Feldspat, die bunten Glasfenster erzählen die Geschichte der Besiedelung Akureyris und zeigen die Stadtgründung, die Einführung des Christentums am Goðafoss, die Übersetzung der Bibel ins Isländische sowie christlich inspirierte Hymnen wie die Nationalhymne.

■ Við Eyrarlandsveg 600, Tel. 462 77 00, im Sommer tgl. Mo–Fr 10–17 Uhr, gratis

Lystigarðurinn
| Botanischer Garten |
Der 1912 angelegte Garten ist ein farbenprächtiges Kleinod. Mohn in den schönsten Farbnuancen vom kleinen Islandmohn bis hin zu großen blau blühenden Hybridformen und gepflegte Rabatten mit Züchtungen von Rittersporn und Akelei locken die Besucher. Etwas abseits, in der südwestlichen Ecke, blühen heimische Pflanzenarten – viele sind es nicht. Die isländische Fauna glänzt weniger mit bunten Blumen als vielmehr mit Flechten (500 Arten) und Moosen (600 Arten).

■ Eyrarlandsvegur, Tel. Mo-Fr 8–22, Sa–So 9–22 Uhr, gratis

In der Umgebung

Dalvík
| Naturerlebnis |
Im kleinen Ort am Eyðarfjörður legen die Fähren nach Grimsey und Hrisey ab. Die drei wichtigsten Attraktionen sind die Kaldi-Brauerei mit dem Beer Spa und im Winter die schneebedeckten Hänge oberhalb des Ortes, auf denen man Ski fahren kann. Ab und zu lohnt es sich, bei dieser Aktivität anzuhalten und auf den Fjord zu schauen. Es könnte sein, dass dort Wale aus dem Wasser springen.

ADAC Mittendrin

> Im August findet in Dalvík **Fiskidagurinn** statt, ein großes Volksfest. Das Thema Fisch ist der Anlass für die Einheimischen, zusammenzukommen, Musik zu hören, zu essen und zu feiern. Es ist einfach, sich dazugehörig zu fühlen.
> *www.fiskidagurinnmikli.is*

Kaldi Bier-Spa
| Wellness |
 Eine Wanne voll mit warmem Bier ist der neueste Wellness-Trend
Hier kann jeder, dem danach zumute ist, wohlig warm in Hefe, Hopfen, Bieröl und Biersalz liegen. Ist das gesund? Schmeckt das? Am besten probieren Sie es selbst aus, entweder allein im Single Bath oder mit Partner in derselben Wanne.

■ Ægisgata 31, Árskógsandi, Tel. 414 28 28, www.bjorbodin.is/eng, Mo–Do 10–21, Fr–Sa 10–23, So 13–21 Uhr, ISK 9900, ISK 16 900 zu zweit; alternativ gibt es den Aufenthalt im Hot Tub für ISK 2000

Verkehrsmittel

Air Iceland Hier gibt's nicht nur Flüge, sondern auch zahlreiche Bus- und Bootsfahrten im Angebot. ■ Tel. 570 30 30, www.icelandair.com

Parken

In der Innenstadt müssen die Parkgebühren am Automaten oder per App bezahlt werden (www.easypark.is oder www.parka.is). Das illegale Parken kostet bis zu stolzen 20.000 Kronen. Mehr Info unter www.visitakureyri.is.

Akureyri 24

Restaurants

€€ | Greifinn Beliebtes modernes Restaurant an der Ausfallstraße Eyrarvegur, das internationale Küche, Pizza und Burger serviert. ■ Glérargata 20, Tel. 460 16 00, www.greifinn.is, tgl. 11.30–22 Uhr, Plan S. 141 nördl. a1

€€€ | Noa Wenn Fisch, dann hier: Seit Jahren gilt Noa als das beste Fischrestaurant Akureyris. ■ Hafnarstræti 22, Tel. 461 21 00, www.noa.is, tgl. 18–23 Uhr, Plan S. 141 b3

Cafés

€€ | Café Ilmur Am Rande der Oberstadt gelegen, mit schönem Ausblick und gemütlicher Atmosphäre. Die Küche serviert einige Hauptgerichte, wobei die Blumenkohlsuppe besonders schmackhaft ist. Das Café ist ein beliebter Treffpunkt vieler Einheimischer. ■ Hafnarstræti 107b, Tel. 571 64 44, tgl. 8–23 Uhr, Plan S. 141 b1

Einkaufen

Buchhandlung Penninn Eymundsson Ob Saga oder Zeitgenössisches, in diesem Buchgeschäft finden sich viele isländische Titel in deutscher Übersetzung. Dazu ein Café und angeschlossen ein Souvenirgeschäft. ■ Hafnarstræti 91, Tel. 540 21 80, www.penninn.is, Mo–Do 9–20, Sa–So 10–20 Uhr, Plan S. 141 b1

Vorhus Hochwertiges Design in der Altstadt Innbær. Nebenan lohnt sich ein Blick in die Urban Farm. ■ Hafnarstræti 71, Tel. 461 34 49, Mo–Fr 11–17, Sa 11–14 Uhr, www.vorhus.is, Plan S.141 b1

Kneipen, Bars und Clubs

Græni Hatturinn Der beste Ort für Livemusik im Norden Islands. ■ Hafnarstræti 96, Tel. 461 46 46. Keine festen Öffnungszeiten, aber in der Regel Do–Sa 20–3 Uhr, Plan S. 141 b1

Götubarinn Verschiedene, architektonisch ansprechende Räume, gut be-

141

Akureyri

Plan S. 141

stückte Bar. ■ Hafnarstræti 96, Tel. 462 47 47, Do–Sa 20–4 Uhr, Plan S. 141 b1

 In der Umgebung

Laufás
| Bauernhof |

Hier stand schon in der Sagazeit ein Bauernhof. Die kleinen Häuser wurden bis vor 80 Jahren von der Familie eines Pfarrers und ihrer Angestellten bewohnt. Im hinteren Teil des Gebäudes steigt man auf zu einem »Loft«. In diesem Anbau ist es tatsächlich luftig und hell.

■ Tel. 895 31 72, 13.5.–1.10. tgl. 9–17 Uhr

Grimsey
| Insel |

40 km vor der Küste Islands gelegen, ist die von 90 Menschen bewohnte Insel Grimsey der einzige Ort im Lande, an dem man die Mitternachtssonne wirklich erleben kann. Nur hier verschwindet sie während der Nacht nicht unter den Horizont. Dass der Polarkreis aber tatsächlich quer über die Insel verläuft oder sich gar dort befindet, wo über das Flugfeld der 5 mal 5 km kleinen Insel eine weiße Linie gemalt wurde, ist Wunschdenken, denn die Erde rotiert nicht so gleichmäßig um ihre eigene Achse, wie es die Markierung vorgibt. So oder so – nördlicher kann man in Island nicht sein und ein Dokument der Inselverwaltung kann das bestätigen.

Alternativ zum 20-minütigen Flug ab Akureyri erfolgt die Anreise am besten mit der Fähre Sæfari vom Fähranleger Dalvík. Drei Stunden lang ist das bei ruhigem Wetter ein besonderes Vergnügen, wenn Seevögel die Fähre begleiten und Wale aus dem Wasser springen. Die Fähre verkehrt das ganze Jahr. Im Winter trifft sich die Dorf-

Die Häuschen in Laufás aus der Mitte des 19. Jh. sind von Torf und Gras bewachsen

jugend der Insel an einem Teich, um unter einer Straßenlaterne Schlittschuh zu laufen. Die Lampe strahlt auch mittags, denn da, wo auf der Erde im Sommer die Sonne nie untergeht, scheint sie im Winter umso schwächer.

■ www.akureyri.is/grimsey-en

25 Siglufjörður

Die Hauptstadt der Heringe – nur ohne Heringe

Information

■ Tourist-Information: im Rathaus, Gránugata 24, Tel. 4671555, www.northiceland.is

Und plötzlich blieben die Heringe aus ... Damit hatte niemand gerechnet, am allerwenigsten die Menschen in Siglufjörður, der Heringsmetropole des Nordatlantiks. Hier war eine ganze Stadt in unwirtlicher Lage am Polarkreis entstanden, um den Fisch zu fangen und teuer an Europäer zu verkaufen. Das Geschäft mit dem Clupea harengus brachte so viel Geld nach Siglufjörður, dass die Bevölkerungszahl in den 1950er-Jahren auf 3000 anstieg. Doch 1967 war alles vorbei. War es die Überfischung, ein mysteriöser Zyklus im Leben der Heringsschwärme oder gar der Klimawandel? Heute leben in Siglufjörður noch 1200 Menschen.

Sehenswert

Síldarminjasafn
| Heringsmuseum |
Exponate und Schautafeln sind auf mehrere historische Gebäude verteilt und vermitteln Besuchern alles über den Fisch, den die Isländer früher

Im Blickpunkt

Die Isländer werden sehr alt – noch

Ist es die fischreiche Kost, die geringe Kriminalitätsrate, die Abhärtung im wechselhaften Klima – oder sind es doch die Gene? Wissenschaftler interessieren sich schon lange für die hohe Lebenserwartung der Isländer (im Schnitt etwas höher als Festlandsbewohner [Frauen 84,1 Jahre; Männer 80,9]). Die Forscher erheben Daten aus einem relativ überschaubaren Genpool, denn viele Isländer stammen ab von norwegischen Männern und irischen Frauen, die vor mehr als 1000 Jahren die Insel besiedelten. Umso hilfreicher ist, dass viele Einheimische bereit sind, ihre Gene untersuchen zu lassen. So sollen Erbkrankheiten und die unverhältnismäßig hohe Zahl an Demenz und Parkinson-Erkrankungen verringert und den Menschen auch weiterhin ein langes, gesundes Leben ermöglicht werden.

Ob das gelingen wird? Der Trend spricht dagegen. Wie in vielen Gegenden bewegen sich immer mehr Menschen immer weniger, bevorzugen eine kalorienreiche, dafür vitaminarme Kost und leben in Städten ohne soziale Bindungen. Die Lebenserwartung steigt kaum noch an. Waren die Isländer vor einigen Jahren noch Spitzenreiter bei der Lebenserwartung, sind sie 2022 auf den zehnten Platz abgerutscht, hinter Spanien und Italien. Sind die Isländer am Ende doch nur ein »ganz normales« Volk?

liebevoll »Guðsgjöf«, das Geschenk Gottes, nannten.
- Snorragata 10, Tel. 4671604, www.sild.is, 1.6.–31.8. 10–18, Mai und Sept. 13–17 Uhr, ISK 1000–1800

Þjóðlagasetur
| Volksmusik-Zentrum |
Islands Musikszene existierte schon lange vor Björk und Sigur Ros. Im Volksmusik-Zentrum kann man anhand von Tonbeispielen hören, wie rímur, tvísöngur, langspil oder fiðla klingen.
- Norðurgata 1, Tel. 467 23 00, tgl. 12–18 Uhr

 Verkehrsmittel

Siglufjörður und Akureyri verbindet neuerdings ein Tunnelsystem. Der Weg dauert nur noch eine Stunde.

 Erlebnisse

Volksmusik-Festival Im Juli findet das fünftägige Volksmusik-Festival statt. Bands aus Island und Skandinavien sorgen für Stimmung. ■ www.folkmusik.is

26 Skagafjörður

Kulturelle Höhepunkte in altem Bauernland

 Information

- Tourist-Information: in der Raststätte Varmahlið, Tel. 455 61 61, www.visitskagafjordur.is, im Sommer tgl. 9–21 Uhr

Hier fand die blutigste Schlacht der isländischen Geschichte statt. 1246 verloren bei Haugsnes 100 Menschen ihr Leben.

Die kulturellen Sehenswürdigkeiten in diesem Teil Islands liegen weit voneinander entfernt. Besonders empfehlenswert sind der Besuch der Kirchen Hólar und Varmahlið und der des Bauernhofs Glaumbær.

Hólar
| Bischofskirche |
In Hólar wurde 1763 die älteste noch existierende Steinkirche des Landes errichtet. Während der Bauarbeiten ereignete sich ein tragischer Unfall: Die zweijährige Tochter des polnischen Steinmetz Sabinsky starb. Ihr Körper wurde von ihrem Vater in der Wand der Bischofskirche eingemauert und mit einem Epitaph sichtbar markiert. Im Kirchenschiff überraschen in Alabaster geschnitzte religiöse Szenen, das mittelalterliche Kruzifix und ein Altar.
- Tel. 4536300, www.holar.is, im Sommer tgl. 10–18 Uhr

Glaumbær
| Bauernhof |
Der Bauernhof besteht aus einem torfigen Labyrinth mit 13 Zimmern, die durch Tunnel verbunden sind. Der älteste Raum ist die Küche von 1760, der jüngste ein Schlafzimmer von 1876. Der Geruch von Erde, der fahle Lichteinfall, das Muster der Torfsoden in den Gängen und die liebevoll restaurierten Utensilien des täglichen Bedarfs vermitteln ein gutes Bild vom Leben auf dem Land. Neben dem Bauernhof befinden sich Grabhügel und eine Kirche. Sie entstand 1926, nachdem ein Vorgängerbau bei einem Sturm weggeblasen worden war. Auf einem Denkmal wird Snorri Thorfinsson und seiner Mutter gedacht. Snorri war fast 500 Jahre vor der Seefahrt des Kolumbus in Neufundland zur Welt gekom-

Hvammstangi

Bei Ausritten mit Islandpferden läuft oft eine ganze Horde mit

men. Er ist damit der erste Europäer, der in Amerika geboren wurde.

■ Tel. 453 6173, im Sommer tgl. 9–18 Uhr, ISK 1600; das Áskaffi bietet tagsüber Kaffee, Kuchen und kleine Gerichte an

Viðimyrarkirkja
| Kirche |
Eine der ältesten Torfsodenkirchen Islands. Sie datiert aus dem Jahr 1834.

■ Tel. 453 50 95, Mo–Sa 9–18 Uhr; sonntags findet ein Gottesdienst statt, ISK 600

 Erlebnisse

Rafting und Reiten Zwei völlig unterschiedliche Sportarten sind am Skagafjörður bei Varmahlið besonders beliebt: Das Wildwasserrafting auf der Jökulsá (www.arcticrafting.com) und das Reiten. Die Pferdefarm Lytingsstaðir offeriert kurze Ausritte sowie mehrtägige Expeditionen (www.lythorse.com). Wer lieber nur zuschauen möchte und Ende September in Sauðárkrókur unterwegs ist, sollte am Laufskálarétt teilnehmen, wenn die Pferde zusammengetrieben werden.

27 Hvammstangi

Hier fahren viele schnell vorbei, aber das Anhalten ist lohnenswert

 Information

■ Tourist-Information: im Robbenzentrum in der Strandgata 1, Tel. 452 23 45, selasetur.is, 1.6.–31.8. tgl. 9–19 Uhr, im Laufe des Jahres wechselnde Öffnungszeiten, hält Informationen über die Region bereit

Viele Autofahrer auf dem Weg nach Akureyri oder Reykjavík fahren zu schnell an dieser Region vorbei, dabei gibt es gute Gründe anzuhalten: Robbenkolonien, abgelegene Wasserfälle, viele Islandpullis und eigenartige Felsformationen im Watt.

27 Hvammstangi

ADAC Wussten Sie schon?

2006 beförderten Meeresbiologen eine **Islandmuschel** (Arctica islandica) 10 km östlich von Grimsey aus 88 m Tiefe ans Tageslicht. Eine erste Datierung ergab ein Alter von 405 Jahren. 2013 wurde die Radiokarbon-14-Methode angewandt. Dieses Mal wurde ihr sogar ein Alter von 507 Jahren zugestanden, Geburtsjahr 1499. Damals entdeckte Vasco da Gama den Seeweg nach Indien, malte Leonardo da Vinci die Mona Lisa und regierte in China die Ming-Dynastie. Daher wurde die Muschel Ming genannt. Sie ist das älteste bekannte Lebewesen der Welt, wurde aber von den Wissenschaftlern getötet, damit sie sie besser datieren können.

In Island, den USA und Kanada gilt die bis zu 12 cm große Islandmuschel als Delikatesse. Nicht alle sind so alt wie Ming, im Durchschnitt aber immerhin vermutlich 50–150 Jahre. Auch in den Clam Chowders an der amerikanischen Ostküste werden Islandmuscheln verwendet.

Vatnsnes
| Halbinsel |

Hvítserkur auf der Halbinsel ist eine merkwürdige Basaltformation im Watt. Manche erinnert sie an einen Troll, andere an ein riesiges Erdferkel.

Kolugljúfur-Wasserfall
| Naturerlebnis |

 Zwei blaue Wasserfälle, da, wo früher die Trollfrau Kola lebte

Der Kolugljúfur ist nicht riesig, dafür ist er auch nicht so stark von Besuchern frequentiert. Das Tal soll der Legende nach von einer Trollfrau im Zorn gestaltet worden sein.

Selasetur
| Museum |

Im Robbenmuseum wird alles über die Meeressäuger und ihre Bedeutung für die Menschen vermittelt. Touren zu Seehundbänken: www.sealtravel.is.

■ Strandgata 1, Tel. 451 23 45, www.selasetur.is, im Sommer täglich geöffnet, im Winter nur werktags. Im Laufe des Jahres wechselnde Öffnungszeiten, ISK 1300, Kinder in Begleitung e. Erwachsenen unter 15 J. gratis

KIDKA
| Strickfabrik |

Nach Hvammstangi kam Irina Kamp aus Bochum, weil sie Islandpferde liebt. Heute betreibt sie hier die größte Strickfabrik der Insel. Hauptprodukte sind Decken, Mützen, Handschuhe und Islandpullover. In diesem Metier auf Island erfolgreich zu sein ist nicht einfach, denn manche Konkurrenten lassen »designed in Iceland« in Asien produzieren oder zahlen unfaire Löhne.

■ KIDKA, Höfðabraut 34, Tel. 451 00 60, www.kidka.com, Mo–Fr 8–18, Sa-So 10–18 Uhr. Individualbesuchern wird, wenn es die Zeit erlaubt, eine kostenlose Führung durch die Strickfabrik angeboten. Am Ende gibt es ein kleines Geschenk aus Wolle. Ausführliche Führungen für Individualreisende und Gruppen inklusive Kaffee kosten ISK 700 pro Person.

 Restaurants

€€ | **Sjavarborg** Restaurant am Hafen mit internationaler Küche und Fisch.

■ Strandgata 1, Hvammstangi, Tel. 451 31 31, www.sjavarborg-restaurant.is, Mo-Fr 11–22, Sa–So 11.30–22 Uhr

Übernachten

Die größte Vielfalt an Unterkünften gibt es in Akureyri, Húsavík und am Mývatn. An anderen Orten bleiben immer noch neue errichtete moderne Hotels, Edda-Hotels oder Unterkünfte auf Bauernhöfen.

Mývatn 134

€€€ | **Icelandair Hotel** Gute Lage, schöner Blick über den See und schmackhafte Küche. ■ Reynihlið, 660 Mývatn, Tel. 444 00 00, www.icelandairhotels.com

Godafoss 137

€€€ | **Fljotsbakki Farm Hotel** Unweit der Wasserfälle, über Schotterpiste zu erreichen, im Winter kann man dort gut Polarlichter sehen. ■ 641 Godafoss, Tel. 865 19 34, www.fljotsbakki.com

Akureyri 138

€€ | **Hotel Nordurland** Einfaches, aber relativ ruhiges Hotel im Zentrum. ■ Geislagata 7, 600 Akureyri, Tel. 462 26 00, www.keahotels.is, Plan S. 141 nördl. b1

€€ | **Gullsol** Einfache Unterkunft, teilweise mit gemeinschaftlich genutzten Badezimmern. ■ Sólberg, Tel. 467 31 90, www.gullsol.is, 611 Grimsey

Skagafjörður 144

€€€ | **Tindastoll** Ein historisches Boutique-Hotel von 1894 mit viel Charme und Komfort. Hier soll schon Marlene Dietrich übernachtet haben. Ein steingefasster Hot Pot ähnelt der berühmten heißen Quelle Grettislaug. ■ Kirkjutorg 3, 550 Sauðárkrókur, Tel. 453 50 02, www.arctichotels.is

Hvammstangi 145

€€€ | **Hotel Laugarbakki** Ansprechendes Hotel unweit der N1, geräumige, moderne Zimmer. Verfügt über Hot Pots. ■ Teigagrund 6, 531 Hvammstangi, Tel. 519 86 00, hotellaugarbakki.is/hvammstangi/

ADAC Das besondere Hotel

Kleines Emporium aus Urban Farm, kunsthandwerklichem Shop, Restaurant und vier alten Häusern, die zu einem Hotel ausgebaut wurden: **Hotel Akureyri**. Eines davon war sogar mal ein Kino! Manche Zimmer sind klein, andere haben Fjordblick. Sauber, ruhig, Preis stimmt (für isländische Verhältnisse).
€€ | *Brekkugata 4, Akureyri, Tel. 462 56 00, www.hotel-akureyri.com*

Der Westen – Kaum erschlossene Wildnis

Verzückung nicht ausgeschlossen: dramatische Fjorde, eisbedeckte Gipfel, reiches Tierleben und kulturelle Schätze

In diesem Kapitel:

28	Borgarnes	150
29	Reykholt	151
30	Snæfellsjökull	152
31	Breidafjörður	155
32	Látraberg	158
33	Isafjörður	159
34	Hornstrandir	160
	Übernachten	161

Der Westen gilt vielen Kennern der Insel als ein letzter Geheimtipp, eine letzte Bastion. Die räumliche Distanz zur Hauptstadt allein ist nicht der Grund. Die Isolation in der Vergangenheit, als im Winter aufgrund von Schneestürmen viele Ortschaften von der Außenwelt abgeschnitten waren, was auch heute noch passieren kann, die wuchtigen Felsformationen in den Fjordtälern oder die Konzentration auf den Fischfang und damit auf das Meer statt auf die Landwirtschaft – all das macht das Gebiet der Westfjorde zu einer enklavenartigen Insel innerhalb der Insel. Ganz allmählich ändert sich das.

Näher an der Ringstraße und auf der Halbinsel des Vulkans Snæfellsjökull ist die touristische Infrastruktur gut erschlossen. Im äußersten Westen der Fjordtäler aber sind es durchaus mal 100 km bis zur nächsten Tanke oder 50 km bis zum nächsten Bett.

ADAC Top Tipps:

 Látraberg
| Vogelklippen |
Millionen von Vögeln brüten an Klippen, so hoch wie Wolkenkratzer. 158

ADAC Empfehlungen:

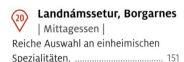

Landnámssetur, Borgarnes
| Mittagessen |
Reiche Auswahl an einheimischen Spezialitäten. 151

 Deildartunguhver, Reykholt
| Heißwasserquelle |
Tomaten, bewässert von einer Heißwasserquelle – lecker! 151

 Bjarnarhöfn, Breidafjörður
| Haifischhof |
Hákarl: Genuss oder eher Mutprobe mit Luft-Anhalten? 156

28 Borgarnes

Verkehrsknotenpunkt in den Westen und den Norden mit viel Geschichte

 Information

■ Die besten Informationen über die Westfjorde sind im Hyman Centre in Borgarnes erhältlich. Es befindet sich, an der N1-Ringstraße, Borgarbraut 60, Tel. 437 22 14, tgl. 8–23.30 Uhr, www.west.is

ADAC Mobil

Der **Hvalfjörðurgöngin** bei Akranes ist der längste Tunnel der Insel. Er erspart Autofahrern zwischen Borgarnes und Reykjavík seit seiner Fertigstellung im Juli 1998 eine Stunde Fahrtzeit, die Fahrt dauert gerade mal sieben Minuten. Vorher musste die Straße um den 30 km langen Hvalfjörður befahren werden, doch der Fjord bietet wenig außer einem beschwerlich zu erwandernden Wasserfall, einem Aluminiumschmelzwerk und einem Schlachthof für Finnwale.
Der Tunnel hat eine Länge von 5762 m und ist 165 m tief. Die Baukosten sollten durch eine Mautgebühr bis 2018 finanziert werden, doch schon nach zehn Jahren war alles bezahlt. Seitdem ist die Fahrt gratis.
2010 kritisierte der ADAC die schlechte Beleuchtung im Tunnel, mangelhaften Luftaustausch und die zu große Entfernung von der nächsten Feuerwehrstation. Die Betreiber des Tunnels reagierten und behoben die Mängel.

Das erste Gebäude von Borgarnes war eine Hütte, die ein Schotte errichtete, um Lachse zu räuchern. Vorher aber schon lebten in dieser Gegend Dichter, Heilkundige und Politiker, die Weltgeschichte schrieben. Von ihnen kündet Landnámssetur, das Landnahme-Zentrum. Heute wohnen in dem Ort am Borgarfjörður fast 2000 Menschen. Die Ringstraße N1 überquert den Fjord auf einer 520 m langen Brücke unmittelbar neben der Ortschaft.

 Sehenswert

Landnámssetur
| Museum |
Das Museum über die isländische Siedlungsgeschichte ist didaktisch gut gegliedert und technisch ausgefeilt, teilweise mit Audiogeräten. Thema ist die frühe Besiedlung Islands seit dem 9. Jh. Neben der Siedlungsgeschichte informiert die Ausstellung über blutige Familienfehden, kurzweilige Sagas und berichtet immer wieder von Egil Skallagrímsson, dem berühmtesten Wikinger und frühen Dichter der Insel. Egils Vita ist eng mit Borgarnes verbunden.
■ Brákarbraut 13, Tel. 437 16 00, www.landnam.is, geöffnet das ganze Jahr tgl. 10–21 Uhr

Borg á Myrum
| Skulptur |
Nördlich von Borgarnes liegt der alte Bauernhof Borg á Myrum. In einer berühmten Passage der Egilssaga verfasst der verzweifelte Egil nach dem Verlust seiner beiden Söhne das Gedicht Sonatorrek. Es diente dem Bildhauer Ásmundur Sveinsson als Inspiration für eine Skulptur, die vor dem Bauernhof aufgestellt wurde.

Restaurants

 €€ | Restaurant Landnámssetur
In eines der ältesten Häuser von Borgarnes ist das Restaurant des Landnahme-Museums eingezogen. Zwischen 11.30 und 15 Uhr wird beim »Wellness-Buffet« die Vielfalt isländischer Küche angeboten, wobei das Hauptaugenmerk auf vegetarischen Gerichten liegt. À la carte gibt es Fisch, Lamm, Hummerschwänze, aber auch Pizza und Burger. ■ Brákarbraut 13, Tel. 437 16 00, www.landnam.is, geöffnet das ganze Jahr tgl. 10–21 Uhr, ISK 2400

29 Reykholt

Wo die Sagas früherer Zeiten zum Leben erweckt werden

Information

■ Tourist-Information: in Snorrastofa, Tel. 433 80 00, www.snorrastofa.is, 1. Mai–31. Aug. tgl. 10–17, 1. Sept.–30. April Mo–Fr 10–17 Uhr

In Reykholts Umgebung dampft und sprudelt es wie wild. Heiße Quellen dringen an die Erdoberfläche. Frühe Siedler überstanden mithilfe der Erdwärme fern der Küste die Winter. Eine der Quellen heißt Skrifla und wurde bereits im 13. Jh. genutzt, um eine Steinwanne zu beheizen. Dort badete Snorri aus dem Geschlecht der Sturlunger, der wichtigste Politiker der isländischen Geschichte und Schriftsteller bedeutsamer religiöser und politischer Texte. Besonders gilt das für die Snorra-Edda, die Egilssaga und die Heimskringla, ein gewichtiges Geschichtsbuch über nordische Königshäuser. Snorri war ein gewiefter Politiker, dem es gelang, die alten demokratischen Strukturen der Insel zu seinen Gunsten auszuhebeln, sodass er zum wichtigsten Mann der Insel aufstieg. Was als Zeichen der Stärke gegenüber europäischen Konkurrenten erscheinen könnte, wurde Island bald zum Verhängnis. Der norwegische König ließ Snorri auf Reykholt ermorden und konnte sich so das führerlos gewordene Island als Kolonie einverleiben.

Sehenswert

Snorrastofa
| Museum |

In Snorrastofa wird die Sagazeit lebendig. Eine Ausstellung über die germanische Götterwelt verdeutlicht das Weltbild von Snorris Edda. Die neue Kirche beeindruckt durch ihre schlichte, lichtdurchflutete Architektur, im Garten steht eine Skulptur Snorris des norwegischen Künstlers Gustav Vigeland und etwas abseits befindet sich Snorralaug. In ihr kann gebadet werden.

■ Tel. 433 80 00, www.snorrastofa.is, 1. Mai–31. Aug. tgl. 10–17, 1. Sept.–30. April Mo–Fr 10–17 Uhr

Deildartunguhuver
| Heißwasserquelle |

 Schmackhafte Tomaten an Europas größter Heißwasserquelle

Aus einem kleinen Graben mit orangeroter Erde blubbert es. Das ist die stärkste Heißwasserquelle Europas. Sie fördert 180 l pro Sekunde und tritt mit 97 °C aus. Diese Energie versorgt die ganze Umgebung mit Strom und ermöglicht eine Landwirtschaft unter Glas. Der hübsche Farn Struthiopteris fallax wächst direkt neben den Quellen und sonst nirgendwo anders auf der Welt.

Im Blickpunkt

Literatur in Island

In jedem Isländer steckt ein Buch, sagt ein Sprichwort. Tatsächlich lesen die Isländer nicht nur mehr als andere Menschen, sondern bringen ihre eigenen Geschichten auch häufiger zu Papier. Das mag an den besonders langen Winterabenden liegen, an einer geringeren medialen Überfrachtung oder der Weite der leeren Landschaft, die mit Gestalten und Gefühlen angehäuft noch interessanter wird. Das war schon zur Sagazeit so, als spannende Familienchroniken in einem Stil geschrieben wurden, der verblüffend modern ist. Snorri Sturluson gilt als Meister dieser besonderen Dichtkunst, seine »Edda« ist Weltliteratur. Fast 1000 Jahre später setzen seine Landsleute die Tradition fort. Isländische Schriftsteller wie Gunnar Gunnarsson oder der Nobelpreisträger Halldór Laxness berichteten in diesem typischen Schreibstil über Fischer, Auswanderer und Pferdezüchter, der Meister des Islandkrimis Arnaldur Indriðasson über traurige Mörder und seine drogenabhängige Tochter. Wer sich für den Urlaub mit isländischer Literatur eindecken möchte, dem seien auch die Autoren Steinunn Sigurðardóttir empfohlen oder Jón Kalman Stefánsson mit seinen verstörend-melancholischen Geschichten. Island ist Literaturland. Spannendes findet sich in Souvenirgeschäften und Buchhandlungen auf der ganzen Insel und selbstverständlich in digitaler Form.

Der entscheidende Faktor beim Geschmack der Tomate, so meinen die Züchter in Island, ist das Wasser. Isländisches Wasser schmeckt gut und ergo auch die Tomaten. Die besten im Land gibt es neben der Quelle Deildartunguhver. Das Geld wirft man in die bereitgestellte Box.

■ Reykdælavegur, freier Zutritt, immer geöffnet

Hraunfossar
| Wasserfall |

Die Wassermassen fließen aus der mit Moos bewachsenen Lava und sprudeln reizvoll auf 900 m Länge einen Abhang herab in den Hvitá-Fluss. Nicht weit entfernt von Hraunfossar bricht sich der Barnafossar–Wasserfall.

Entspannung

Krauma Von der Deildartunguhver-Quelle gespeist, bietet dieses neue Spa sechs Bäder unterschiedlicher Temperatur und zwei Dampfbäder. ■ Tel. 555 60 66, www.krauma.is, tgl. 11–23 Uhr, ISK 3950 für Erwachsene ab 17 J.

30 Snæfellsjökull

Dieser Gletscher soll magische Kräfte haben

Information

■ Das Snæfellsjökull-Nationalpark-Besucherzentrum befindet sich neben der kleinen Kirche in Hellnar und informiert über Tierleben, Geschichte und Geologie; im Sommer tgl. 9–16 Uhr, Tel. 436 68 60, www.ust.is

■ Tourist-Information: Grundargata 35, 350 Grundarfjörður, Tel. 438 18 81, www.west.is

Snæfellsjökull

Auch in dieser Mooslandschaft gibt es einen Herbst, allerdings nur am Boden

Die Snæfellsnes-Halbinsel schrieb Literaturgeschichte: In Jules Vernes Roman »Die Reise zum Mittelpunkt der Erde« klettern die Protagonisten durch den Krater in die Erde. Warum Jules Verne gerade diesen Berg auswählte, ist nicht bekannt, doch noch immer sind viele Menschen von der Besonderheit und den übernatürlichen Kräften des 1446 m hohen gletscherbedeckten Vulkans, der als der schönste Islands gilt, überzeugt. Manche Menschen, die an das Übernatürliche glauben, behaupten, der Snæfellsjökull sei einer von sieben Kraftzentren auf der Erde. Andere sind sich sicher, dass er das Herz-Chakra unseres Planeten ist. Angeblich kreuzen sich an seiner Stelle viele Kraftlinien des irdischen Energiefeldes. Die Linie von den Pyramiden im ägyptischen Gizeh zum magnetischen Nordpol schneide den gletscherbedeckten Vulkan exakt. Zieht der Snæfellsjökull deshalb so viele Menschen in seinen Bann? Auch die Isländer meinen, dass der Berg eine besondere Energie habe. Der Nobelpreisträger Halldór Laxness beschrieb in seinem Buch »Unter dem Gletscher« eigentümliche Vorkommnisse, die sich im Schatten des Vulkans ereigneten.

Der letzte Ausbruch liegt 1800 Jahre zurück. Gefahr aus dem Erdinnern droht bei einer Besteigung also nicht.

Snæfellsjökull

Mit Steigeisen lässt sich der Gipfel in etwa vier Stunden erklimmen. An klaren Tagen sieht man von dort die Küsten Grönlands.

 Sehenswert

Ströndin
| Wanderung |
Eine zweieinhalbstündige Wanderung führt entlang vieler bizarrer Säulen, Torbögen und Schluchten aus Lavagestein vom kleinen Hafen Arnarstapi nach Hellnar oder in die umgekehrte Richtung.

Londrangar
| Steine |
Zwei hohe Lavasäulen am Meer mit Vogelkolonie. Unweit davon soll der Dichter Kolbeinn Jöklaskáld einst so gut gereimt haben, dass er einen Dichter-Wettkampf mit dem Teufel gewann. In Malariff befindet sich ein fotogener Leuchtturm, in Djúpalónsandur ein Strand mit vier Steinen. Früher dienten die Steine Fischern als Maßstab ihrer Körperkraft. Wer einen der Steine anheben konnte, war entweder ein »ganz starker Mann« (Fullsterkur, 145 kg), ein »Mittelstarker« (Hálfsterkur, 100 kg), ein »So-na-ja-Starker« (Hálfdrættingur, 54 kg) oder ein Amlódi – ein echter Schwachmatikus also, denn der konnte nur gerade mal 23 kg stemmen. Wer als Fischer arbeiten wollte, musste mindestens ein Hálfdrættingur sein.

Hellissandur
| Fischerort |
Im Jahr 1477 erreichte ein würdiger Herr per Schiff die Küste und verbrachte einen Winter auf dem Hof Inhjaldshóll, um sich bei einheimischen Fischern über den Seeweg nach Westen zu erkunden. Der Besucher sei Christopher Kolumbus höchstpersönlich gewesen. Diese erstaunliche Geschichte geht nicht etwa auf Legenden zurück, sondern basiert auf Schilderungen im Tagebuch des Seefahrers selbst. Der Begegnung von Kolumbus und den Isländern wird in der Kirche von Hellissandur in Form einer großen Wandmalerei gedacht.

Westlich von Hellissandur befindet sich der 412 m hohe Sendemast Gufuskálar. Die Konstruktion wurde 1963 von der US-amerikanischen Küstenwache errichtet. Heute wird der Mast vom isländischen Rundfunk genutzt, um auf Langwelle zu senden. Es ist noch immer das höchste Bauwerk Westeuropas.

 Restaurants

€€ | Fjöruhusið Kleines Bistro-Café am Hafen von Hellnar, bekannt für schmackhafte Suppen. Geöffnet nur in den Sommermonaten. ■ Tel. 4356844

€€€ | Buðir Hotel Gourmet Restaurant Hanse-Kaufleute aus Bremen betrieben im 16. Jh. einen kleinen Stützpunkt an einer Bucht. Heute steht dort das Buðir Hotel mit einem Restaurant, das auf der ganzen Insel für die Qualität seiner Speisen berühmt ist. Der Küchenchef schwört darauf, dass der Vulkan Snæfellsjökull die Nutzpflanzen im Garten besonders gut schmecken lässt. Fein und teuer. ■ Buðir, Tel. 4356700, www.hotelbudir.is

 Erlebnisse

Höhlenführung In Vatnshellir nahe Arnastapi kann während einer 50-minütigen Führung eine 8000 Jahre alte Lavahöhle besichtigt werden. Helme und Taschenlampen werden gestellt, warme

Kleidung und festes Schuhwerk sind mitzubringen. ■ Tel. 787 00 01, www.summitguides.is, im Sommer tgl. 10–18 Uhr

31 Breiðafjörður

Die Autofähre Baldur quert den zentralen Fjord des Westens

(i) Information

■ Tourist-Information: Stykkisholmur, Egilshus, Aðalgata 2, Tel. 438 17 50, west.is, tgl. 10–17 Uhr

Die reizvoll in einer Bucht aus vorgelagerten Schären und Eilanden gelegene Ortschaft Stykkisholmur war einst Stützpunkt der Hanse. Das älteste Haus ist das Norska Husið von 1832, das erste doppelstöckige Haus Islands. Andere Behausungen des 19. Jh. befinden sich in der Aðalgata und Skólastigur. Der Hügel Súgandisey bietet eine gute Orientierung.

Der Name der Ortschaft geht zurück auf einen großen Felsen im Hafen, auf dem sich heute die Landungsbrücke befindet. Hier legt die Autofähre nach Brjánslækur am Nordufer des Breiðafjörður ab. Ein Zwischenstopp gilt der bewohnten kleinen Insel Flatey, einem Treffpunkt für Künstler und Naturliebhaber.

Sehenswert

Vatnasafn
| Ausstellung |
In dem ansprechenden Art-déco-Gebäude über der Stadt geht es ums Wasser. Isländer wissen es zu schätzen und Besucher können sich allerorts von seinem Geschmack überzeugen. Im ersten Raum werden Hörbeispiele über

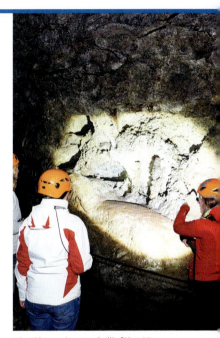

Die Führung in Vatnshellir führt 35 m unter die Erde

das Wetter auf Island präsentiert. In den zweiten stellte der amerikanische Künstler Roni Horn hohe Glassäulen, die mit Wasser von Islands 24 Gletschern gefüllt wurden. Diese Installation ist schon jetzt historisch, denn der ursprünglich auf 1198 m Höhe gelegene Ok-Gletscher ist mittlerweile verschwunden und nur das Wasser, das dafür abgefüllt wurde, erinnert noch an ihn. Der Ok zeigt beispielhaft, wie schnell Gletscher kommen und gehen können: Weil es vor 1000 Jahren auf Island recht warm war, existierte der Ok damals nicht, während der Kaltzeit im Mittelalter aber schon. Nun ist er aufgrund jüngster Erwärmungen wieder verschwunden.

■ Bókhlöðustígur 19, Stykkishólmur, www.artangel.org.uk/project/library-of-water/, Mo–Sa 12–16, So 13–16 Uhr

31 Breiðafjörður

Baldur
| Fähre |

Die 68 m lange Autofähre Baldur mit einer Kapazität von 280 Passagieren und 49 PKWs verkehrt zwischen Stykkisholmur, Flatey und Brjánslækur bei einer Höchstgeschwindigkeit von 14 Knoten. So dauert die Überfahrt etwa drei Stunden.

■ Fährtickets gibt es bei Seatours. Sæferðir, Smiðjustígur 3, Tel. 433 22 54, www.seatours.is

Bjarnarhöfn
| Haifischhof |

Der Gammelhai ist nichts für jedermann, aber typisch

An Hákarl (oder Gammelhai) scheiden sich die Geister. Bei der Erwähnung der isländischen Spezialität leuchten manchen Eingeweihten die Augen vor Freude auf, während andere ihr Gesicht schmerzhaft verziehen. Beide werden sich an den Ammoniakgeruch erinnern, der trotz monatelangen Auswaschens in Salzwasser und Abhängens an der frischen Luft nicht vollständig verschwunden ist. Das fermentierte Fleisch des Grönlandhais schmeckt nicht jedem, aber erst wer ihm nahe gekommen ist, kann mitreden. Auf dem Bauernhof Bjarnarhöfn ist das bei einer Führung möglich. Auch denen, die nichts essen wollen, bietet sich hier eine außergewöhnliche Begegnung mit einem Lebewesen, das älter werden kann als jedes andere Wirbeltier (ein 5 m langes Exemplar wurde 392 Jahre alt), aber nur als Beifang in die Netze gerät.

■ tgl. 9–18 Uhr, Tel. 438 15 81, www.bjarnarhofn.is

Im Blickpunkt

Die Entdeckung Amerikas

Der erste europäische Besucher Grönlands soll Erik der Rote gewesen sein. Er war wegen Mordes in Island auf drei Jahre in die Acht geschlagen worden und fand um 980 n. Chr. eine große Insel. Er nannte sie »Grünes Land«. Archäologen entdeckten bisher 400 Bauernhöfe und schätzen die nordische Bevölkerung Grönlands zu dieser Zeit auf 3000 Menschen. Allein waren die Wikinger in Grönland allerdings nicht. Sie tauschten Waren mit der Urbevölkerung, die sie als Skrælinge bezeichneten, ein Begriff, der etymologisch mit dem deutschen Wort »schreien« verwandt sein könnte.

Eriks Sohn Leif erreichte im Jahr 1000 Vinland, das heutige Neufundland. Auch dort gab es Menschen, die das Land bereits für sich entdeckt hatten. Im Gegensatz zu Grönland eskalierte das Verhältnis zu den Ureinwohnern schnell: Schon Leifs Bruder Thorwald tötete acht Skrælinge und nach 30 Jahren und vielen Kämpfen wurde die Kolonie in Nordamerika aufgegeben.

Die Grönlandsaga und Vinlandsaga berichten von diesen Ereignissen. Lange Zeit glaubte man, es handele sich um Fantasiegeschichten, doch inzwischen haben Funde bewiesen, dass die Wikinger tatsächlich, viele Tausend Jahre nach den »Skrælingen« aus Asien und 500 Jahre vor Kolumbus, die ersten Europäer in Amerika waren.

Eiriksstaðir
| Bauernhof |

Erik der Rote lebte auf Eiriksstaðir, bevor er seine Feinde auf dem nahen Bauernhof Drangar erschlug. Daraufhin wurde er Islands verwiesen und entdeckte Grönland. Sein hier geborener Sohn Leif Eriksson fuhr noch weiter nach Westen und entdeckte im Jahr 1000 als erster Europäer das kanadische Labrador und Neufundland. Heute ist der Hof ein Museum. Kostümierte Guides erklären das Leben im Torfsoden-Langhaus und was es mit den Seefahrten der Wikinger auf sich hatte.
■ Tel. 8997111, eiriksstadir.is, im Sommer tgl. 9–17 Uhr

Flatey
| Insel |

Die »flache« Insel im Breiðafjörður ist zwar nur 2 mal 1 km groß und beherbergt im Winter nicht mehr als ein Dutzend Menschen, hat aber in der Geschichte Islands eine gewichtige Rolle gespielt. Im 12. Jh. stand auf der Insel ein Kloster. Später wurde auf Flatey die größte und wichtigste aller Handschriften des Landes, das Flateyjarbók, aufbewahrt. Es besteht aus 225 Seiten beschriebener und bemalter Kalbshaut und ist im Kulturhaus in Reykjavík zu bestaunen. Sehenswert sind die immer geöffnete Kirche auf dem höchsten Punkt der Insel, deren Decke von dem katalanischen Künstler Balthasar Samper in den 1960er-Jahren mit Darstellungen des Insellebens bemalt wurde, die älteste Bibliothek Islands, einige Papageientaucherkolonien und das Restaurant Samkuomuhúsið, in dem sich die Bewohner der Insel treffen. Die Insel ist Schauplatz des Islandkrimis »Das Rätsel von Flatey« von Viktor Arnar Ingólfsson.

Dynjandi
| Wasserfall |

Vom Parkplatz führt ein bisweilen feuchter Weg vorbei an grünen Moospolstern zu bunten Gesteinsbändern am Fuße des 100 m hohen Wasserfalls, der zum Arnarfjörður herabstürzt. Der Arnarfjörður ist ein 30 km langer Fjord, von dem behauptet wird, er beherberge mehr Monster und Zauberkundige als jeder andere Ort Islands.

Restaurants

€ | **Vegamót** Ein kleines Restaurant in einem kleinen Ort, das verschiedene Gerichte zu vernünftigen Preisen anbietet. Neben Fleisch und Fisch werden auch diverse vegetarische Speisen zubereitet. Ein alternativer Treffpunkt. ■ Bildudalur, Tel. 456 22 32

€€ | **Hotel Flokalundur Restaurant** Viele gute Restaurants gibt es in dieser Gegend nun wahrlich nicht. Frühstück und Abendessen im Hotel Flokalundur gewinnen keine Auszeichnungen, aber sind korrekt in Preis und Qualität. ■ Vatnsfirði, Flokalundur, Tel. 456 20 11, www.flokalundur.is, tgl 8–22 Uhr

€€ | **Samkuomuhúsið** Das Restaurant befindet sich im Hotel der Insel und serviert als Spezialitäten geräucherten Seevogelsalat und Kabeljau. An manchen Abenden hören die Einheimischen gemeinsam Musik oder rezitieren Gedichte. ■ 345 Flatey, Tel. 422 76 10, www.hotelflatey.is

€€€ | **Narfeyrarstofa** Das schicke Restaurant befindet sich in einem der historischen alten Holzhäuser. Es ist bekannt für guten Service und hohe Qualität. Es gibt Burger, Muscheln, Lamm, Fisch und Seevogel. ■ Aðalgata 3, Stykkisholmur, Tel. 533 11 19, narfeyrarstofa.is, tgl. 12–21 Uhr

32 Látraberg

Papageientaucher am westlichsten Punkt Europas

Information

- www.west.is, oder in dem Museum Hnjótur, Örlygshöfn, Tel. 456 15 96, www.hnjoturtravel.is

Die Gesamtzahl an Vögeln an den über 400 m hohen und 14 km langen Klippen von Látraberg ist unbekannt, Schätzungen aber gehen in die Millionen. Besonders Tordalk und Papageientaucher locken Vogelliebhaber an das westlichste Ende Inseleuropas.

Sehenswert

Hnjótur
| Museum |

Ein Sammelsurium von Fischerbooten bis hin zu einer Antonov AN-2 und einer Douglas C 117D. Angeschlossenes Café und Gästehaus. In der Nähe befindet sich seit 1947 der britische Trawler Dhoon, ein Schiffswrack, direkt am Strand.

ADAC Wussten Sie schon?

> Warum das Land **Island** heißt? Der Wikinger Flóki Vilgerðarson hatte auf einer gefahrvollen Reise durch den Westen im Jahr 860 n. Chr. bereits seine Tochter und all sein Vieh verloren, als er auf einen Berg stieg und einen Fjord sah, auf dem Eisberge schwammen. Das veranlasste ihn dazu, den Ort Island zu nennen. Der Fjord, auf dem die Eisberge schwammen, ist der Arnarfjörður.

- Örlygshöfn, Tel. 456 15 96, www.hnjoturtravel.is

Rauðasandur
| Strand |

Ein zimtfarbener Traumstrand mit einer großen Robbenpopulation und Ruinen eines Farmgeländes, auf dem sich im Jahr 1802 ein aufsehenerregender Doppelmord ereignete, der Gunnar Gunnarsson zu der Geschichte »Schwarze Vögel« inspirierte. An den Strand kommt man nur mit dem Allrad, zu Fuß oder mit dem Mountainbike. Ein langer Weg führt entlang der Klippen des Látrabergs bis zum westlichsten Punkt Europas.

Látraberg
| Vogelfelsen |

 Eine der größten Vogelkolonien weltweit

Der westlichste Punkt Europas (24 Grad 32' W) ist markiert durch den Leuchtturm von Bjartanger. Um Vögel zu sehen, ist es nicht zwingend notwendig, dem 6 km langen Fußweg zum Heiðnakinn zu folgen, dem höchsten Punkt der Klippenlandschaft, denn Vögel gibt es am Látraberg überall. Und doch ist der Blick aus 441 m Höhe über das Meer gewaltig. An klaren Tagen lässt sich aus dieser Höhe sogar die Reflektion des Lichts über der Eiskappe des 278 km entfernten Grönlands erkennen. 441 m – das ist etwa doppelt so hoch wie die meisten Wolkenkratzer Frankfurts, und die Klippen fallen, einer modernen Architektur gleich, fast vertikal ab. Es ist daher ratsam, sich an der obersten Kante vorsichtig, auch der plötzlichen Böen wegen, auf den Bauch zu legen. So lassen sich in Ruhe die Stockwerke des Vogelfelsens beobachten: Ganz unten leben die Tordalke, darüber die Eissturmvögel, dann die Dreizehenmöwen und an den steilsten Stücken der Klippen die Dickschnabellummen. Weiter aufwärts brüten die Trottellummen, dann wieder Tordalke und noch einmal die Eissturmvögel, bevor die bunten Papageientaucher auf der obersten Kante im Gras ihre Nester bauen. Da die Papageientaucher am Látraberg nur selten gejagt werden, erlauben sie es den Besuchern, näher zu kommen als sonst. Die beste Zeit dazu ist in den hellen Nächten des Sommers, allein schon weil die meisten Papageientaucher erst nach 22 Uhr vom Meer zurück an den Látraberg fliegen.

 Restaurants

€€ | **Café im Museum Hnjotur** Weit und breit ist das die einzige (und beste) Gelegenheit zur Einkehr. Kleine Gerichte, Suppen, Kuchen und Getränke, manchmal auch mehr als das. ■ Órlygshöfn, Tel. 456 15 96, www.hnjoturtravel.is

Isafjörður

Zentraler Ausgangspunkt für Ausflüge in die isolierte Welt einsamer Westfjorde

Information

■ Hier erhält man Auskünfte über die Westfjorde, außerdem gibt es Fahrräder und Campingausrüstungen zu mieten. Eine gute Basis für Ausflüge in andere Fjordsysteme. Edinborg, Adalstraeti 7, Tel. 450 80 60, www.westfjords.is, im Sommer Mo–Fr 8–18, Sa–So 8–15 Uhr

Isafjörður zählt etwa 4000 Bewohner. Das ist die Hälfte der Gesamtbevölkerung der Westfjorde. Im 18. Jh. wurde der Ort zur größten Stadt von ganz Island, weil die Fischgründe zwischen der Insel und Grönland besonders reich waren. Mit dem Aufstieg Reykjavíks dagegen geriet Isafjördur ins Abseits. Im historischen Turnhús von 1744 ist das Seefahrtsmuseum untergebracht, im Tjöruhusið von 1742 finden in den Sommermonaten abends Musikaufführungen statt.

 Sehenswert

Safnahusið
| Volkskundemuseum |
Das große Gebäude am Rande des Stadtzentrums diente früher als Krankenhaus. Heute beherbergt es außer dem Museum für Regionalgeschichte das Stadtarchiv und die Bibliothek.
■ Eyrartún, Tel 456 32 96, www.safn.is, Mo–Fr 13–19, Sa–So 13–16 Uhr, gratis

Melrakkasætur
| Polarfuchs-Zentrum |
Das weltweit einzige Polarfuchs-Zentrum dokumentiert das Leben des Vulpus lagopus, des einzigen ursprünglichen Landsäugetiers Islands. Im Garten spielen oft gerettete Welpen totgeschossener Eltern (die Polarfuchsjagd ist in Island erlaubt). Naturschützer des Zentrums beobachten die Polarfuchspopulation von Hornstrandir.
■ Café. Sudavik, Evardalur, Tel. 456 49 22, www.melrakki.is, im Sommer geöffnet 10–22 Uhr. Kinder unter 14 J. gratis, Erwachsene ISK 1200

Seafood Trail
| Führung |
Im pittoresken Suðureyri an einem der schmalsten Fjorde Islands dreht sich alles um Fisch. Eine gute Möglichkeit, den Ort kennenzulernen, ist der ge-

33 Ísafjörður

führte Spaziergang auf dem Seafood Trail mit Besichtigung der Fischfabrik.
■ ISK 5000 pro Person (Tour gratis für Gäste, die im Fisherman Hotel übernachten). Zentrum aller Aktivitäten ist besagtes Fisherman Hotel. Buchung für den Seafood Trail per E-Mail: fisherman@fisherman.is

🍽 Restaurants

€€ | **Tjöruhúsið** Manche Isländer behaupten, dieses Restaurant serviere den frischesten Fisch Islands. An manchen Abenden finden Lesungen und Konzerte statt. Geöffnet mittags und abends (Buffet). ■ Neðkaupstað, Isafjördur, Tel. 456 44 19

€€€ | **Fisherman Restaurant** Mit Fischhäuten und Schwarz-Weiß-Fotografien stilvoll dekoriert, die Zutaten des Essens stammen aus der unmittelbaren Umgebung oder aus dem Fjord. ■ Adalgata 15, Sudureyri, Tel. 450 90 00, www.fishermaniceland.de/pages/besuche-uns

🎵 Konzert

Aldrei for ég suður Seit 2004 findet am Osterwochenende in Isafjörður das Aldrei for ég suður statt, die erste Adresse für Bands aus dem Westen Islands. Der Name des Musikfestivals geht auf ein Lied von Bubbi Morthens zurück (auf Deutsch »Ich bin nie nach Süden gegangen«). www.aldrei.is

34 Hornstrandir

Das letzte Paradies für Abenteurer im wilden Nordwesten

ℹ Information

■ Tourist-Information, Edinborg, Adalstraeti 7, Tel. 450 80 60, www.westfjords.is, im Sommer Mo–Fr 8–18, Sa–So 8–15 Uhr, auch www.westtours.is

Die nordwestlichste Halbinsel Islands besteht aus einer atemberaubend schönen Küste mit vielen Vogelfelsen, überraschenden Spuren menschlicher Besiedlung und dem Drangajökull, dem einzigen Gletscher Islands, der sich nicht zurückzieht. Seit 1975 steht die Landschaft unter strengem Naturschutz.

Der Gletscher Drangajökull ist mit 925 m zwar niedriger als jeder andere der 23 Gletscher Islands, trotzdem ist genau sein Bestand nicht gefährdet, denn er befindet sich nahe der Meerenge zu Grönland in einem Ökosystem, das kalt genug ist, um seine Eismassen zu erhalten. Eine seiner Gletscherzungen, der Lónsjökull, kalbt fast in den Isafjord.

Besucher erreichen die Halbinsel von Holmavík zu Fuß oder von Isafjördur oder Bolungarvík mit der Fähre. Auf gehobenen Übernachtungskomfort kann in Hornstrandir nicht gezählt werden. Entweder man bleibt in Hütten, schläft im Leuchtturm oder schlägt das Zelt auf.

An langen Sommertagen kann die Halbinsel ausgiebig erwandert werden. Alternativ zu Schusters Rappen bieten sich Ausflüge im Kajak oder mit dem Pferd an. Vogelliebhaber suchen Hornbjargs Klippen auf. Sie dienen sechs Millionen Vögeln als Nistplatz. In der Nähe befinden sich die Reste ehemaliger Bauerngehöfte in Hornvik. Die Bewohner lebten u.a. vom Treibholz der großen Flüsse Sibiriens.

■ Wöchentliche Fährverbindungen zwischen Ende Juni und Ende August über www.westtours.is oder direkt bei Sjóferðir, Tel. 456 38 79, www.sjoferdir.is

Übernachten

Die Hotels und Gästehäuser im Westen sind außerhalb der Snæfellsnes-Halbinsel, Borgarnes und Isafjörður rar gesät. Lange Anfahrten vom Hotel zu einer Sehenswürdigkeit sind nicht ungewöhnlich. Viele der Unterbringungsmöglichkeiten sind einfach, aber charmant. In vielen kann (oder muss) der Gast wählen zwischen Zimmern unterschiedlicher Kategorie.

Breidafjörður 155

€€ | **Edda Hotel** Ein einfaches, aber freundliches Haus mit gutem Restaurant in traumhafter Umgebung, die zum Wandern einlädt. Besonderer Anziehungspunkt ist die steingefasste heiße Quelle vor dem Hotel. Dort badeten in der Laxdæla-Saga die Liebenden. ■ Laugar, Saelingsdal, 371 Búðardalur, Tel. 444 49 30, www.hoteledda.is

€€ | **Hotel Flokalundur** Einfaches Hotel mit engagiertem Personal und guter Küche. Unweit des Hotels befindet sich eine natürliche warme Quelle am Meer. ■ 451 Patreksfjörður, Tel. 456 20 11, www.flokalundur.is

€€ | **Stekkaból** Ein kleines Gästehaus, das von einem sehr sympathischen Ehepaar geleitet wird. Sauber. ■ Stekkar 14, 451 Patreksfjörður, Tel. 864 96 75, stekkabol.net

Látraberg 158

€€€ | **Hotel Látrabjarg** Die Unterkunft bietet unterschiedliche Kategorien und ist 24 km von den Vogelklippen entfernt. Vom großen Fenster des Hotels aus hat man einen fantastischen Blick auf den Fjord. ■ Fagrihvammur, Örlygshöfn, 451 Patreksfjordur, Tel. 419 28 10, www.latrabjarg.com

Isafjörður 159

€€€ | **Fisherman Hotel** 26 km von Isafjörður entfernt bietet das originelle Hotel 26 Zimmer. Es ist die lange Anreise wert. ■ Aðalgötu 15, Suðureyri, Tel. 450 90 00, www.fisherman.is

Hornstrandir 160

€€ | **Hornbjargsviti-Leuchtturm** Verpflegung, Bettwäsche und Schlafsäcke müssen mitgebracht werden. Küche mit Elektro- und Gaskocher.
■ Tel. 568 25 33, fi@fi.is, www.nat.is; Camping ISK 1800, Schlafsack-Übernachtung im geschlossenen Raum ISK 8000, Kinder ISK 4000; für die Dusche braucht man ISK-100-Münzen

Um den Hornbjargsviti-Leuchtturm herum kann man auch zelten

Das Hochland – Jenseits der Zivilisation

Die meisten umfahren das Herz der Insel auf der Ringstraße. Hochlandpisten führen mitten hinein ins Abenteuer

Das Hochland Islands bietet Besuchern die abwechslungsreichste Wildnis Europas. Oberhalb von 400 m Höhe über dem Meeresspiegel offenbart sich seine Urgewalt in einer Landschaft aus Eis, Vulkanen, türkisfarbenen Seen, Geröllwüsten und reißenden Flüssen. Ohne ein geländegängiges Fahrzeug, Orientierungsvermögen und einen Sinn fürs Abenteuer lassen sich die Pisten jedoch kaum bewältigen.

Das Fahren abseits der Schotterwege ist strengstens verboten. Diejenigen, die das Land mit einem Mietwagen bereisen, sollten sich tunlichst vorab informieren, ob das Befahren von Schotterstraßen im Vertrag ausdrücklich erlaubt ist. Das ist selten der Fall. Wird das Fahrzeug beschädigt oder bleibt es gar liegen, wird es richtig teuer.

Vor einer Reise ist es Pflicht, den Straßenzustand zu erfragen. In den Tourist-Informationen im Land weiß man Bescheid oder aber bei Icelandic Road Association Vegagerðin, www.road.is.

Drei Routen kreuzen die Insel, andere führen zu versteckten Wasserfällen, von Erdwärme dampfenden Gletschern und irritierend grellen Moospolstern, die mitten in einer schwarzen Wüste wachsen. Dort kann man wandern, reiten oder in einer heißen Quelle ruhend dem Wind lauschen und das wechselhafte Licht des Himmels beobachten.

In diesem Kapitel:

35 Kaldidalur	164
36 Kjalvegur (Route F35)	164
37 Sprengisandur (Route F26)	166
38 Thorsmörk	167
39 Landmannalaugar	169
40 Eldgjá und Lakagígar	169
41 Ódáðahraun	170
Übernachten	172

ADAC Top Tipps:

Landmannalaugar
| Landschaft |
Hier sprudelt warmes Wasser, das zum Baden lädt – drum herum ein irres Farbspiel der Natur. 169

 Laki-Spalte, Eldgjá und Lakagígar
| Vulkanspalte |
Eine scheinbar endlos lange Kette kleiner, leuchtend grüner Vulkankegel vor schwarzem Lavasand und dem Gletschereis. 170

ADAC Empfehlungen:

 Stöng, Sprengisandur
| Wikingersiedlung |
Vulkanasche als natürliches Konservierungsmittel: Sowohl für Wissenschaftler als auch für Besucher ein Glücksfall. 166

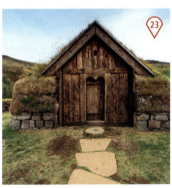

 Nýidalur, Sprengisandur
| Hochlandoase |
Die höchstgelegene zusammenhängende Vegetationsdecke im Hochland. Am schönsten ist es, wenn man ohne Ziel loswandert. 166

 Aldeyjarfoss, Sprengisandur
| Wasserfall |
Hier liegt der reizvollste Wasserfall des Landes. Der wilde Skjálfandafljót fällt hier in einen tiefen Kessel. 167

35 Kaldidalur

Die am einfachsten zu befahrene Hochlandroute

 Information

■ Tourist-Information: Süden: Campingplatz Thingvellir in Leirar an der R36, Tel. 482 26 60, www.thingvellir.is, Mai–Okt. tgl. 9–19, Nov.–April tgl. 9–17 Uhr; Norden: Borgarnes Centre an der N1-Ringstraße, Borgarbraut 60, Tel. 437 22 14, tgl. 8–23.30 Uhr, www.west.is

Die kürzeste Hochlandroute führt durch Landschaften aus flechtenbewachsenem Geröll entlang runder Bergkuppen und Gletscher. Hier ist die Eiszeit nicht weit entfernt. Reisende halten in Beinakerling, um Steine auf eine Pyramide zu legen. Das hat seit Jahrhunderten Tradition. Früher steckte man Papier mit selbst verfassten Gedichten in die Steinritzen.

 Sehenswert

Langjökull
| Gletscher |

Während Gletscher üblicherweise nicht von innen betrachtet werden, bietet ein Ausflug in den Langjökull diese Gelegenheit. Am zweitgrößten Gletscher des Landes wurde ein breiter Tunnel in das Eis gefräst. Eine informative Tour dokumentiert die Entstehung des Gletschers und die Bedrohung durch den Klimawandel. Die Tatsache, dass der Tunnel kaum zum Erhalt des Gletschers beiträgt, wird dabei ausgespart.

■ www.intotheglacier.is. Alternativ kann der Gletscher per Snowmobil erkundet werden. www.adventures.is

36 Kjalvegur (Route F35)

Zwischen den Gletschern auf guter Schotterpiste unterwegs

 Information

■ Tourist-Information: im Norden der Route in Varmahlið (Raststätte, Tel. 455 61 61, www.visitskagafjordur.is), im Sommer tgl. 9–21 Uhr oder im Süden am Geysir-Center, Biskupstugnabraut, Tel. 519 60 20, www.geysircenter.com, tgl. im Sommer 9–22, Sept.–Mai 9–18 Uhr

Das 700 m hochgelegene Kjölurtal zwischen Hofsjökull und Langjökull ist das Kernstück der F35, die den Gullfoss-Wasserfall mit den Stauseen des Blanda und der Ringstraße in Nordisland verbindet. Alle Flüsse sind überbrückt und die Schotterpisten sind in relativ gutem Zustand. Die Strecke ist bekannt für die Geothermalfelder in Kerlingarfjöll, Hveravellir und Laugafell und wurde schon in der Sagazeit geschätzt, weil zwischen den Geröllfeldern die natürlichen Grasoasen nahe genug beieinanderliegen. Dort konnten sich die Pferde nach langen Tagestouren ausruhen. An den höchsten Punkten der Strecke wölben sich aus dem Permafrost Eiskerne auf und bilden Frostmuster-Böden, sogenannte Pingos (isländisch: rústir). An ihren Rändern wachsen Flechten, Moose und Grasnelken.

 Sehenswert

Kerlingarfjöll
| Bergkette |
Zwischen rund geschliffenen Ryolithbergen und kleinen Gletschern erstrecken

Kjalvegur (Route F35)

sich Geothermalfelder mit Solfataren. Ein 25 m hoher Lavaschlot am Tindur-Berg ist namengebend: Der Schlot sehe aus wie eine kerling, eine alte Frau, so sagt eine Legende. Im »Fels der alten Frau« also gibt es eine große Skihütte mit natürlichen heißen Quellen. Im Sommer werden Skikurse abgehalten, weil der Schnee lange liegen bleibt. Die Gegend ist ein Wanderparadies, die höchsten Gipfel erreichen fast 1500 Höhenmeter und sind nur mit Steigeisen zu bezwingen. Allradbetriebene Fahrzeuge sind notwendig, eine kleine Tankstelle hat sporadisch geöffnet.

 Verkehrsmittel

Bus ab Reykjavík und Akureyri, www.sba.is. Das Ticket erlaubt, auszusteigen und an einem anderen Tag weiterzufahren.

 Restaurants

€€ | **Kerlingarfjöll** Dieses Restaurant in Asgarður besitzt eine Lizenz zum Alkoholausschank. ■ www.kerlingarfjoll.is, Tel. 6647878

ADAC Spartipp

Statt mit dem eigenen oder gemieteten Allradfahrzeug das Hochland zu erkunden, kann man sich auch fahren lassen. **Busse** der Firmen Trex, Thule, Sterna oder SBA Nordurleið fahren täglich von Reykjavík nach Landmannalaugar, Thorsmörk, Eldgja und über die Kjölur oder Sprengisandur-Route nach Norden. Teurer wird es per Super-Jeep von Kirkjubæjarklaustur zur Laki-Spalte. *www.nat.is*

Gefällt Ihnen das?

Dann können Sie noch andere heiße Quellen im Hochland genießen. Die berühmtesten befinden sich in Hveravellir, in Kverkfjöll und in Landmannalaugar (S. 121), doch viele bleiben auf den Karten unerwähnt, denn Isländer hüten die Lage »ihrer« Quelle wie ihren Augapfel. Nehmen Sie also entweder ein Bad in der Menge oder machen Sie sich auf die Suche nach Ihrer eigenen Lieblingsquelle. Im Hochland allein soll es Hunderte davon geben. Vielleicht lassen sich ja dem ein oder anderen Isländer doch ein paar Geheimnisse entlocken ...

€€€ | **Áfangi** Eine der abgelegensten Schaffarmen des Landes. Im kleinen Café werden an manchen Tagen Waffeln und Lammsuppe serviert. ■ fjallalif.is, hveravellir.is/afangi, Tel. 4524202

 Erlebnisse

Hveravellir Auf 650 Höhenmetern liegt das »heiße Tal« Hveravellir. In einer einfachen Hütte gibt es kleine Snacks, öffentliche WCs und in der nahen Umgebung einen der schönsten Badeplätze unter freiem Himmel. Auf einem Spaziergang erschließen sich einem mehr als 20 dampfende Wasserlöcher.

Die 7 m breite Bláhver-Quelle hat Sinterterrassen, die von der mineralischen Beschaffenheit des Wassers zeugen. In dieser Umgebung fanden schon Missetäter, Menschen also, die aufgrund eines kriminellen Vergehens nicht mehr auf den Schutz der Gemeinschaft zählen durften, etwas Wärme in eisigen

Wintern. Eine ausgeschilderte, kurze Wanderung quer über das Kjalhraun-Lavafeld führt zu einer Höhle, in der im 18. Jh. der berühmte Missetäter Fjalla Eyvindur und seine Frau einige Jahre verbrachten. Die heißen Quellen dienten ihnen als Herd, sie kochten ihr Fleisch darin.

37 Sprengisandur (Route F26)

Dies ist wohl die anspruchsvollste Hochlandpiste von allen

Information

■ Tourist-Information: im Hrauneyjar-Hotel auf der Südseite der Route, www.hrauneyjar.is, ansonsten im Norden in Akureyri

Mit 240 km Länge ist die F26 die längste Hochlandpiste Islands. Auf einer Länge von 70 km quert sie die größte Steinwüste des Landes, die Sprengisandur. Die Route wird seit der Sagazeit benutzt und ist Schauplatz vieler schauriger Geschichten, wahr oder erfunden, über Kriminelle, Trolle und Unglücksfälle. Manche von ihnen wurden im wohl berühmtesten isländischen Volkslied »Sprengisandur« vertont. Erst 1933 gelang eine Querung im Automobil. Diese war ein aufwendiges Unterfangen, weil das Fahrzeug immer wieder über Flüsse transportiert werden musste. Auch heute noch kann die Fahrt über die Sprengisandur gefährlich werden: Plötzliche Regengüsse können Bäche und Flüsse unpassierbar und dadurch notwendige Hilfsmaßnahmen erschweren oder unmöglich machen.

Sehenswert

Stöng
| Wikingersiedlung |

(23) *... und plötzlich brach die Hekla aus und verschüttete den Hof*

Stöng gilt als eine der am besten erhaltenen Wikingersiedlungen überhaupt. Ein Vulkanausbruch der Hekla im Jahr 1104 zerstörte den Bauernhof, der folgende Ascheregen aber konservierte die Architektur. Dieser Glücksfall für die Wissenschaft ermöglichte Grabungen und eine Rekonstruktion des alten Bauernhofs und der Kirche. In Zusammenarbeit mit Archäologen wurde viel Wert auf die originalgetreue Darstellung des Lebens in der Wikingerzeit gelegt. Die Umgebung erschließt sich durch einfache Wanderwege.
■ Tel. 488 77 13 und 856 11 90, www.thjodveldisbaer.is, 1. Juni–31. Aug. tgl. 10–17 Uhr, ISK 1000, erm. ISK 750, bis 16 J. gratis

Nýidalur
| Hochlandoase |

(24) *Ganz weit weg von der Zivilisation, zwischen den Gletschern*

Auf halbem Weg der Route stehen auf einem Plateau zwischen Langjökull und Hofsjökull zwei Wanderhütten. In ihnen kann man übernachten, der Komfort ist bescheiden, Verpflegung muss man mitbringen. An sonnigen Tagen flackern über der Geröllwüste Fata Morganas. Nýidalur ist berühmt für seine Vegetation, die sich dem erschließt, der ein Auge fürs Detail hat und sich zu den Pflänzchen herabbeugt. Ein Halt lohnt sich auch für die, die an einem Tag die Route bewältigen wollen: aussteigen, sich auf einen Felsen setzen und die Stimmung genießen. Viel einsamer geht's nicht.
■ Überlandbus. www.re.is

Thorsmörk 38

20 m stürzt das Wasser am Aldeyjarfoss in einen tiefen Kessel

Aldeyjarfoss
| Wasserfall |

(25) *Basaltsäulen machen ihn zum vielleicht schönsten Wasserfall*

Landschaftliches Kleinod: Hier fasziniert der Kontrast aus dunklen Basaltwänden und weiß schäumendem Wasser, wenn der wilde Skjálfandafljót hinabstürzt.

 Verkehrsmittel

Die 30 km lange Strecke von Aldeyjarfoss bis Goðafoss kann in der Regel mit einem normalen PKW befahren werden, es geht aber auch öffentlich: Der Überlandbus ab Reykjavík hat eine Haltestelle am Wasserfall (www.re.is). Die einzige Tankstelle der Gegend befindet sich in Hrauneyjar am Südende der Sprengisandur-Wüste.

 Restaurants

€€ | **Hrauneyjar Hotel** mit einfachem Café, Restaurant und im Sommer vielen Mücken. ■ Tourist-Information, www.thehighlandcenter.is

38 Thorsmörk

Zerklüftete Bergwelt aus moosbewachsener Lava und reißenden Flüssen

 Information

■ Tourist-Information: in Hvolsvöllur an der N1, nur wenige Kilometer von der

38 Thorsmörk

Abzweigung nach Thorsmörk entfernt: Hlíðarvegur 14, Tel. 487 80 43, www.south.is, im Sommer tgl. 9–18 Uhr

Zwischen der bizarren Berglandschaft Thorsmörk, wo der Legende nach der Gott Thor zu Hause ist, und der viel befahrenen Ringstraße liegt die Krossá, ein tosender Fluss, der selbst für große, allradbetriebene Fahrzeuge eine Herausforderung darstellt. Besser ist es, das Auto sicher abzustellen und auf einer der Fußgängerbrücken von einem Ufer zum anderen zu gelangen. Die Thorsmörk ist ein betörend schönes Fleckchen Erde. Der 458 m hohe Aussichtsberg Valahnúkur bietet ein grandioses Panorama auf Gletscher und Schmelzflüsse und ist von der zentral gelegenen Wanderhütte aus zu erklimmen. Diese Wanderhütte ist auch der Ausgangspunkt zweier berühmter Wanderwege: Zum einen der Laugarvegur, der vier Tage lang von Hütte zu Hütte bis Landmannalaugar führt, zum anderen geht der Fimmvörðuháls an einem langen Tag bis Skógar an der südlichen Ringstraße. Wem das zu viel ist, sollte eine Stunde lang durch ein verwunschenes Tal auf der Rückseite des Valahnúkur spazieren. Dort wachsen kleine, krumme Birken und bunte Blumen, vor allem der Storchenschnabel. An einer Felswand wurde vor langer Zeit ein historisches Graffiti in den Tuff geritzt.

Im Blickpunkt

Geschichtliche Konsequenzen von Klima und Wetter

Die Klimawissenschaft und Humangeschichte arbeiten in der Forschung immer enger zusammen und schaffen neue geschichtliche Zusammenhänge. Der Ausbruch eines isländischen Vulkans im 18. Jh. galt bis vor wenigen Jahren noch als regionales Ereignis. Tatsächlich aber haben die weltweiten Folgen der Laki-Ausbrüche von 1783 und 1784 zu einem Umdenken beigetragen. Der Ausbruch war ohnehin gigantisch: 42 Milliarden Tonnen Lava strömten von bis zu 800 m emporschießenden Lavafontänen nach Südisland. 12 Millionen Tonnen Schwefeldioxid erreichten die Atmosphäre. Das allein entspricht aktuell der gesamten SO_2-Luftverschmutzung Europas in zwei Jahren. Unmengen anderer giftiger Gase entwichen. Die Folgen waren nicht nur auf Island spürbar, wo fast ein Viertel der Bevölkerung starb, sondern weltweit. Die Temperaturen sanken, die Monsune in Indien und Afrika schwächten sich ab, der Nil führte kaum Wasser und einsetzende Dürren kosteten Millionen von Menschen das Leben. In Nordamerika war das Wetter so kalt, dass die Unterzeichnung des Friedensvertrags im amerikanischen Unabhängigkeitskrieg aufgeschoben werden musste. Gewaltige Schneestürme führten dazu, dass der Mississippi in New Orleans zufror und nach der Schmelze Eisberge bis weit in die Karibik hinein transportierte. In ganz Europa starben die Menschen an giftigen Gasen und an der Folge von Missernten. Das unberechenbare Wetter führte dazu, dass immer mehr Menschen in Armut lebten und hungerten. So war der Ausbruch des Laki-Vulkans (natürlich neben vielem anderen) auch Nährboden für die Französische Revolution.

Eldgjá und Lakagígar 40

 Verkehrsmittel

Bus ab Reykjavik. ■ www.re.is

 39 Landmannalaugar

Bunte Berge, schwarze Lava und heiße Quellen: Surrealismus pur

 Information

■ Tourist-Information: in Hvolsvöllur an der N1, nur wenige Kilometer von der Abzweigung auf die Sprengisandur-Route und nach Landmannalaugar entfernt: Hliðarvegur 14, Tel. 487 80 43, www.south. is, im Sommer tgl. 9–18 Uhr

Obsidian-Lavafelder
| Lavafeld |
Heiße Quellen am Rande des 500 Jahre alten Obsidian-Lavafeldes vereinen sich zu einem Bach, in dem gebadet werden kann. Die Einheimischen nennen diesen Ort die »Quellen, in denen die Landbevölkerung badet«. Von der Hütte des isländischen Wandervereins (WC und Dusche kostenpflichtig) kann man in etwa 45 Minuten über die Obsidian-Lava Laugahraun zu einem Feld aus schwefelhaltigen Solfataren am Fuße des 855 m hohen Brennisteinsalda wandern. Unmittelbar an den Solfataren befindet sich ein bunter Aussichtshügel aus Ryolithgestein und jenseits eines Baches der 945 m hohe Bláhnúkur, benannt nach seiner dunkelblauen Farbe. Auf seiner Spitze wurde eine Übersichtstafel installiert. Von dort lassen sich die Gletscherflüsse betrachten, andere farbenprächtige Berge und die Flanke des Ljótipollur, ein Explosionskrater mit grünem See und schroffen Flanken. Er ist von der Piste in Richtung Reykjavík ausgeschildert und lohnt den Abstecher.

 Verkehrsmittel

Bus ab Reykjavík, Mývatn und Skaftafell, www.landmannalaugar.info, www. re.is. Die F208 kann gegebenenfalls auch mit normalen PKWs befahren werden, alle anderen Pisten nur mit 4×4. Pferdetouren nach Landmannalaugar können über Hekluhestar, Tel. 487 65 98, oder Íshestar, Tel. 555 70 00, gebucht werden.

 Cafés

€ | **Fjallabúð Café** Am Rande des großen Parkplatzes bei der Wanderhütte steht in den Sommermonaten ein umgebauter alter Bus, in dem Getränke und einfache Snacks verkauft werden.

40 Eldgjá und Lakagígar

Vulkanspalten unweit der Vatnajökull-Gletscher

 Information

■ Tourist-Information: Skaftárstofa in Kirkjubæjarklaustur, informiert auch über die beiden Vulkanspalten. 10 Klausturvegur, Tel 487 46 20, www.south.is, im Sommer tgl. 9–17 Uhr

Aus der Luft betrachtet liegen sie nicht weit voneinander entfernt und sehen aus wie zwei ausgebreitete Reißverschlüsse. Am Boden wird deutlich, dass die Feuerschlucht und die Laki-Schlucht, zwei der verheerendsten Vulkanspalten des Landes, an einem Tag nicht gemeinsam bereist werden

ADAC Spartipp

Preiswerter übernachten auf Island geht kaum: Die **»Camping Card«** kostet umgerechnet € 159 und berechtigt 2 Erwachsene und bis zu 4 Kinder, maximal 28 Nächte lang auf mehr als 40 Campingplätzen das Zelt aufzuschlagen oder den Caravan zu parken. Der Preis der Karte rentiert sich bereits ab der 5. Nacht. *www.campingcard.is*

können. Zu unwegsam ist dafür das Gelände, zu abwechslungsreich die Landschaft.

 Sehenswert

Eldgjá
| Vulkanspalte |
Die Feuerschlucht (»Eldgjá«) ist 40 km lang und im spektakulären nördlichen Teil nahe des Gjátindur 200 m tief und 600 m breit. Die Lava floss vor 5000 Jahren bis an die Südküste.

Laki-Spalte
| Vulkanspalte |

10 *Grün bewachsene Vulkankegel nahe dem größten Gletscher*

Aus der Laki-Spalte floss 1783 und 1784 einer der größten historischen Lavaströme der Welt. 30 Milliarden Tonnen Lava und Asche kosteten nicht nur Tausende Inselbewohner das Leben, sondern hatten jahrelang große Auswirkungen auf das Weltklima. In Europa brachen durch Missernten Hungersnöte aus. Die 25 km lange Spalte ist durchsetzt von mehr als 100 Kratern. In manchen von ihnen befinden sich dunkelblaue Seen. Kleine Spaziergänge und längere Wanderungen führen durch Schluchten und zu Aussichtspunkten, von denen der Vatnajökull-Gletscher zu sehen ist. Eine surrealistisch anmutende Landschaft.

 Verkehrsmittel

Super-Jeep ab Kirkjubæjarklaustur. Tagestour mit Stopps am Fjadhrárgljúfur-Canyon und dem Fagrifoss, einem 80 m hohen Wasserfall. ■ www.nat.is, oder www.re.is, etwa 260€

41 Ódáðahraun

Landschaft nördlich des Vatnajökull und Caldera mit dampfend heißem See

 Information

■ Tourist-Information: am Mývatn-See, Hraunvegur 8, Reykjahlið, Tel. 464 44 60, tgl. 9–16 Uhr, kann auch über diese Hochlandtouren Auskunft geben

Die Anreise über die Route F88 ist beschwerlich, das lange Rumpeln des Fahrzeugs über die spitze Lava erfordert gutes Sitzfleisch und die Eindrücke sind schwer in Worte zu fassen. Wo sonst erhebt sich ein Schneefeld auf einem Tafelberg wie ein gleißend weißes Zelt? Wie sollte beschrieben werden, dass mitten in einem Gletscher, umgeben von blauem Eis, der Boden zu dampfen beginnt und Fumarolen das Eis der Decke zum Schmelzen bringen, Tropfen für Tropfen? Nirgendwo sonst auf der Insel ist das Gefühl, auf einem anderen Planeten zu sein, so stark wie zwischen Vatnajökull und dem Dettifoss. Ist es da ein Wunder, dass US-amerikanische Astronauten diese Gegend wählten, um sich auf den Mond vorzubereiten?

Sehenswert

Herdubreid
| Tafelberg |

Der 1682 m hohe Tafelberg Herdubreid ist weiblich (deutsch: die Breitschultrige) und erhebt sich mehr als einen Kilometer hoch über dem umliegenden Lavafeld. Sie wird auch als »Königin der isländischen Berge« gepriesen und gilt vielen Isländern als der schönste Berg des Landes. Aufgrund ihrer steilen Flanken wurde sie erst 1908 von einer isländisch-deutschen Expedition erstbestiegen.

Askja
| Caldera |

Die Askja ist eine 50 km² große vulkanische Senke oder Caldera. An ihrer Südostseite ereignete sich 1875 die größte Ascheeruption in der Geschichte Islands. Als Folge dieser mächtigen Explosion wurden fast alle Bauernhöfe im Umland aufgegeben. Die meisten Menschen wanderten nach Kanada aus. Außerdem entstand der 220 m tiefe malerische blaue See Öskjuvatn im Viti-Krater. Wunderbar: Umgeben von Schneefeldern kann in seinem 25 °C warmen Wasser gebadet werden. Beim Ein- und Aussteigen ist jedoch Vorsicht geboten, der Boden kann sehr heiß sein.

Kverkfjöll
| Eishöhlen |

Die Kverkjökull-Eiszunge des Vatnajökull-Gletschers liegt auf einem Geothermalfeld. In Hveradalur schmilzt die Wärme des Bodens den Gletscher und lässt begehbare Höhlen und Tunnelsysteme im Eis entstehen.

Der Öskjuvatn ist der zweittiefste See Islands (220 m) nach dem Jökulsárlón-See

Das Hochland – Jenseits der Zivilisation

 ## Übernachten

Das Hochland Islands bietet Besuchern die abwechslungsreichste Wildnis Europas. Das Gebiet ist mehr als 40 000 km² groß und besitzt keine funktionierende Infrastruktur. Ohne geländegängiges Fahrzeug, Orientierungsvermögen und Sinn fürs Abenteuer lassen sich die Pisten kaum bewältigen. Das Fahren abseits der Schotterwege ist strengstens verboten.

Da die Reise ins Hochland beschwerlich sein kann und die Übernachtungsmöglichkeiten eher spärlich gesät sind, empfiehlt es sich, bereits im Voraus einen festen Standort zu wählen. Das Gebiet von Thorsmörk und Landmannalaugar, bei Möðrudalur im Norden oder der östliche Rand des Vatnajökull-Gletschers sind für Exkursionen bestens geeignet, wenn diese nicht allzu abenteuerlich werden sollen.

Kjalvegur ... 164

€ | Áfangi Große Hütte mit 32 Betten in Vierbettzimmern. ■ afangi@afangi.is, hveravellir.is/afangi, Tel. 452 42 02

€ | Kerlingarfjöll In Asgarður, ganzjährig geöffnet, größere und kleine Hütten ab zwei Personen mit eigenem WC und Dusche, Chalets, Camping. ■ info@kerlingarfjoll, www.kjerlingarfjoll.is, Tel. 664 70 00

€ | Hveravellir Hütte, ganzjährig, Camping. ■ www.hveravellir.is

Sprengisandur ... 166

€ | Hrauneyjar 99 einfache Zimmer. ■ www.hrauneyjar.is

€ | Nýidalur Unterkunft mit Schlafsälen für 120 Gäste und Camping. ■ www.nat.is

Thorsmörk ... 167

€ | Skagfjörðsskali Die Hütte verfügt über drei Schlafsäle, 75 Betten und zwei Küchen. Kleine Mahlzeiten und warme Duschen. Auch Campen ist möglich. ■ www.fi.is. Kleine Chalets über www.nat.is

Landmannalaugar ... 169

€ | Wanderhütte (Reservierung notwendig) und Camping. ■ www.fi.is

Laki-Spalte ... 170

€ | Blagi und Skælingur Hütten. ■ www.fi.is

Kverkfjöll ... 171

€ | Sigurðarskáli Wanderhütte mit 82 Betten und Camping. Von der Hütte sind es 3 km Fußmarsch bis zur Eishöhle Íshellir. ■ www.nat.is

Askja ... 171

€ | Drekagil Hütte mit Platz für 60 Personen. ■ www.nat.is

Herðubreið ... 171

€ | Hütte mit 30 Betten. ■ www.nat.is

Island berührt und verzaubert!

Island · Grönland · Färöer

sland flexibel im Mietwagen erkunden, Wandern in Minigruppen
der Reiten in der Mitternachtssonne - wir ermöglichen Ihnen Ihr
nvergessliches Island-Erlebnis. Lassen Sie sich von uns beraten ...

www.contrastravel.com
ahnhofstraße 44 · 24582 Bordesholm
nfo@contrastravel.com
049 (0) 4322 - 88 900-0

ADAC Service Island

Beim **ADAC Infoservice**, in den **ADAC Geschäftsstellen** sowie auf dem **Internetportal des ADAC** (adac.de) erhalten Sie Informationen zu den Dienstleistungen des Automobilclubs und zu Ihrem Reiseziel. So können Sie sich von der **ADAC Trips App** (adac.de/services/apps/trips) via Smartphone oder Tablet-PC inspirieren lassen oder als **ADAC Mitglied** das kostenlose **ADAC Tourset® Island** (adac.de/reise-freizeit/reiseplanung/tourset) mit vielen Reiseinfos und Karten anfordern. Bei Pannen und Notfällen steht Ihnen unser Team rund um die Uhr telefonisch und digital (adac.de/hilfe und ADAC Pannenhilfe App) zur Verfügung.

ADAC Info-Service
T 0 800 510 11 12
Infos zu allen ADAC Leistungen
(Mo–Sa 8–20 Uhr, gebührenfrei)

ADAC Pannenhilfe Deutschland
T 089 20 20 40 00, Mobil 22 22 22
(Verbindungskosten je nach
Netzbetreiber/Provider)

ADAC Ambulanzdienst
T +49 89 76 76 76
(Erkrankung, Unfall, Verletzung,
Transportfragen, Todesfall)

ADAC Pannenhilfe Ausland
T +49 89 22 22 22
(Verbindungskosten je nach
Netzbetreiber/Provider)

Online-Angebote des ADAC für Ihre Reiseplanung

Service	Webadresse
Reiseinspirationen, -planung und -hinweise	adac.de/reise-freizeit/reiseplanung
Aktuelle Verkehrslage	adac.de/verkehr
Individuelle Routenplanung	adac.de/maps
Infos zu Tankstellen und Spritpreisen	adac.de/tanken
Infos zu mautpflichtigen Strecken	adac.de/reise-freizeit/maut-vignette
Infos zu Fährverbindungen	adac.de/faehren
Aktuelle Infos vor Reiseantritt	adac.de/tourmail
Informationen für Camper	adac.de/camping
Informationen für Motorrad- und Oldtimerfahrer	adac.de/reise-freizeit/reisen-motorrad-oldtimer
Informationen für Segler und Skipper	skipper.adac.de
ADAC Reiseangebote	adacreisen.de
ADAC Autovermietung	adac.de/autovermietung
ADAC Versicherungen für den Urlaub	adac.de/versicherungen
Weltweite Preisvorteile für ADAC Mitglieder	adac.de/vorteile-international
Telemedizinische Beratung	adac.de/meinmedical

Diese **Produkte des ADAC** könnten Sie interessieren: **ADAC Reiseführer Norwegen, ADAC Reiseführer Schottland** und **ADAC Stellplatzführer Deutschland und Europa** – erhältlich im Buchhandel, bei den ADAC Geschäftsstellen und in unserem ADAC Online-Shop (adac.de/shop).

Island von A–Z

 Anreise und Einreise

Flugzeug
Island hat drei internationale Flughäfen. Egilsstaðir im Osten wird hauptsächlich von Billigfluglinien und Charterflügen bedient. Am Stadtflughafen Reykjavík heben die Maschinen nach Grönland, auf die Färöer und zu innerisländischen Zielen ab. Der größte ist Keflavík, 50 km südlich der Hauptstadt. Die Fahrt vom Flughafen Keflavík in die Hauptstadt dauert mit dem mehrmals stündlich verkehrenden Flughafenbus 45 Minuten. Die Fahrscheine gibt es im Internet, bei Icelandair im Flugzeug oder im Terminal an verschiedenen Kiosken. Vom Busbahnhof in Reykjavík fahren kleinere Zubringerbusse mehr als 50 Hotels und Hostels an. Die einfache Fahrt mit dem Flughafenbus kostet ISK 3499, die mit dem Flybus plus (inklusive des Hotelzubringers) ISK 4599 (airportdirect.is, www.re.is).

Schiff
Ganzjährig verkehrt die Passagier- und Autofähre Norröna zwischen Dänemark und Island. Im Sommer legt sie dienstags um 11.30 Uhr vom dänischen Hirtshals ab und erreicht nach Zwischenstopp auf den Färöern donnerstags um 8.30 Uhr den isländischen Hafen Seyðisfjörður. Die Rückfahrt ist donnerstags um 10.30 Uhr. Alternativ kann man Island auch mit Kreuzfahrtschiffen und Frachtern erreichen.

Einreise und Dokumente
Staatsbürger aus der Schweiz, aus Österreich und **Deutschland** benötigen einen gültigen Reisepass oder Personalausweis. Wer länger als 90 Tage bleibt, als Student einreist oder kommt, um auf Island zu arbeiten, kann ein Visum bei www.utl.is beantragen oder sich auf der Webseite des isländischen Außenministeriums www.mfa.is informieren. Alleinreisende Minderjährige sollten eine Einverständniserklärung der Sorgeberechtigten mit sich führen und eine Kopie der Geburtsurkunde. Ausländer sind verpflichtet, stets ein gültiges Ausweisdokument mitzuführen (Ausweispflicht).

 Auto und Straßenverkehr

Führerschein und Papiere
Bei der Einreise mit eigenem Fahrzeug müssen Fahrzeugpapiere und Führerschein mitgeführt werden. Die Mitnahme der Grünen Versicherungskarte ist für in Deutschland, Schweiz und Österreich zugelassene Autos dringend empfohlen. Zum Mieten eines Fahrzeugs genügt der nationale Führerschein. Die Bestimmungen bei der Anmietung von Fahrzeugen (Mindestalter, Fahrpraxis) variiert von Anbieter zu Anbieter. Die **Kreditkarte** deckt die in Island obligatorische Haftpflichtversicherung. Sie ist mitzuführen. Wer mit einem normalen Auto ins Hochland oder offroad fährt, riskiert sehr hohe Strafen. Manche Mietwagenanbieter bieten Extra-Versicherungen für den Lack an (bei Sandsturm).

Straßennetz und Sicherheit
Das asphaltierte Straßensystem ist begrenzt. Die Oberfläche der meisten Straßen besteht aus Schotter. Pisten im Hochland (markiert auf Karten mit einem F) dürfen in der Regel nur mit Allradantrieb befahren werden. Es ist dringend empfohlen, sich vor Fahrten ins Hochland beim Straßenamt Vegagerdin (www.vegagerdin.is, Tel. 1777) über den **Zustand der Pisten** zu infor-

mieren. Mit Schlaglöchern ist zu rechnen und in einigen Fällen müssen Flüsse gekreuzt werden. Auch auf den wichtigeren Straßen kann der Verkehr durch plötzliche Wetterumschwünge und starken Wind erschwert werden. Die Hauptverkehrsstraße zwischen Reykjavík und Akureyri führt über Gebirgspässe und ist im Winter bisweilen nur mit Schneekette zu befahren.

Verkehrsvorschriften

Die Strafen für Verstöße gegen die Straßenverkehrsordnung werden an Ort und Stelle eingefordert. Die Überschreitung der Geschwindigkeitsbegrenzung kann bis zu ISK 150 000 kosten und einen Führerscheinentzug nach sich ziehen. Das Abblendlicht muss auch am Tage an sein, die Anschnallpflicht herrscht für alle Insassen, gilt also auch auf den Rücksitzen, die Promillegrenze beträgt 0,0.

Tempolimits in Island
(Ausnahmen siehe Verkehrsvorschriften)

Straße	Tempolimit
Asphaltstraße	max. 90 km/h
Schotterstraße	max. 80 km/h
Ortsverkehr	max. 50 km/h

Tanken

Dicht ist das Tankstellennetz nur auf der Ringstraße und in der Umgebung größerer Ortschaften. Außerhalb ist es notwendig, rechtzeitig zu tanken. Selbst in kleineren Ortschaften sind Tankstellen oft bis kurz vor Mitternacht geöffnet. An Selbstbedienungssäulen werden Kreditkarten, manchmal auch Bargeld akzeptiert. Im Hochland gibt es zwar hier und da Gelegenheit zum Tanken, darauf verlassen sollte man sich aber nicht. Am besten ist es, einen **gefüllten Ersatzkanister** mitzuführen.

Maut

Das Autofahren auf Islands Straßen ist in der Regel kostenfrei. Ausnahmen bilden private Pisten und manche Tunnels. n manchen Sehenswürdigkeiten werden Parkgebühren erhoben.

Unfall

Wer in einen Unfall verwickelt ist, muss die Polizei informieren (Tel. 112). Bei Unfällen, bei denen Schafe oder Pferde Schaden nehmen, sollte der nächste Bauernhof kontaktiert werden.

Ungewohnte Verkehrsschilder

Blindhæð	unübersichtlicher Hügel
Einbreið Brú	einspurige Brücke
Illfær Vegur	nur Allrad-Fahrzeuge
Lokað	Straße gesperrt
Óbrúaðar Ár	Flussquerung

Mehr Informationen zu Straßenschildern: www.drive.is oder www.road.is

Audioguide-App

Einmal auf dem Smartphone installiert, werden GPS-gesteuert interessante Informationen zu den Gegenden, die man durchfährt, abgespielt, z. B. von www.iceland.de/audioguides/.

Barrierefreies Reisen

In Island gibt es viele Initiativen, um Reisen für Menschen mit körperlichen Behinderungen möglich zu machen oder zu erleichtern. Gesetzlich hat jeder Mensch ein Recht auf den Zugang zu staatlichen Einrichtungen (hierzu zählen auch Schwimmbäder oder Museen). Informationen auf www.sjalfsbjorg.is

Diplomatische Vertretungen

Sie helfen bei verloren gegangenen Reisedokumenten oder vermitteln im Umgang mit isländischen Behörden.

Deutsche Botschaft Reykjavík
■ Laufásvegur 31, Tel. 530 11 00, reykjavik.diplo.de

Österreichisches Honorargeneralkonsulat Reykjavík
■ Orrahólar 5, Tel. 557 54 64

Schweizerisches Generalkonsulat Reykjavík
■ Laugavegur 13, Tel. 551 71 72

Feiertage

1. Januar (Neujahr), Ostern, 6. April (erster Sommertag), 1. Mai (Tag der Arbeit), 1. Juni (Tag der Fischer), 17. Juni (Unabhängigkeitstag), erstes Wochenende im August (Bankfeiertag), 25. Dezember (Weihnachten), 31. Dezember (Silvester).

Geld und Währung

Offiziell mag Island nur ein Drittel teurer sein als Mitteleuropa, aber der Warenkorb der Besucher ist ein anderer als der, die im Lande leben. Gefühlt kostet vieles das Doppelte, manchmal auch das Dreifache.

Ein Grund ist, dass viele Anbieter verlangen können, was sie wollen. Supermärkte in Reykjavíks Innenstadt sind sehr viel teurer als in den Vororten. Wer erst abends einkauft, zahlt häufig einen **Nachtaufschlag.** Die Mehrwertsteuer sind 24,5 % (Weltrekord). Vor allem aber konkurriert man als Besucher der Insel mit vielen anderen um den gleichen begrenzten Zugang zu Nahrung und etwas Komfort.

Rigides Sparen ist nur eine Option, wenn man zeltet, sich zu Fuß oder per Rad bewegt und sich hauptsächlich von Bananen und Skyr ernährt. Mit anderen Worten: Die Reise wird teuer. Etwas preiswerter geht es, wenn man nicht alleine reist, bereit ist, Gemeinschaftsduschen oder -toiletten zu akzeptieren, oder eine Hütte mietet, die man als Basislager für Ausflüge in die Umgebung nutzt.

Die meisten Natursehenswürdigkeiten sind gratis. Wer über ISK 6000 einkauft, kann einen Teil der Mehrwertsteuer bei der Ausreise zurückfordern (www.global-blue.com).

Die isländische Krone (ISK) ist bekannt für erhebliche Kursschwankungen. Wechselstuben befinden sich am internationalen Flughafen Keflavík, an der Fähre in Seyðisfjörður und in den Städten. Banken sind werktags zwischen 9.15 und 16 Uhr geöffnet.

Am einfachsten ist es, am Geldautomaten (ATM) abzuheben. Kreditkarten werden fast überall akzeptiert.

Kosten im Urlaub
(durchschnittliches Preisniveau)

Tasse Kaffee	6 €
Softdrink	4 €
Glas Bier (0,3 Liter)	6 €
Pizza im Restaurant	20 €
Hauptgericht im Restaurant	30 €
Eintritt in Museen	10 €
Mietwagen / Tag	100 €

Festivals und Events

Januar
Myrkir Músikdagar – Das »Musikfestival der dunklen Tage« erhellt Reykjavíks Winternächte mit isländischer zeitgenössischer Musik, Workshops und Experimentellem.

April
Sumardagurinn Fyrsti (Sommeranfang) – Am dritten Donnerstag im April wird in Reykjavík dem alten nordischen Kalender zufolge der Sommerbeginn in den Straßen mit Umzügen begangen.

Mai
Reykjavík Kunstfestival – Seit mehr als 50 Jahren findet alle zwei Jahre ein dreiwöchiges Festival der Kunst und Musik an ungewöhnlichen urbanen Orten statt.

Juni
Kirkjubæjarklaustur Kammermusikfestival – Dieses jährliche internationale Festival findet mitten im Lavafeld statt. Andere Musikfeste mit klassischer Musik werden den Sommer über in vielen Kirchen abgehalten.
Nationalfeiertag 17. Juni – Die offizielle Veranstaltung beginnt vor dem Regierungssitz, dem Parlament in Reykjavík, bevor die große Party auf den Straßen steigt.

August
Fiskidagur – In Dalvík bei Akureyri sind manche Häuser mit bunten Lampen geschmückt – ein Zeichen dafür, dass dort Fischsuppe gratis ausgegeben wird.

August
Thjóðhátíð – Anfang August feiern die Westmänner-Insulaner vier Tage lang wie verrückt in einem ehemaligen Vulkankrater. Im Mittelpunkt stehen die musikalische Untermalung, nächtliche Feuerwerke und Mutproben, bei denen nackt ins Meer gesprungen wird.

August
Menningarnótt – Die Hauptstadt ist eine Nacht lang im Ausnahmezustand. Internationale Bands treten unter freiem Himmel auf, die meisten Veranstaltungen sind gratis.

September
Schafabtrieb – Bauern reiten ins Hochland, um Schafe zu suchen, und treiben sie dann in »réttur«, wo sie unter den Besitzern aufgeteilt werden. Danach wird gefeiert.

Oktober
Iceland Airwaves Festival – Das Musikevent in Reykjavík schlechthin mit großen internationalen Gruppen und isländischen Künstlern. Die meisten Hotels sind ausgebucht.

Dezember
Advent – Ab dem 12. Dezember werden die 13 Weihnachtsmänner oder »Jólasveinar« aktiv. Die Kinder wissen das und stellen jeden Abend einen Schuh ins Fenster in der Hoffnung, dass der sich mit Geschenken füllen möge. Die Adventszeit endet am 23.12., dem Tag des Nationalheiligen Thorlákur.

Gesundheit

Besondere Impfungen sind nicht vorgeschrieben. Größere Ortschaften haben Krankenhäuser, in kleineren befinden sich Gesundheitszentren. Die meisten Ärzte und Krankenschwestern sprechen Englisch, selten auch Deutsch. Im Notfall sind die **Europäische Versicherungskarte** EKVK und der Ausweis vorzulegen. Der Auslandsreisekrankenversicherungsschutz sollte auch den Rettungsflug abdecken. Die Rufnummer für Notfälle ist 112.
Apotheken (apótek) sind normalerweise zwischen 9 und 17 Uhr geöffnet, in größeren Ortschaften auch länger.

Haustiere

Die Einfuhr von Tieren ist genehmigungspflichtig (www.mast.is) und kann wegen der strengen vierwöchigen Quarantäne problematisch sein.

Information

Touristische Informationen befinden sich in allen größeren Ortschaften und an den Flughäfen und Fährterminals (siehe im Reiseteil). Generelle Informationen auf den Webseiten des Iceland Tourist Boards, Iceland Today, Reykjavík Grapevine oder Visit Reykjavík.

■ Botschaft von Island: Rauchstr. 1, 10787 Berlin, Tel. 030/50 50 40 00, www.iceland.is/de

Klima und Reisezeit

Der Golfstrom sorgt an der Küste für ein relativ mildes, ausgeglichenes Klima. Im Winter beträgt die Durchschnittstemperatur in Reykjavík null Grad, in Akureyri minus 2 °C, also nicht viel weniger als in Hamburg. Im Sommer liegen die Temperaturen an der Küste im Schnitt bei etwa 10 °C, doch Tage mit 20 °C sind keine Seltenheit. Anders ist das Klima im Hochland, wo das Wetter von den Gletschern beeinflusst wird, trockener und extremer in den Schwankungen ist. Selbst in den Sommermonaten kann es an der Küste Schneeschauer geben. Es sollte zu jeder Jahreszeit winterfeste Kleidung mitgeführt werden.

Die beste Reisezeit ist der Hochsommer, weil die Straßen im Hochland geöffnet sind, es meistens hell ist und eine deutlich größere Anzahl an Sehenswürdigkeiten und Hotels geöffnet hat. Manche Gebiete können nur im Sommer mit Fähren und Bussen erreicht werden. Auch der Rest des Jahres hat seinen Reiz, allein schon weil deutlich weniger Besucher unterwegs sind und die dunklen Nächte durch das Polarlicht erhellt werden.

Klimatabelle Island

Monat	Luft (°C) (min./max.)	Sonne (h/Tag)	Regentage
Jan.	-3/3	1	10
Feb.	-3/3	1	8
März	-2/3	2	9
April	0/3	2	9
Mai	4/10	4	10
Juni	7/13	2	10
Juli	9/14	3	10
Aug.	9/14	3	9
Sept.	6/11	2	9
Okt.	2/7	2	9
Nov.	-1/5	1	9
Dez.	-2/4	2	8

Die Jahreszeiten verursachen auch bei Tageslicht große Schwankungen. Die Sonne geht am 1. Januar um 11.20 Uhr auf und um 15.45 Uhr unter. Am 1. Juli geht sie um 3.05 auf und erst um Mitternacht unter.

Nachtleben

Am wildesten wohl war das Nachtleben in Reykjavík zur Zeit des Zweiten Weltkriegs, als dort mehr alliierte Soldaten stationiert waren, als es einheimische Männer auf der Insel gab. In den 1980er-Jahren erwarb sich die Stadt den Titel »Ibiza des Nordens«, in den 1990ern machten Musikstars wie Björk Islands Musikszene international bekannt. Auch heute ist in Reykjavík jeden Abend etwas los. Adressen und Tipps finden Sie in diesem Reiseführer oder auf grapevine.is. Große Musikfestivals finden das ganze Jahr über auf der Insel statt.

Notfall

Hilfe von der Polizei, der Feuerwehr oder ein Notarzt oder Rettungswagen in medizinischen Notfällen wird über die gebührenfreie europäische Notfallnummer 112 angefordert.
ADAC-Mitglieder können sich in Notfällen auch rund um die Uhr an die **ADAC Pannenhilfe Ausland** unter Tel. +49 89 22 22 22 wenden. Bei Bedarf werden Dolmetscher vermittelt.

Öffnungszeiten

Geschäftszeiten sind werktags zwischen 9 und 17 Uhr, im Sommer hier und da von 8 bis 16 Uhr. Viele Einkaufszentren und Supermärkte öffnen täglich (auch sonntags) bis 21 Uhr.

Post

Postämter (posturinn.is) befinden sich in größeren Ortschaften und sind meist werktags von 9 bis 16.30 Uhr geöffnet. Standardbriefe bis 50 g und Postkarten nach Europa kosten ISK 225. Briefmarken gibt es in den meisten Tankstellen oder Buchhandlungen.

Rauchen und Alkohol

Das Rauchen ist in Bars, Restaurants, Cafés und in Bussen verboten. Oft gibt es auch außerhalb öffentlicher Gebäude Zonen, in denen nicht geraucht werden darf.
Alkoholische Getränke können in den meisten Restaurants bestellt werden. Hochprozentiges ist nur in staatlichen Vínbúðin-Geschäften erhältlich, diese sind nicht in jeder Ortschaft vertreten. Ihre Öffnungszeiten variieren stark.

Sicherheit

Island gilt gleichzeitig als eines der sichersten und eines der gefährlichsten Länder der Welt. Kriminalität, Epidemien oder gewaltsame politische Auseinandersetzungen spielen kaum eine Rolle, aber es gibt vulkanische und seismische Aktivitäten, Tsunamis, Gletscherläufe und Lawinen.
In Notfällen sendet das isländische Department of Civil Protection and Emergency Management eine SMS an die Mobiltelefone aller sich in der jeweiligen Gegend befindlichen Personen. Bei längerem Aufenthalt in freier Natur werden die Gefahren durch plötzliche Wetterumschwünge und Temperatureinbrüche oft unterschätzt. Der Einsatz von Suchtrupps ist mit erheblichen Kosten verbunden. Beab-

sichtige Reisepläne können beim isländischen Rettungsdienst ICE-SAR www.icesar.is mehrsprachig eingegeben werden. Im Bedarfsfall wird über die App 112 Iceland der eigene Standort schnell an ICE-SAR übermittelt. Das Handy sollte immer genug Akku haben. Die Telefonnummer für den Ernstfall ist 112.

Sport

Angeln

Das Angeln an Hafenmolen ist jedem erlaubt. Anderswo gilt es, den Besitzer der Küste (meist ein Bauer) zu fragen. Wer Lachs oder Forelle in Bächen und Flüssen angeln möchte, muss dafür viel Geld zahlen. Manche Tagespermits kosten 1000 € für Lachsflüsse und 500 € für das Recht, einen Tag lang Forellen zu angeln. Der isländische Angelverband Landssamband Veiðifélaga (www.angling.is) informiert über Permits. Die Ausrüstung muss bei der Einreise desinfiziert werden.

Rad fahren

Island bietet sich in den Städten und außerhalb für Fahrradfahrer an, obwohl der motorisierte Verkehr auf der Ringstraße im Westen und Süden des Landes nicht zu unterschätzen ist.

Rafting

Exkursionen auf den wilden Flüssen Islands (s. auch Kapitel 4) werden von Unternehmen wie Arctic Rafting angeboten: www.arcticrafting.is

Reiten

Besonders in der Nähe touristischer Sehenswürdigkeiten wie dem Geysir oder Mývatn gibt es die Gelegenheit zu kurzen oder längeren Ausritten. Intensiver ist die Begegnung mit dem Islandpferd auf Bauernhöfen, wie sie in diesem Buch beschrieben werden, oder bei mehrwöchigen Exkursionen quer durch die Inselmitte.

Schwimmen

In Island gibt es 136 öffentliche Schwimmbäder, manche mit Sauna oder Wasserrutschen, fast alle aber mit Hot Pots. Hier kommt man gut mit anderen Reisenden oder Einheimischen ins Gespräch (www.sundlaugar.is). Das Gleiche gilt für heiße Quellen. Die Meerestemperatur im Sommer beträgt zwischen 10 und 15 °C.

Tauchen

Die beliebteste Stelle zum Tauchen ist die Silfra-Spalte in Thingvellir (s. Kapitel 1). Dive Iceland (www.dive.is) bietet organisierte Touren an.

Wandern

Wanderkarten gibt es in Buchhandlungen in Reykjavík, online bei www.penninn.is oder www.lmi.is.
Ein GPS oder entsprechende Apps sind hilfreich. Der isländische Wanderverband Ferðafélag Íslands (www.fi.is) bietet geführte Wanderungen auf Isländisch an, private Unternehmer auch auf Deutsch.
Gletscherwanderungen und Bergsteigen werden am besten mit professionellen Guides von Veranstaltern wie Iceland Mountain Guides (www.mountainguides.is) durchgeführt.

Strom und Steckdose

Das isländische Stromnetz wird mit 220 Volt/50 Hz betrieben. In die Steckdosen passen problemlos die üblichen Euro- und Schuko-Stecker.

Island von A–Z

Telefon und Internet

Das Handynetz ist selbst in abgelegenen Gebieten gut ausgebaut, anderswo ist es flächendeckend. Problematisch wird es in der Nähe der Gletscher oder dort, wo Lava noch nicht vollständig abgekühlt ist.
Je nach ausländischem Handyvertrag können hohe Roaminggebühren anfallen. Bei längerem Aufenthalt lohnt sich eventuell eine isländische SIM-Karte der Anbieter Síminn oder Vodafone. Es gibt in Island keine örtlichen Vorwahlnummern. Im Telefonbuch sind die Einheimischen an erster Stelle statt mit den Familiennamen mit ihren Vornamen geführt.

Internationale Vorwahlen:
- Island 003 54
- Deutschland 00 49
- Österreich 00 43
- Schweiz 00 41

Trinkgeld

Es ist unüblich, auf Island Trinkgeld zu zahlen.

Umgangsformen

Die Umgangsformen unterscheiden sich nur wenig von Mitteleuropa. Wer am Wochenende das Nachtleben kennenlernen möchte oder etwa ein Orgelkonzert oder einen Gottesdienst besucht, tut gut daran, sich etwas schicker zu kleiden. Islandpullover sind durchaus gebräuchlich.
Eine besondere Etikette herrscht vor Betreten öffentlicher Schwimmbäder: Das intensive Einseifen und Abwaschen aller Körperteile OHNE Badebekleidung ist Pflicht!

Soll ein Gespräch mit Isländern länger dauern, empfiehlt es sich, positiv über das Land zu sprechen, ohne alles über den grünen Klee zu loben, Kritik an hohen Preisen oder am Walfang zu vermeiden und sich zu bemühen, hier und da ein isländisches Wort zu verwenden. Die meisten, aber nicht alle Isländer sprechen Englisch und Dänisch, manche auch Deutsch. Bei der Anrede benutzt man den Vornamen.

Umwelt

Die Umwelt ist Isländern ein großes Anliegen: Das Abreißen von Pflanzen, das Auftürmen flechtenbewachsener Steine zu Steinmännchen, das Betreten empfindlicher Moosflächen oder jegliches Hinterlassen von Müll in der Natur (auch Obstschalen und Toilettenpapier) ist zu vermeiden. An den meisten Sehenswürdigkeiten befinden sich Toilettenhäuschen (oft kostenpflichtig), die man benutzen sollte. Pferde sollten nicht mit Apfelstücken oder Zucker gefüttert werden. Das Auto sollte nicht einfach mitten auf der Straße geparkt werden, um schnell ein Foto zu machen.

Unterkunft und Hotels

Auch wenn in den letzten Jahren viele neue Hotels gebaut wurden, gilt noch immer, dass viele Zimmer eher klein sind, die Matratzen und Bettwäsche von einfacher Qualität und die Vorhänge kaum groß genug, um das helle Licht der Sommernächte abzuhalten. Reisende können außerdem die Edda-Hotels (www.hoteledda.is), Ferienhäuser oder Bauernhof-Herbergen (www.heyiceland.is), die 170 registrierten Campingplätze, die 33 Jugendherbergen (Farfuglaheimilin) oder ein Gemeinschaftszimmer in einer Berghütte wählen. Gistiheimilið sind privat geführte Pensionen. Es empfiehlt sich, weit im Voraus zu reservieren.

Das einmalige Zelten außerhalb gekennzeichneter Plätze auf unbewohntem Land ist erlaubt, wenn es keinen Campingplatz in der Nähe gibt.

Verkehrsmittel im Land

Bus
Die Firma Strætó betreibt die Stadtbusse in Reykjavík und Linien bis Selfoss, Akranes und Hafnarfjörður. Die Fahrscheine werden passend im Bus bezahlt (normalerweise ISK 490). Am zentralen Busbahnhof Hlemmur oder im Internet kann man reduzierte Mehrfahrten-Tickets kaufen.

Überlandbusse (möglichst vorab reservieren) der Firmen Reykjavík Exkursions, SBA-Norðurleið, Sterna und TREX fahren vom Busbahnhof BSÍ ins Hinterland, lokale Busse runden das Angebot ab. Außerhalb der Sommersaison ist der Service eingeschränkt.

Auto
Das eigene Fahrzeug kann mit der Fähre ab Europa transportiert werden. Vor Ort können Mietwagen vieler Firmen genutzt werden. Für Mitglieder bietet die ADAC Autovermietung günstige Konditionen. Buchen kann man im Internet unter www.adac.de/autovermietung, in allen Geschäftsstellen oder unter Tel. 089/76 76 20 99.

Carpooling
Unter www.samferda.is findet man Mitfahrgelegenheiten. Es wird erwartet, dass sich der Gast an den Benzinkosten beteiligt.

Fahrrad
Vermietet werden Fahrräder in Reykjavík und Akureyri für die Innenstadt, aber auch für Überlandfahrten. Es werden organisierte Touren angeboten.

Walfleisch

Die Einfuhr von abgepacktem Walfleisch nach Deutschland ist ein Straftatbestand.

Zeitverschiebung

Auf Island gilt die Westeuropäische Zeit. Es gibt keine Sommerzeit. Im Sommer ist daher die Uhr um zwei Stunden zurückzustellen.

Zollbestimmungen

Verboten ist die Einfuhr von ungekochtem und geräuchertem Fleisch, ungekochten Milchprodukten oder rohen Eiern. Pro Kopf dürfen maximal 3 kg Lebensmittel eingeführt werden. Dieses neue Gesetz kann besonders bei der Ankunft der Autofähre in Seyðisfjörður überprüft werden. Die erlaubte Menge alkoholischer Getränke für Personen über 20 Jahre ist 1 l Alkohol bis 47 ‰ und entweder 1 l Wein und 6 l Bier oder 12 l Bier. Produkte natürlichen Ursprungs (Vogeleier, lebende Tiere) dürfen nicht ausgeführt werden. Steine vom Strand dürfen exportiert werden, nicht aber Stalagmiten aus Höhlen oder Obsidiantropfen aus Landmannalaugar. Angelausrüstung muss nachweislich desinfiziert sein, Reitkleidung nachweislich gereinigt. Sättel und Zaumzeug dürfen nur originalverpackt eingeführt werden. Weitere Informationen bei www.skatturinn.is/english/

Die Geschichte Islands

860 Der Wikinger Naddoður entdeckt die Insel. Kurz darauf bezeichnet Flóki Vilgerðarson sie als Ísland (Eisland).

874 Ingólfur Arnason siedelt mit Familie und Angestellten im heutigen Reykjavík. Bis 924 wandern 30 000 Norweger, Iren und Schotten nach Island aus (Landnahmezeit).

930 In Thingvellir wird das Allthing begründet (Thjóðveldið).

1000 Der Isländer Leif Eriksson entdeckt den Seeweg nach Nordamerika (Vinland). Im gleichen Jahr nimmt Island beim Allthing auf Druck Norwegens das Christentum an.

1262 Nach einem Bürgerkrieg werden die Isländer zu Vasallen Norwegens.

1397 Kalmarer Union: Dänemark übernimmt die Herrschaft in Island.

1402–04 Während der Pest stirbt die Hälfte der Bevölkerung.

1550 Der letzte katholische Bischof wird in Skálholt enthauptet, die Reformation eingeführt. 14 Jahre später wird die Bibel ins Isländische übersetzt.

1602 Dänemark verursacht Hungersnöte durch strenge Handelsgesetze.

1783 Nach Aschewolken, Erdbeben und Missernten aufgrund des Laki-Ausbruchs schrumpft die Bevölkerung Islands auf 34 000 Menschen.

1874 Unabhängigkeitsbewegung: eigene Verfassung und 1904 Autonomie.

1940 Britische Truppen mit 25 000 Soldaten besetzen Island. Ein Jahr später werden sie von 40 000 US-amerikanischen Soldaten abgelöst.

1944 Nach einem Referendum wird die Unabhängigkeit ausgerufen.

1958–76 Westliche Länder und Island geraten in drei Kabeljaukriegen aneinander. Am Ende führt Island die 200-Seemeilen-Zone ein.

1980 Vigdís Finnbogadóttir wird Islands erstes demokratisch gewähltes weibliches Staatsoberhaupt.

1986 Gorbatschow und Reagan treffen sich zu einem Gespräch über Abrüstungsmaßnahmen in Reykjavík.

2000 Reykjavík ist europäische Kulturhauptstadt.

2008 »Kreppa«, der Finanzcrash und Bankrott dreier isländischer Banken.

2010 Der Eyjafjallajökull bricht aus und legt den Flugverkehr in Europa lahm.

2016 Island erreicht das Viertelfinale bei der Fußball-EM.

2021 Wahlsieger werden erneut die Unabhängigkeitspartei, Fortschrittspartei und die Links-Grüne Bewegung, die auch die Regierungschefin Katrín Jakobsdóttir stellt.

2022 Nachdem 2021 schon der Fagradalsfjall-Vulkan auf der Reykjanes Halbinsel bei Keflavik ausgebrochen war, floss im Sommer 2022 nahe Meradalir wieder flüssige Lava.

Wandteppich im Freilichtmuseum Skógar

Mini-Sprachführer

Englisch für die Reise

Das Wichtigste in Kürze

Ja/Nein	*Yes/No*
Bitte/Danke	*Please/Thank you*
Hallo!/Auf Wiedersehen!	*Hello!/Good bye!*
Guten Tag!	*Good morning!/Good afternoon!*
Guten Abend!/Gute Nacht!	*Good evening!/Good night!*
Mein Name ist ...	*My name is ...*
Entschuldigung!	*Excuse me!*
Achtung!/Vorsicht!	*Attention!/Caution!*
Ich verstehe Sie nicht.	*I don't understand you.*
Wie viel kostet ...?	*How much is ...?*
Wo sind die Toiletten?	*Where is the lavatory?*
Damen/Herren	*Ladies/Gentlemen*
geöffnet/geschlossen	*open/closed*
gestern/heute/morgen	*yesterday/today/tomorrow*
Wie viel Uhr ist es?	*What time is it?*
Wo ist ...?	*Where is ...?*
Wie weit ist ...?	*How far is ...?*
Ist das der Weg nach ...?	*Is this the way to ... ?*
geradeaus/links/rechts/zurück	*straight on/left/right/back*
nah/weit	*near/far*
Nord/Süd/West/Ost	*north/south/west/east*
Ich möchte ...	*I would like ...*
Hotel/Unterkunft	*hotel/accommodation*
Gepäck	*luggage*
Frühstück	*breakfast*
Mittagessen	*lunch*
Abendessen	*dinner*
Die Rechnung, bitte!	*The bill, please!*
Restaurant	*restaurant*
Auto	*car*
Parkplatz	*car park/parking space*
Tankstelle	*petrol station*
Benzin/Super/Diesel/Autogas (LPG)	*petrol/unleaded/diesel/liquid petroleum gas*
Panne	*breakdown*
Hilfe!	*Help!*
Fahrrad	*bicycle*
Hauptbahnhof	*main station*
Bushaltestelle	*bus stop*
Flughafen	*airport*
U-Bahnstation	*subway station*
Zug	*train*
Schiff/Fähre	*ship/ferry*
Pass/Personalausweis	*passport/ID card*
Bank/Geldautomat	*bank/cashpoint® (ATM)*
Polizeistation	*police station*
Arzt	*doctor*
Apotheke	*pharmacy*
Lebensmittelgeschäft	*food store*
Tourismusbüro	*tourist office*
Botschaft	*embassy*

Wochentage

Montag/Dienstag	*Monday/Tuesday*
Mittwoch	*Wednesday*
Donnerstag	*Thursday*
Freitag/Samstag	*Friday/Saturday*
Sonntag	*Sunday*

Monate

Januar/Februar	*January/February*
März/April	*March/April*
Mai/Juni	*May/June*
Juli/August	*July/August*
September	*September*
Oktober	*October*
November	*November*
Dezember	*December*

Zahlen

1	*one*		8	*eight*
2	*two*		9	*nine*
3	*three*		10	*ten*
4	*four*		11	*eleven*
5	*five*		12	*twelve*
6	*six*		100	*a (one) hundred*
7	*seven*		1000	*a (one) thousand*

Register

A

Akureiri
- Akureyarkirkja 139
- Dalvík 140
- Hof 139
- Kaldi Bier-Spa 140
- Listigarðurinn 140
- Parken 140
- Stadtmuseum 139
- Tourist-Information 138

Akureyri 56, 138
Altweibersommer 20
Angeln 181
Anreise 175
Árnason, Jón Gunnar 37
Auto 175, 183

B

Beuys, Joseph 34
Blönduós 56
Borganes 150
- Landnámsetur 150
- Tourist-Information 150

Borgarfjörður Eystri 126, 127
- Tourist-Information 126

Breiðafjörður 155
- Baldur 156
- Bjarnarhofn 156
- Dynjandi 157
- Eiriksstaðir 157
- Flatey 157
- Tourist-Information 155
- Vatnasafn 155

Bus 183

C

Carpooling 183

D

Djúpivogur 54, 119
- Eggin í Gleðivík 119
- Fossá 120
- Langabuð 119
- Parken 120
- Tourist-Information 119

Dokumente 175
Dumay, Raymond 25

E

Egilsstaðir 122
- Hallormstaður 124
- Hengifoss 123
- Litjamesfoss 123
- Skriðuklaustur-Museum 123
- Stuðlagil 124
- Tourist-Information 122
- Valþjófsstaður 124
- Volkskunde-Museum 123

Einreise 175
Eldgjá und Lakagígar 169
- Eldgjá 170
- Laki-Spalte 170
- Tourist-Information 169

Eldhraun 109
- Dverghamrar 109
- Fjaðrárgljúfur 109
- Kirkjugólf 109
- Tourist-Information 109

Engelswurz 25
Erdwärme 136
Eyrarbakki 100

F

Fahrrad 183
Feiertage 177
Festivals und Events 178
Finanzkrise 46
Fischer, Bobby 100
Fjallkona 39
Flugzeug 175
Frühling 18
Führerschein 175

G

Game of Thrones 43
Garde, François 25
Germanische Götterwelt 118
Geschichte 45, 48
Gesundheit 179
Geysir 96
Geysir und Gullfoss
- Parken 98
- Strokkur 97

Gletscherwanderungen 18
Gnarr, Jón 46
Goðafoss 137
- Tourist-Information 137
Gorbatschow, Michail 49
Grimsey 142
Grönlandhai 24
Guðmundsson, Sigurður 35
Gullfoss 96, 98

H

Halldór Laxness 3, 36, 47, 91, 152, 153
Haustiere 179
Hella
- Herríðarhóll 100
Herbst 20
Höfði 48
Höfn 117
- Besucherzentrum Nationalpark 117
- Hummerfest 119
- Leuchtturm Stokksnes 119
- Tourist-Information 117

Hornstrandir 160
- Tourist-Information 160

Husavik 133
- Husavikurkirkja 134

Register

- Hvalsafnið 133
- Hvammstangi 145
  - KIDKA 146
  - Kolugljúfur 146
  - Selasetur 146
  - Tourist-Information 145
  - Vatsnes 146
- Hveragerði 99
- Hvolsvöllur
  - Lavacentre 101
  - Sagacenter 101

I

Information 179
Ingólfshöfði 112
Ísafjörður 159
- Melrakkasætur 159
- Safnahusið 159
- Seafood Trail 159
- Tourist-Information 159
Islandpferd 51
Islandpullover 29
Islandtief 22

J

Jetstream 23
Jökulsárgljúfur-Nationalpark 132
- Ásbyrgi 132
- Dettifoss 132
- Hljóðaklettar 132
Jökulsarlón 116
- Diamond Beach 116
- Tourist-Information 116
- Zodiakfahrt 116
Jonsson, Einar 36

K

Kabeljau 27
Kaldidalur 164
- Langjökull 164
- Tourist-Information 164
Kalter Krieg 49

Katla 43
Kinderermäßigungen 31
Kino 40
Kirkjubæjarklaustur 53
Kjalvegur 164
- Hveravellir 165
- Kerlingarfjöll 164
- Tourist-Information 164
Kjartansson, Ragnar 34
Klima 23, 179
Kontinentaldrift 90
Küche, isländische 24
Kvöldsól 25

L

Landmannalaugar 169
- Obsidian-Lavafelder 169
- Tourist-Information: 169
Landnahme 44
Látraberg 158
- Hnjótur 158
- Rauðasandur 158
- Tourist-Information 158
Laufás 142
Lavabrot 96
Lavasalz 29
Laxness, Halldór 47
Lebertran 24
Liebeskugeln 27

M

Maut 176
Meeresströmungen 23
Möðrudalur 127
- Tourist-Information: 127
Moossuppe 24
Mývatn 134
- Dimmuborgir 137
- Grotagjá 137
- Hverfjall 137
- Kröfluvirkjun 134

- Leihnjúkur 135
- Námafjall 135
- Naturbad 135
- Skutusstaðir 137
- Tourist-Information 134
- Vogelmuseum 137
Mývatn-Naturbad 55

N

Nachtleben 180
Neskaupstaður 122
Notfall 180

O

Öffnungszeiten 180
Ólafsson, Sigurjón 35
Öraefajökull 111
Öskjuleið 170
- Askja 171
- Herdubreid 171
- Kverkfjöll 171
- Tourist-Information 170

P

Papageientaucher-Brust 24
Papey 120
Pferde 50
Post 180
Pseudokrater 56

R

Radfahren 181
Rafting 181
Reisezeit 18
Reiten 181
Reykholt 151
- Deildartunguhver 151
- Hraunfossar 152
- Snorrastofa 151
- Tourist-Information 151
Reykjalid 55
Reykjanes 84
- Blaue Lagune 86

Register

- Keflavík 84
- Keflavík Airport KEF 84
- Tourist-Information 84

Reykjavík 52, 57
- Alter Hafen 70
- Árbærsafn 83
- Ásatrú-Tempel 80
- Ásmundarsafn 81
- Austurvöllur 70
- Dómkirkjan 71
- Einar Jónsson Museum 73
- Grasagarður 81
- Hallgrímskirkja 72
- Harpa 67
- Höfði 73
- Jazz Sundays 70
- Kjarvalstaðir 81
- Kulturhaus Thjóðmenningarhúsið 72
- Laugardalur 80
- Nationalgalerie 72
- Nationalmuseum Island 79
- Nautholsvík 80
- Norræna Húsið 79
- Perlan 80
- Rádhús 71
- Reykjavík Art Museum 70
- Solfár Wikingerschiff 74
- Tourist-Information 66
- Zentrum 66

Rhabarberlikör 29

S

Schafshoden, gequetschte 24
Schiff 175
Schwimmen 181
Selárdalur 33
Selfoss 99
- Sólheimar 100

Seljalandsfoss 52
Seltjarnarnes 83
Seyðisfjörður 125
- Tourist-Information 125

Sicherheit 175, 180
Siglufjörður 143
- Síldarminjasafn 143
- Tourist-Information 143
- Þjóðlagasetur 144

Sigurðsson, Jón 47
Símonardóttir, Guðríður 104
Skaftafell 53
Skaftafell-Nationalpark 54, 110
- Tourist-Information 110

Skagafjörður 144
- Glaumbær 144
- Hólar 144
- Tourist-Information 144
- Viðimyrarkirkja 145

skeið 51
Skógar 106
- Seljalandfoss 106
- Skógafoss 106
- Skogasafn 107
- Tourist-Information 106

Skyr 26
Snæfellsjökull 57, 152
- Hellisandur 154
- Londrangar 154
- Ströndin 154
- Tourist-Information 152

Sommer 19
Souvenir 29
Spasski, Boris 100
Sport 181
Sprengisandur 166
- Aldeyjarfoss 167
- Nyidalur 166
- Stöng 166
- Tourist-Information 166

Stöðvarfjörður
- Petra-Museum 121

Straßennetz 175
Straßenverkehr 175
Strokkur 97
Strom 181
Südliche Ostfjorde 121
- Reyðarfjörður 121
- Tourist-Info 121

Sveinsson, Ásmundur 36

T

Tanken 176
Tauchen 181
Telefon 182
Thingvellir 87
- Almannagjá 89
- Parken 91
- Thingvallakirkja 89
- Tourist-Information 87

Thorra-blót 24
Thorsmörk 167
- Tourist-Information 167

Tjörnes, Halbinsel 134
Tölt 51
Tómasson, Magnús 37
Traumstraße 52, 53
Trinkgeld 182
Trottellummen-Spiegelei 24

U

Übernachten 113, 128, 147, 161, 172
Umgangsformen 182
Umwelt 182
Unabhängigkeit 45
Unfall 176
Unterkunft 182
Urlaubskasse 30

V

Van Helten, Guido 34
Verkehrsmittel 183
Verkehrsvorschriften 176
Vík 107
- Dyrhólaey 107
- Friedhof 108

Bildnachweis

- Reynisfjara 108
- Tourist-Information 107

Viking World 33

W

Währung 177
Walfleisch 183
Waljagd 133
Wandern 181
Weltpolitik 44
Westmännerinseln 102
- Circle Boat tour 104
- Eldheimar 103
- Gaujulundur 104
- Stafkirkjan 103
- Þjóðhátíð 105
- Tourist-Information 102

Winter 21

Z

Zeitverschiebung 183
Zollbestimmungen 183

Bildnachweis

Titel: Kap Stokksnes, eine Landzunge unterhalb des Berges Vestrahorn
Foto: Shutterstock.com (Vadym Lavra)
Rücktitel: Islandponys auf der Weide
Foto: Shutterstock.com (Alexey Stiop)

Adobe Stock: rbkelle Klappe 1.1, Dmitry Naumov Klappe 1.1, Dagmar Richardt 44, f11photo 60.1, neurobite 60.2, Biletskiy Evgeniy 61.1, Thomas Oser 62.3, **Alamy Stock Photo:** Delphotos 70, **Arnaldur Halldórsson/Hotel Akureyri:** 147, **AWL Images Ltd:** Click Alps 8/9, Paul Harris / John Warburton-Lee Photography Ltd 9.1, John Warburton-Lee Photography Ltd: Christian Kober 16/17, Nigel Pavitt 51, Marco Bottigelli 112, **forestlagoon.is:** 3.2, **Getty Images:** Getty Images Plus/iStock 4.1, 30, Universal Images Group 28, Moment Open/Annapurna Mellor 29, The Image Bank Unreleased/micah wright 34, Getty Images Entertainment/Iguana Press – Roberto Serra 36, Barcroft Media/Russell Pearson 4.2, 42, Photononstop 47, Moment/Sam Spicer 54, 149.2 links, L. Toshio Kishiyama 11, 65, Westend61 61.3, Frank Lukasseck 63.2, ansonmiao 82, Moment / Gudjon Otto Bjarnason 92, Dennis Fischer Photography 117, Don Landwehrle 133, Brad Schinkel 149.3 rechts, Tomas Zrna 161, Leamus 163.1, **HUBER IMAGES:** Susanne Kremer 63.3, Tom Mackie 58/59, Dave Derbis 111, Susanne Kremer 115.3 rechts, Maurizio Rellini 115.4, Olimpio Fantuz 131.1, **imago images:** xblickwinkel / McPhotox / FraukexScholzx 95.1, xblickwinkel/S.xZiesex 127, imagebroker 40, 125, 163.2, Westend61 57, Nature Picture Library 167, blickwinkel 192, **laif:** Gerald Haenel 61.2, Stanislas Fautre/ Le Figaro Magazine 93, Max Galli 123, Michael Amme 155, Max Galli 163.3, **Look:** Derbis, Dave 41, robertharding 96/97, Greune, Jan, 131.3 rechts, age fotostock 153, **mauritius images:** age fotostock 2.1, Alamy/Jon Reaves 25, Alamy/BNA Photographic 26, Arctic-Images 5.1, 38, WHA/United Archives 45, Alamy/Barry Lewis 46, Alamy/Dmitry Naumov 48, Matthias Graben 66/67, Nora Frei 72, Alamy / Historic Images 118, Arctic-Images 129, Aurora RF 136.1 links, Westend61 136.2 rechts, McPHOTO 145, **picture alliance:** Philippe Turp 27, robertharding 37, Martin Athens 49, Paul Mayal 142, imageBROKER 149.4, 184, **Plainpicture:** NaturePL / Franco Banfi 10/11, **Shutterstock.com:** Creative Travel Projects 6.1, Antonia Giroux 9.2, CHENG YUAN 12/13, ackats 14/15, MAGNIFIER 18, Kaylinka 19, Max Topchii 5.3, 20, NICHAPA KLADNARONG 5.2, 21, Ignasi Jansa 22, ephst 24, njaj 31, Aleksei Potov 32, Victoria Ashman 43, Blue Planet Studio 50, Veronika Hanzlikova 56, Gorodisskij 62.1, Olga Gavrilova 62.2, KeongDaGreat 63.1, GagliardiPhotography 77, Filip Fuxa 85, 171, Konstantin Nikolaevich 88, Frank Myrland 89, b-hide the scene 90, Alla Khananashvili 95.2, Stastny_Pavel 99, Chris Howey 102/103, Yevhenii Chulovskyi 106, rphotos 115.1, Pisit Rapitpunt 115.2 links, Ververidis Vasilis 131.2 links, Alex Cimbal 131.4, Harry Painter 5.2, 138/139, RnDmS 149.1, **stock.adobe.com:** ronnybas 2/3, Ossie 3.1

Impressum

© 2023 GRÄFE UND UNZER VERLAG GmbH,
Postfach 86 03 66, 81630 München

Markenlizenz der ADAC Medien und
Reise GmbH, München

ISBN 978-3-98645-050-2

1. Auflage 2023

Alle Rechte vorbehalten. Nachdruck, auch auszugsweise, sowie Verbreitung durch Film, Funk, Fernsehen und Internet, durch fotomechanische Wiedergabe, Tonträger und Datenverarbeitungssysteme jeglicher Art nur mit schriftlicher Genehmigung des Verlags.

Autor: Bernd Bierbaum
Redaktion: Juliane Helf, Susanne Kronester-Ritter
Lektorat: Mareike Weber
Satz: Claudia Costanza
Bildredaktion: Dr. Nafsika Mylona
Reihengestaltung: Eva Stadler, München; Independent Medien Design, Horst Moser, München
Kartografie: Kunth Verlag GmbH & Co. KG, München, Huber Kartographie GmbH, www.kartographie.de
Herstellung: Felix Robitsch, Mendy Willerich
Druck und Bindung: Drukarnia Dimograf Sp z o.o. (Polen)

Ein Unternehmen der
GANSKE VERLAGSGRUPPE

Wichtiger Hinweis
Die Daten und Fakten für dieses Werk wurden mit äußerster Sorgfalt recherchiert und geprüft. Wir weisen jedoch darauf hin, dass diese Angaben häufig Veränderungen unterworfen sind und inhaltliche Fehler oder Auslassungen nicht völlig auszuschließen sind, zumal zum Zeitpunkt der Drucklegung die Auswirkungen von Covid-19 auf das Hotel- und Gastgewerbe vor Ort noch nicht vollständig abzusehen waren. Für eventu-elle Fehler oder Auslassungen können Gräfe und Unzer, die ADAC Medien und Reise GmbH sowie deren Mitarbeiter und die Autoren kei-nerlei Verpflichtung und Haftung übernehmen. Alle Inhalte im Buch wenden sich an und gelten für alle Geschlechter (w/m/d). Soweit grammatikalisch männliche, weibliche oder neutrale Personenbezeichnungen verwendet werden, dient dies allein der besseren Lesbarkeit.

Ansprechpartner für den Anzeigenverkauf:
KV Kommunalverlag GmbH & Co. KG, Media-Center München, Tel. 089/928 09 60

Bei Interesse an maßgeschneiderten B2B-Produkten:
b2b-kontakt@graefe-und-unzer.de

Leserservice
GRÄFE UND UNZER Verlag
Grillparzerstraße 12
81675 München
www.graefe-und-unzer.de

Umwelthinweis
Nachhaltigkeit ist uns sehr wichtig. Der Rohstoff Papier ist in der Buchproduktion hierfür von entscheidender Bedeutung. Daher ist dieses Buch auf PEFC-zertifiziertem Papier gedruckt. PEFC garantiert, dass ökologische, soziale und ökonomische Aspekte in der Verarbeitungskette unabhängig überwacht werden und lückenlos nachvollziehbar sind.

Anzeige

Qualitätsmietwagen von Premium-Anbietern mit All-Inclusive-Leistungen.

Buchen Sie jetzt Ihren ADAC Mietwagen mit Rundum-sorglos-Paket und Best-Preis-Garantie auf adac.de/autovermietung,
unter (089) 76 76 20 99 oder in allen ADAC Geschäftsstellen.

Ihr persönlicher Gutschein-Code im Wert von 20 Euro* ist hier abrufbar: adac.de/ferienmietwagen-gutschein

* Nur gültig für eine Mietwagen-Anmietung bis einschließlich 31.12.2024 mit einer Mindestmietdauer von 5 Tagen.